AF573264

Veronika Peters, 1966 in Gießen geboren, verbrachte ihre Kindheit in Deutschland und in der heutigen Republik Kongo sowie in der Elfenbeinküste. Nach einer heilpädagogischen Ausbildung arbeitete sie in einem psychiatrischen Jugendheim. Mit Anfang zwanzig stieg sie für einige Jahre aus dem sogenannten bürgerlichen Leben aus und trat in eine Kommunität von Benediktinerinnen ein, wo sie unter anderem als Gärtnereigehilfin, Restauratorin und Buchhändlerin tätig war. Seit dem Jahr 2000 lebt sie als freiberufliche Autorin in Berlin, zuletzt erschien ihr Roman «Das Herz von Paris», eine Geschichte über die Frauen der literarischen Avantgarde im Paris der Zwischenkriegsjahre.

Veronika Peters

NACKT WAR ICH AM SCHÖNSTEN

ROMAN

Kindler

Sie sagt: Die, die ich bin, wurde am 12. Juli 1874 in einer preußischen Hafenstadt geboren, beheimatet war ich nirgends und nie.
Die, die ich bin, ist am 14. Dezember 1927 in Paris, im 13. Arrondissement, an einer Gasvergiftung gestorben. Mit mir gemeinsam verendete ein kleiner Hund, er hieß Pinky.
Es ist also unmöglich, dass die, die ich bin, an einem sonnigen Freitagmorgen im Juli 2013 durch ein oberhessisches Dorf spaziert, gemeinsam mit einem kleinen Hund, er heißt Pinky.
Und doch.

1

TONI

Am ersten Morgen nach meiner Rückkehr wurde ich von Loups tiefem Knurren geweckt. Nach der viel zu kurzen, in muffigen alten Laken verbrachten Nacht wollte ich nichts als weiterschlafen, deshalb knurrte ich zurück und vergrub mein Gesicht in den angemoderten Federkissen. Ich hatte keine Lust auf diesen Tag, keine Lust auf das Dorf, und am allerwenigsten Lust hatte ich, mich um dieses marode, von allen guten Geistern verlassene Haus zu kümmern.

«Keine Lust ist ein Argument für gar nichts», hörte ich meine tote Großmutter schimpfen.

Ich öffnete die Augen.

Loup stand am Fenster, schaute zu mir, dann wieder nach draußen, trat aufgeregt von einer Pfote auf die andere, winselte, knurrte erneut.

Als er sah, dass ich die Beine aus dem Bett schwang, stieg Loup mit den Vorderläufen auf die Fensterbank, wo eingestaubte Trockenblumen vor sich hin bröselten. Ein Bund Craspedia, deren ursprüngliches Sonnengelb sich kaum noch erahnen ließ, zerfiel unter den Pranken des alten Wolfshunds, ergrauter Lavendel rieselte zu Boden. Ich hob einen der Stängel auf, hielt ihn mir an die Nase, da war ein schwacher Hauch von angegammeltem Heu und sonst nichts.

So war das jetzt also.

Früher hatte das komplette Waldhaus wie ein provenzalisches Stück Seife gerochen, ebenso unsere Hemden und Pullis, die Handtücher, das Bettzeug, selbst die Unterhosen und die Socken, sogar die Sofakissen und die Küchenvorhänge, einfach alles. Man hätte, da bin ich mir sicher, mit verbundenen Augen jede von uns dreien im samstäglich überfüllten Spar-Markt als Waldhausbewohnerin identifizieren können, allein am Duft, der uns anhaftete. Meine Großmutter hatte mit der ihr eigenen Hartnäckigkeit ein kleines Lavendelfeld bewirtschaftet, gleich neben der Streuobstwiese auf dem nach Süden hin abfallenden Hang hinter dem inneren Gartengelände, der einzigen Stelle, an der die Sonne sich den ganzen Sommer über gegen den Schatten des Waldes durchsetzte. Selbst der alte Blumen-Weidner, der es ja schließlich wissen musste, war nach anfänglicher Skepsis überrascht gewesen, wie gut das Kraut unter den hiesigen Witterungsbedingungen gedieh. «Respekt, Emma!», hatte er gesagt, und danach war Oma nicht mehr zu bremsen gewesen. Meine gesamte Kindheit hindurch hatten im Spätsommer die Bündel zum Trocknen an quer durch die Zimmer gespannten Schnüren gehangen, so niedrig, dass wir uns die Köpfe daran stießen, und auf dem Herd hatte das frisch aufgesetzte Öl stundenlang im Wasserbad vor sich hin gesimmert. In seinen unterschiedlichen Verarbeitungszuständen war das Zeug dann an jeder denkbaren und undenkbaren Stelle im Haus verteilt oder versprüht worden: in den Kleiderschränken und

Sockenschubladen, in Einkaufsbeuteln und Jackentaschen, auf den Fensterbänken und Türrahmen. Sogar die Nachbarn und selbstverständlich auch der Blumen-Weidner waren mit getrockneten Blüten, duftenden Stoffsäckchen oder handbeschrifteten Ölfläschchen beschenkt worden. «Das vertreibt Kummer und Skorpione!», hatte meine Großmutter immer behauptet. Als hätte sich jemals ein Skorpion nach Lindbach verirrt! Und ich kämpfte auch zwanzig Jahre nach Omas Tod noch mit den Tränen, wenn ich irgendwo Lavendel roch. Das immerhin ersparte mir das Waldhaus an diesem Morgen. Es stank nach alter Kanalisation und abgestandener Leere, damit konnte ich umgehen.

Loup bellte. Ich trat neben ihn und strich ihm über den Kopf.

Er beruhigte sich umgehend, blieb aber hoch aufgerichtet am Fenster stehen, die Ohren wachsam gespitzt, den Blick starr in den Vorgarten gerichtet. Seite an Seite schauten wir durch die Scheiben meines ehemaligen Kinderzimmers nach draußen. Und dann sah ich, was Loup alarmiert hatte: Da war eine Frau mit ihrem Hund unterwegs. Aber was für eine! Selbst in mit Exzentrikerinnen gesegneten Großstädten, sagen wir Berlin, Paris, London oder San Francisco, wäre die alte Dame, die eben das Grundstück in Richtung Wald verließ, eine spektakuläre Erscheinung gewesen, in Lindbach allerdings, diesem «oberhessischen Ende der Welt», wie meine Mutter es genannt hatte, war sie schlicht eine Sensation. Um die schmächtigen Schultern wehte ein violetter langer Umhang, auf dem Kopf thronte eine fuchsienfarbene Fliegerkappe, geziert von einem Gebilde, das auf die Entfernung aussah wie fächerartig arrangierte Silberlöffel. Neben der Alten trippelte, den Kopf hoch erhoben, ein lackschwarzes italienisches Windspiel. Sie hinkten beide, die Frau links, das Hündchen hinten rechts, was allerdings mehr nach minimalistischer Tanzchoreografie als nach Gehbehinderung aussah und ihrer beider Eleganz keinerlei Abbruch tat. Im Gegenteil. Ich war hingerissen! Und als wäre sich die Frau dessen bewusst, dass sie bestaunt wurde, blieb sie für einen Moment stehen, drehte sich ins Profil, schlug dabei mit theatralischem Schwung den Umhang zurück. Ein lila glitzerndes Pailletten-Oberteil kam zum Vorschein, über dem ein halbes Dutzend Perlenketten mit auf die Entfernung undefinierbaren silbernen Anhängern hing, dazu trug sie eine tannengrüne, mit bunten Fäden bestickte Pluderhose und schwarz-golden funkelnde Schnabelschuhe, deren Spitzen sich schneckenartig aufrollten. Auch das Windspiel schimmerte in der Morgensonne, von seinem perlenbesetzten Halsband baumelten Seidenquasten, farblich auf die Herrin abgestimmt. Man hätte meinen können, die beiden seien auf dem Weg zu einem mondänen Kostümball anstatt zur Gassirunde in den Lindbacher Forst.

«Heilige Scheiße!», murmelte ich.

«Wie soll Scheiße bitte schön heilig sein? Wenn du schon fluchen musst, dann bleib wenigstens logisch, mein Mädchen!»

Verschwindet aus meinem Kopf, alle beide!, dachte

ich. In Anbetracht meiner gegenwärtigen Situation ein extrem dämlicher Gedanke.

Die Stimmen meiner Mutter und Großmutter hatten quasi identisch geklungen. Selbst die Dorfleute, die uns gut kannten, der Blumen-Weidner zum Beispiel, Doktor Arnold oder Pfarrer Martinek, hatten sie am Telefon nicht auseinanderhalten können. «Wen hab ich dran?», hatten sie immer gefragt. «Emma eins oder Emma zwei?» Der Einfachheit halber waren die Bachmann-Emmas im Dorf nummeriert worden. Dass man es mir durch abweichende Namensgebung verweigert hatte, die Nummer drei zu werden, habe ich meine gesamte Grundschulzeit hindurch als höchst unfair empfunden. «Hier ist *keine* Emma!», hatte ich als Zehnjährige einmal in den Hörer gebrüllt, was Pfarrer Martinek dazu veranlasst hatte, mich im Religionsunterricht fortan mit «Keine-Emma» anzureden. In der Regel war bei uns aber immer Emma eins, meine Oma, ans Telefon gegangen. Die Anrufer hätten das wissen können, denn Emma zwei, meine Mutter, war meistens anderswo, allein im Wald unterwegs, zum Malen, Trinken und Schlafen im ehemaligen Pferdeschuppen eingeschlossen oder gleich für mehrere Wochen ganz verschwunden. Auch ich hatte ihre Stimmen mehr als einmal verwechselt, obwohl es immer und ausschließlich Oma gewesen war, die mich zum Abendessen ins Haus gerufen hatte.

«Ach, mein Mädchen!»

Meine Mutter hätte mich nicht «mein Mädchen» genannt.

Eine Sache war im Waldhaus demnach wie früher: Oma sprach mit mir, während Mama schwieg. Vielleicht wurde ich aber auch einfach wahnsinnig.

Ich verließ mein Zimmer und betrat die Küche, um vom dortigen Erkerfenster aus den Waldweg besser einsehen zu können.

Was die beiden Emmas wohl zum Auftauchen der exzentrisch aussehenden Fremden in unserem Vorgarten gesagt hätten? Meine Mutter hätte wahrscheinlich stumm eine Skizze auf irgendeinen herumliegenden Zettel geworfen und wäre anschließend kommentarlos im Atelier verschwunden. Meine Großmutter hörte ich «nu brat mir einer 'nen Storch!» murmeln. Im gleichen Atemzug hätte sie das Fenster aufgerissen und nach der rätselhaften Unbekannten gerufen, sie hereingebeten, auf einen Tee eingeladen, Melisse oder Minze, denn «zum Kennenlernen gibt es bekanntlich nichts Besseres als einen leckeren und gesunden Aufguss aus frischen Gartenkräutern!». Auch das Hündchen hätte einen Butterkeks oder eine Scheibe Fleischwurst bekommen, dazu eine Schale Wasser und vermutlich sogar eine Decke, damit es weich lag.

«Zu meiner Zeit hat es in diesem Haus noch so etwas wie Gastfreundschaft gegeben!»

«Oma, sei still!»

«So weit kommt's noch!»

«Du bist gar nicht hier, schon seit einer halben Ewigkeit nicht mehr.»

«Deswegen muss ich mir noch lange nicht den Mund verbieten lassen, schon gar nicht von einer, die genauso lange nicht mehr hier war und *keine* todsichere Ausrede für ihre Abwesenheit hat.»

Dieses helle Oma-Kichern, wenn sie sich selbst umwerfend witzig gefunden hatte.

Der Küchenschrank hinten an der Wand stand offen. Auf den blau-weiß gemusterten Tellern hatte meine Großmutter mir Blaubeerpfannkuchen und Eierbrot angerichtet, in Gabelhappen geschnitten, auch dann noch, als ich längst erwachsen gewesen war. In den geblümten Keramiktassen hatte ich von ihr Kamillentee oder warme Milch mit Honig serviert bekommen. Gelegentlich hatten wir uns auch etwas Rotwein in diesen Tassen genehmigt, heimlich eingegossen, um meine Mutter nicht zum Mittrinken zu animieren.

«Ach, mein Mädchen!»

Schluss damit!, dachte ich. Ein Zimmer im Gasthof hätte ich nehmen sollen, wo es frisch bezogene Betten, eine funktionierende Elektrik sowie ein ordentliches Frühstücksangebot gab und niemand aus den Geschirrschränken zu mir sprach.

Ich ließ meinen Blick durch den Raum wandern. Erst in diesem Moment wurde mir bewusst, dass es nicht nur drüben in meinem alten Zimmer, sondern auch in dieser Küche so aussah, als sei seit Jahren keiner mehr hier gewesen. Was, soweit ich informiert war, nicht sein konnte. In der Nacht hatte ich mich, völlig übermüdet von der langen Reise, durch den lediglich vom Schein meines Feuerzeugs beleuchteten Flur zu meinem Bett vorgetastet, hatte mich kurz gewundert, dass es noch an derselben Stelle stand, ansonsten aber kaum etwas vom Zustand des stockfinsteren Hauses bemerkt, außer eben dass es keinen Strom gab. Bei Tageslicht sah ich jetzt überall Schmutz, Staubfäden und Spinnweben, entdeckte in jedem Winkel seit Langem verwaiste Dinge. Auf der Eckbank lagen alte Zeitschriften, *Mein schöner Garten*, *Apotheken Umschau* und *Das Goldene Blatt*, über den Esstisch war noch immer dieselbe Plastiktischdecke mit Rosendekor gebreitet, vergilbt und am rechten Rand mit einem Muster aus kleinen Brandflecken versehen, die von meiner Zeit als pubertierend renitente Jungraucherin und wilden Partys mit den Arnoldjungs zeugten. Auf der Ablage neben der Tür zur Diele waren dreckige alte Gartenhandschuhe um eine angerostete Blumenschere gewickelt, auf dem Telefontischchen lagen ein halbes Dutzend Lottoscheine und Omas abgegriffenes Portemonnaie. An der Wand zwischen den Fenstern hing der Kalender vom Landfrauenverein, das Blatt vom November 1993 zeigte eine Blondine mit Strohhut, die vergeblich versuchte, ihre Arme um einen gigantischen Kürbis zu schlingen. Ich erinnerte mich daran, wie Oma und ich uns über dieses absurde Motiv amüsiert hatten, und schaute rasch zu dem von der Lampe baumelnden Fliegenfänger, den meine Mutter angewidert als «neolithische Riesenfroschzunge» bezeichnet hatte. Vom ursprünglichen Gelb war vor lauter schwarz verklebten Fliegenleichen nichts mehr zu sehen. Auf den Fensterbänken fanden sich noch mehr zerfallende Trockenblumen und verendete Insekten, Fliegen, Wespen, Holzbienen. Die Scheiben waren stumpf vor Schmutz, bei einem der

Oberlichter war das Glas zersprungen, aus den Rahmen bröckelte der Kitt.

«Alles habt ihr verkommen lassen!», hörte ich Oma schimpfen.

Alles hatten wir verkommen lassen.

Ich war nicht hier gewesen. Ich war fortgegangen und fortgeblieben. Aber wo hatte meine Mutter in den vergangenen Jahren gekocht, gegessen, getrunken, gewohnt?

«Ihr habt eine Geisterbude aus unserem schönen Zuhause gemacht!»

Ich ging zurück zum Küchenschrank, warf die Tür zu, dass die Teller schepperten. Sie hatte kein Recht, so mit mir zu reden, schließlich war sie als Erste gegangen. Neben dem Schrank hing die alte Uhr, auf zwanzig nach zwölf stehen geblieben, ebenfalls mit einer dicken Staubschicht bedeckt. Ich nahm die Uhr von der Wand, drehte die Flügelschraube auf der Rückseite so lange, bis sie am Anschlag war. Als die Uhr zu ticken begann, dieses laute enervierende Ticken, das so unerträglich vertraut klang, hätte ich beinahe angefangen zu heulen.

«Wie konnte ich nur so bescheuert sein und herkommen?», murmelte ich.

«Aber wirklich! Was für ein Desaster!», antwortete meine Großmutter. Ich überlegte, ob ich mir tatsächlich ein Zimmer suchen oder gleich den nächsten Zug nehmen sollte. Morgen um diese Zeit könnte ich schon wieder in Paimpol sein und in Gesellschaft schlaftrunkener Bootsbauer den ersten *petit café* bestellen, bevor ich zur Arbeit ging. Es war ohnehin zu spät für alles. Sollte der Wald sich das Haus holen, den Garten, das blöde Lavendelfeld und den verdammten Atelier-Saustall sowieso.

«Fluchst du schon wieder?»

«Lass mich in Frieden, Omi!»

«Dafür bist du nicht hergekommen, mein Mädchen.»

«Ich gehe stark auf die fünfzig zu und bin weiß Gott kein Mädchen mehr.»

«In diesem Haus wirst du immer ...»

«Ruhe jetzt!»

Loup kam angetrabt, sprang an mir hoch und blies mir seinen stinkenden alten Hundeatem ins Gesicht.

«*Arrête*! Lass das!»

Er ließ von mir ab und lief wieder zu dem Fenster, von dem aus man den Waldweg einsehen konnte. Diesmal knurrte er nicht.

Die alte Frau und der kleine Hund verschwanden gerade mit perfekt synchronen Hinkeschrittchen hinter der großen Eiche, an die die Arnoldjungs mich als Zwölfjährige einmal für Stunden gefesselt und geknebelt hatten, bis meine Großmutter kam und mich rettete.

Sie sagt: *Die, die ich bin, fürchtet weder den Stich*
des Skorpions
noch den Duft von Lavendel,
weder den Schlaf der Geister
noch die Leitartikel der Apotheken Umschau.
Die, die ich bin, hat gelernt zu brüllen,
damit sie nicht sprachlos erstickt.

2

EINE VON HIER

Es war nicht meine Schuld, dass ich die Beerdigung meiner Mutter verpasst hatte. Aber ich konnte sehr wohl etwas dafür, dass ich seit Omas Tod kein einziges Mal mehr in Lindbach gewesen war. Ich hatte all die Jahre meine schwermütige Mutter wissentlich sich selbst überlassen, nachdem meine Großmutter hatte sterben müssen, weil Emma zwei schlicht zu betrunken gewesen war, um rechtzeitig den Notarzt zu rufen. Sie waren nebeneinanderliegend im Garten gefunden worden, und man musste die Arme meiner Mutter mit Gewalt von der bereits erkalteten Leiche lösen. Als Doktor Arnold mich endlich erreichte, waren beide bereits abtransportiert worden: Oma im Leichenwagen zum Bestatter und Mama mit dem Krankenwagen in die Landesklinik. Angeblich wäre für meine Großmutter sowieso jede Hilfe zu spät gekommen, aber hundertprozentig sicher sein konnte man sich bei solchen Sachen nie. Ich hatte mich zwei Wochen lang um die Erledigung der Formalitäten gekümmert und den einzigen Menschen beerdigt, der mir unentbehrlich gewesen war. Am Tag danach hatte ich es im Waldhaus nicht mehr ausgehalten, war spontan abgereist, ohne meine Mutter auch nur ein Mal in der Klinik zu besuchen, geschweige denn ihre Entlassung abzuwarten. Zunächst ging ich wieder zurück ans Museum nach Frankfurt, später nach Köln und Berlin. Dort erreichte mich das Angebot für einen größeren Auftrag am Musée d'art et d'histoire in Saint-Brieuc, und so siedelte ich schließlich ganz nach Frankreich über. Als freiberufliche Restauratorin konnte ich überall Arbeit finden. Ich verliebte mich in die windumtoste bretonische Felsküstenlandschaft, die das Gegenteil der sanften Lindbacher Idylle war, und in Xavier, einen angenehm wortkargen französischen Kollegen, mit dem ich zuerst nur eine Werkstatt und seit nunmehr fast fünfzehn Jahren zudem noch das Ehebett teilte. Der Gedanke, zwischenzeitlich nach Deutschland zu reisen, Wochenenden oder Urlaub im Waldhaus zu verbringen, wie ich es vor Omas Tod gerne getan hatte, kam mir gar nicht. Was sollte ich da? Meine Mutter anbrüllen, ihr die Wodkaflasche aus den Händen schlagen, schweigend neben ihrem Elend sitzen, irgendeine Botschaft aus ihren verstörenden Werken herauslesen? Sie schien das genauso zu sehen, jedenfalls hat sie kein einziges Mal versucht, Kontakt mit mir aufzunehmen. Wir waren einander fremd, ich ihr und sie mir, waren es immer gewesen. Wahrscheinlich hätte ich mich trotzdem bei ihr melden sollen. Irgendwann, nach zwei, drei Jahren, eine Postkarte schicken oder am Geburtstag anrufen und fragen, wie es so geht. Die Frau war hilflos, krank, schuldunfähig allemal – sofern überhaupt von Schuld zu sprechen war. Als Tochter hatte ich wahrscheinlich genauso versagt wie sie als Mutter – aber auch das war ein Gedanke, der zu nichts führte. Man glaubt ja immer, man hat noch Zeit. Aber dann ist eines Tages die Zeit abgelaufen, und man weiß nicht, was man machen soll.

Als ich das Schreiben vom Amtsgericht gelesen sowie die beigelegten Papiere gesichtet hatte, die über einige Umwege schließlich doch noch in meinem Briefkasten gelandet waren, hatte ich, ohne weiter darüber nachzudenken, meinen Rucksack gepackt und war keine halbe Stunde später bereits auf dem Weg gewesen. Als hätte es noch einen Grund zur Eile gegeben! Loup war mir beim Packen nicht von der Seite gewichen, und weil Xavier noch bis mindestens Ende der Woche mitsamt unserem Auto in Saint-Pierre-sur-Dives war, um ein von Wurmfraß befallenes Chorgestühl zu behandeln, tippte ich eine Nachricht für ihn in mein Telefon und nahm den alten Wolfshund mit auf die Reise.

Ich habe etwas in Deutschland zu erledigen.
Loup und ich sind bald wieder da. Bisou. T.

Elf Stunden Zugfahrt von Paimpol über Guingamp bis Paris Montparnasse, dann von der Gare de l'Est bis Frankfurt, schließlich mit der Regionalbahn bis Großeichen, wo ich nachts um Viertel vor zehn angekommen war und mir, weil mein Telefon schlappgemacht hatte, kein Taxi hatte rufen können. Den letzten Bus hatte ich eben noch von hinten gesehen, der nächste würde erst wieder früh um halb sechs kommen. Also waren Loup und ich eine weitere Stunde über Feld- und Waldwege gewandert, bis wir völlig erschöpft nachts um elf angekommen waren. Mein Schlüssel hatte noch ins Schloss gepasst.

Und jetzt stand ich, fassungslos angesichts meiner strunzdummen Planlosigkeit, in dieser eingestaubten Geisterküche, in der ich nicht sein wollte, und hörte meine Oma «es ist, wie es ist, Kind» sagen.

Ich war nicht einmal in der Lage, mein Telefon aufzuladen, um einen Termin mit der Maklerin zu vereinbaren, eine Anwaltskanzlei zu kontaktieren, beim Notariat anzurufen oder was auch immer man machen musste, um ein Erbe schnellstmöglich abzuwickeln. So etwas wie ein Frühstück ließ sich ebenfalls nicht zubereiten, und Loup, der am allerwenigsten für die Situation konnte, in die ich uns hineinmanövriert hatte, hatte definitiv Besseres verdient, als mit einem weiteren der trockenen Müsliriegel aus meinem Rucksack abgespeist zu werden, von denen wir uns, abgesehen von zwei Croissants in der Bahnhofshalle der Gare de l'Est, während der vergangenen vierundzwanzig Stunden ernährt hatten. Zigaretten gab es auch keine mehr. Ich kam nicht drum herum, ins Dorf zu laufen und etwas einzukaufen – und damit zwangsläufig den Lindbachern meine Rückkehr kundzutun.

«Vorläufige Rückkehr», sagte ich in Richtung des Küchenschranks. «Stippvisite! Tem-po-rär! Ich haue wieder ab, das kannst du aber wissen!»

Aus dem Küchenschrank drang nichts als Stille. Zum Glück.

«Hier herrscht Leinenpflicht! Und wenn ich mir den so anschaue, gehört da außerdem ein Maulkorb drauf!»

Der Wagen war neben mir stehen geblieben, der Fahrer hatte mit einem leisen Surren das Fenster heruntergelassen, um mich besser anpöbeln zu können.

«So weit kommt's noch!», schimpfte ich zurück, und im selben Moment wurde mir bewusst, dass ich gerade meine Oma zitiert hatte, dann erkannte ich den Fahrer.

«Guten Morgen, Taxi-Herbert! Hast du vielleicht eine Zigarette für mich?»

«Ich werd verrückt! Toni Bachmann? Bist das wirklich du?»

Ich nickte.

Taxi-Herbert hielt mir kopfschüttelnd eine zerbeulte Packung American Spirit und ein rosa Feuerzeug mit Hello-Kitty-Motiv hin. «Wir sind beide verdammt alt geworden, es ist unfassbar!»

Ich pfriemelte eine Zigarette aus der Packung, zündete sie an, sog gierig den Rauch ein. «Zum Glück bist zumindest du noch immer so ein ausgemachter Charmeur, Herbert.»

Er hob salutierend die Hand an die Stirn. «Das hilft enorm in meinem Job.»

«Kann ich mir vorstellen.»

«Entschuldige übrigens, dass ich wegen dem Maulkorb gemeckert habe, Toni, ich dachte, du wärst keine von hier.»

So war Lindbach: Man ließ sich zwanzig Jahre lang nicht blicken und blieb dennoch, ob man wollte oder nicht, «eine von hier». Selbst dann, wenn man im von bösen Zungen «Bastardbude» genannten Waldhaus aufgewachsen war, in dem man sich herzlich wenig um Dorfgebräuche und Anstandsregeln geschert hatte. Aber Herbert war nie einer von denen gewesen, die die Nase darüber gerümpft hatten, wie es bei uns zugegangen war oder dass es bei den Bachmann-Emmas keine Väter für ihre unehelichen Töchter gab. Daran hatten ohnehin die wenigsten Anstoß genommen. Was das anging, konnte man im Großen und Ganzen stolz auf die Lindbacher sein, die «reimten sich ihren eigenen Reim», wie Pfarrer Martinek oft gesagt hatte, und zogen es vor, «den lieben Gott einen guten Mann sein» zu lassen, bevor sie sich unnötig aufregten.

Herbert steckte sich ebenfalls eine Zigarette an. «Ich hab gedacht, dich gibt's gar nicht mehr.»

«Doch», sagte ich. «Mich gibt's noch.»

Er hatte anscheinend nicht vor, mich auf die Beerdigung anzusprechen, die vorletzten Samstag ohne mich stattgefunden hatte.

«Und du? Hast offenkundig doch deinem Alten nachgeeifert, statt Tierfilmer zu werden, wie sich das gehört hätte?»

Er kratzte sich am Hinterkopf. «Ich fotografiere gelegentlich immer noch, draußen bei den Rehen oder wenn Rinderkirmes ist. Und dann hab ich ja auch ...» Er stockte. «Ach, egal. Selbstständiger Fuhrunternehmer ist ein prima Beruf. Man trifft viele Leute, kommt gut rum und ist sein eigener Chef.»

«Wie weit kommst du denn für gewöhnlich?»

«An Feiertagen manchmal sogar bis Frankfurt.»

«Quasi Weltreise.»

«Mach dich nur lustig, Toni, juckt mich nicht. Ich tue das wirklich gerne. Und den Namen wäre ich sowieso nie losgeworden. Selbst wenn ich den Oscar für meine Filme bekommen hätte, wäre ich in Lindbach der Taxi-Herbert geblieben. Da hab ich lieber gleich das Steuer übernommen, mir den Titel mit Taten verdient. Hat gepasst. Passt immer noch.»

Er wurde bereits in der Grundschule von allen «Taxi-Herbert» genannt, weil seine Familie das einzige Transportunternehmen des Ortes betrieb, bestehend aus Herberts Vater und einem gewaltigen Benz, aus dessen nur geringfügig modernerem Nachfolger mich Herbert jetzt angrinste. Früher fand ich ihn nett, aber merkwürdig, wie er samstags und sonntags in aller Frühe mit seiner Super 8 auf dem Hochsitz am Waldrand hockte, manchmal stundenlang. Man konnte ihn von unserem hinteren Garten aus gut sehen, er war als Jugendlicher bereits ein Koloss. «Taxi-Günthers Junge hat eine schöne Passion», hatte meine Oma immer voller Hochachtung gesagt und ihm manchmal Marmeladenbrote und Tee gebracht.

«Wie geht's Günther?», fragte ich.

«Gut, hoffentlich. Er ist seit acht Jahren tot.»

«Das tut mir leid!»

«Muss es nicht.» Herbert fuhr sich mit der Hand über das schütter gewordene Haar. «Was machst du eigentlich hier?»

«Bin auf dem Weg zum Spar», antwortete ich, Herberts Frage bewusst missverstehend. «Es ist nichts Essbares im Haus, und der Hund wird unleidlich, wenn er Hunger hat.»

Herbert nickte, als sei das genau die Antwort, die er erwartet hatte. «Der Spar ist jetzt übrigens ein Edeka.»

«Okay, dann bin ich eben auf dem Weg zum Edeka.»

«Soll ich dich mitnehmen? Ich muss eh da lang. Die Gerti vom Blumen-Weidner muss zur Dialyse in die Uniklinik. Dreimal die Woche! Für mich ein gutes Geschäft, das schon, aber trotzdem: Es ist ein Elend, das sag ich dir! Dabei ist sie erst knapp über vierzig.»

Ich konnte mich nicht erinnern, dass beim Blumen-Weidner eine Gerti gewesen war, dann fiel mir ein, dass es wahrscheinlich auch bei Blumen-Weidners einen Generationswechsel gegeben hatte. «Lebt der Senior noch?»

«Ist zwei Tage vor seinem fünfundsiebzigsten Geburtstag mit Schlaganfall vom Apfelbaum gefallen und hat sich das Genick gebrochen», sagte Herbert. «Willst du jetzt mitfahren oder nicht?»

«Was ist mit dem da?»

Ich deutete auf Loup, der zögerlich näher trat und die Schnauze zum Autofenster hob.

«Weiß der sich im Wagen zu benehmen?»

«Er beißt nur im Notfall, und kotzen tut er lediglich, wenn er Pansen zum Frühstück hatte oder übersäuert ist. Heute bloß übersäuert, würde ich schätzen.»

«Du spinnst noch genauso wie früher, Toni Bachmann! Der Köter kommt mir aber nach hinten, der haart sonst alles voll. Schönes Tier. Irgendwie edel. Ist das ein Wolf?»

Ich zuckte mit den Schultern. «Angeblich ein halber, aber dafür ist er eigentlich zu harmlos. Sag's nicht weiter, die Lindbacher sollen ruhig Angst vor ihm haben.»

Herbert hob feierlich die rechte Hand zum Schwur. «Ich werde schweigen wie ein Badeschwamm!» Dann wuchtete er sich aus seinem Taxi, ging um den Wagen herum und öffnete die Heckklappe. «Darf ich bitten?»

Loup schien Herbert auf Anhieb zu mögen, trottete freundlich mit der Rute wedelnd auf ihn zu, wie es normalerweise gar nicht seine Art war. Ich ließ ihn ins Auto springen. «*Couche-toi!*»

Ohne zu zögern, gehorchte er und legte sich hin. Loup liebte Autofahren, und diesen Kofferraum musste er sich nicht einmal mit unseren Arbeitstaschen, Materialien und Werkzeugkisten teilen.

«Sprichst du Französisch mit deinem Hund?»

Ich nickte.

«Vornehm geht die Welt zugrunde», sagte Herbert und öffnete die Beifahrertür für mich.

«Kannst im Auto zu Ende rauchen, wir lassen einfach die Fenster auf.»

Als wir im Wagen saßen, griff Herbert zum Handschuhfach, kramte, mit seiner gewaltigen Wampe halb auf mir liegend, einen Plastikbeutel mit zwei Wurstbroten hervor.

«Mag der französische Wolf so was? Ess ich eh nicht mehr.»

Er reichte mir den Beutel, und ich warf die Stullen eine nach der anderen nach hinten. Loup fing sie jeweils in der Luft und verschlang sie gierig.

«Harmlos hin, harmlos her, bei dem möchte man lieber kein Wurstbrot sein.»

«Besser ist es.»

«Hinter Goßfelden hat übrigens letztens einer von den Wölfen, die jetzt überall auftauchen, zwei Alpakas gerissen. Die Leute hier sind gerade ein bisschen nervös deswegen.»

«Du meine Güte!»

«Ach, irgendwas ist immer.»

Herbert startete den Motor und lenkte den Wagen zurück auf die Straße. Wir fuhren in einem moderaten Ausflüglertempo durch den Wald, dann an der alten Mühle vorbei, weiter in Richtung Aussiedlerhöfe, rauchten schweigend aus den offenen Fenstern, und mir wurde etwas leichter ums Herz. Ich schaute hinaus, dankbar darüber, dass Herbert so aufmerksam oder, und das war mir ebenfalls recht, so gleichgültig war, mich nichts weiter zu fragen. Wieso ist mir in meiner Jugend eigentlich nie aufgefallen, was für ein angenehmer Mensch dieser Taxi-Herbert ist?, dachte ich. Er war früher auch öfter irgendwo drangefesselt gewesen, hatte aber keine Oma gehabt, die mit der Spatengabel auf die Arnoldjungs losging, sodass sie einen fortan mit Respekt behandelten.

«Sag mal, Herbert.»

«Ja?»

Das Taxi wurde noch langsamer.

«Wer ist eigentlich die schicke Alte, die mit dem kleinen Windhund im Forst Gassi geht? Wohnt die hier irgendwo?»

Herbert drehte sich zu mir hin, sodass der Wagen einen kleinen Schlenker nach rechts machte. «Wieso weißt du das nicht?»

«Wie sollte ich das wissen, ich war ewig nicht hier.»

«Na, die Baroness wohnt doch bei euch.»

Sie sagt: Die Menschen meiner Zeit nannten die,
die ich bin,
eine Wahnsinnige,
eine Schamlose,
eine Bürgerin des Schreckens,
einen fleischgewordenen Skandal,
eine erotomane Wilde.
Einige nannten mich Muse, Künstlerin, Dichterin, Visionärin, Freigeist, Genie.
So oder so ist es besser, wenn ich nicht ausgelöscht bin.

3

ELSA

«Ich habe sie Anfang April am Großeichener Bahnhof eingesammelt», sagte Herbert. «Nachts um halb zwölf, da hatte sie pures Glück, dass ich nicht schlafen konnte und noch ein bisschen in der Gegend herumgefahren bin. Der Bahnhof ist ja ziemlich ab vom Schuss, der Warteraum seit Jahren mit Brettern zugenagelt, die Telefonzelle funktioniert schon lange nicht mehr, und ein Handy scheint sie nicht zu besitzen. Die arme Frau hätte da unter Garantie bis zum nächsten Morgen allein auf dem Treppenabsatz gehockt. Hab ich mich erschreckt, als da plötzlich eine Gestalt im Licht meiner Scheinwerfer aufgetaucht ist!»

Sie habe einen großen abgenutzten Koffer dabeigehabt, mit unzähligen Aufklebern drauf und einem dieser Flug-Klebezettel am Griff: «JFK, also Flughafen John F. Kennedy, also New York», wie Herbert mit Kennermiene hinzufügte. «Dazu eine lederne Reisetasche, aus der der dünne kleine Hund herausgeschaut hat. Wie in einem dieser uralten Filme hat sie ausgesehen, wie Greta Garbo als Mata Hari in klein und uralt.»

Mit einer Selbstverständlichkeit, als habe sie ihn eigens herbeigerufen, war sie ins Taxi gestiegen und hatte die Adresse vom Waldhaus genannt. Herbert hatte sie hingefahren, ihr den Koffer hinters Haus zum Atelier geschleppt, wo sie ihn mit einem üppigen Trinkgeld bedachte.

«Soll ich noch warten, bis Frau Bachmann Ihnen aufmacht?», hatte Herbert gefragt. «Nicht, dass Sie doch noch draußen übernachten müssen.»

Die Baroness hatte in den kleinen Samtbeutel gegriffen, den sie an einer Kordel um den Hals trug, und einen Schlüssel herausgezogen. «Ich lasse mich selbst hinein», hatte sie gesagt und Herbert eine «zauberhafte Restnacht» gewünscht. Seitdem war sie in Lindbach.

«Die haben beide im Atelier gehaust?»

«Logisch», sagte Herbert.

Seltsame Logik, dachte ich, wollte das Thema Atelier aber nicht weiter vertiefen.

«Die Baroness ist wirklich nett», sagte Herbert, während er vor dem Edeka den Wagen zum Halten brachte. «Schräg, ja, aber auf ihre Weise ganz schön in Ordnung. Und deiner Mutter schien sie wirklich gutzutun. Na ja, jedenfalls bis ...»

Ich fiel ihm ins Wort und sagte, wir könnten vielleicht ein anderes Mal reden, ich müsse jetzt wirklich etwas zu essen besorgen.

«Außerdem steht dort hinten vorm Blumen-Weidner eine Frau, die hektisch winkt.»

«Ach ja, die Gerti», sagte Herbert.

«Die Gerti muss jetzt dringend zur Dialyse», sagte ich und sprang aus dem Taxi.

Sie saß über ein Buch gebeugt auf der Bank unter dem Pflaumenbaum im Vorgarten, als ich, beladen mit einem Sack Hundefutter und einer mit Schnittbrot, Scheibengouda, Zigaretten und zwei Flaschen Zitronenlimonade gefüllten Plastiktüte, wieder am Waldhaus ankam. Den Umhang hatte sie abgelegt, die Schnabelschuhe von den Füßen gestreift, auch die Fliegerkappe trug sie nicht mehr, stattdessen hatte sie sich eine Fasanenfeder ins schlohweiße, zum Bubikopf geschnittene Haar gesteckt. Loup erstarrte, als uns der kleine Windhund, der neben der Alten auf der Bank gelegen hatte, kläffend entgegenrannte. Ich ließ den Sack von meiner Schulter rutschen und auf den Boden fallen, woraufhin das Hündchen erschrak und kreischend die Flucht ergriff. Die Baroness las ungerührt weiter. Sie wirkte von Nahem noch fragiler und älter, hatte gleichzeitig eine herbe Strenge und Entschlossenheit im Gesicht, die ich fast schon beängstigend, aber unbedingt faszinierend fand. Ich trat näher, wartete darauf, dass sie reagierte, betrachtete derweil die aus dicken bunten Perlen geknüpften Ketten, die sie sich in so großer Menge um den faltigen Hals gelegt hatte, dass man sich wundern konnte, wie die zarte Person dieser Last standhielt. Wahrscheinlich mit purer Willenskraft, schoss es mir durch den Kopf – die stahlblauen, hoch konzentriert auf die Lektüre gehefteten Augen legten diesen Verdacht nahe. An den Ketten hatte sie mithilfe von Nylonfäden, Silberdraht oder Schlüsselringen verschiedene Dinge befestigt: Rohrschellen, zu kleinen Sträußen gebundene Holzschrauben, Sechskantmuttern, Unterlegscheiben in verschiedenen Ausführungen, Federringe aus Messing, Flachverbinder,

Schraubösen, diverse Zugfedern. Sie musste einen halben Eisenwarenladen geplündert haben, um ihren Schmuck zusammenzubasteln. Erstaunlicherweise sahen die eigenartigen Designobjekte an ihr aber kein bisschen lächerlich aus.

Ich räusperte mich.

Sie hob mahnend den Zeigefinger. «Nur noch den Absatz fertig.»

Nach einer weiteren Wartezeit, die vermutlich keine zwei Minuten gedauert hatte, mir aber endlos vorgekommen war, zog sie mit einer Bewegung von aufreizender Langsamkeit die Feder aus dem Haar, legte sie zwischen die Seiten und klappte das Buch zu. Endlich hob sie den Blick, um mich lange und durchdringend zu mustern. Das Urteil fiel anscheinend milde aus, denn ihr Gesicht erhellte sich zu einem Lächeln. «*Bonjour*, Antonia! Da bist du ja endlich! Ich darf doch Du sagen? Und einen Wolf hast du auch mitgebracht, wie sinnig!»

Sie klopfte einladend mit der flachen Hand neben sich auf die Holzbank. «Setz dich zu mir!»

Ich blieb stehen, wo ich war. «Kennen wir uns?»

«Ach, meine Liebe, *kennen*, das ist so ein butterdummer Begriff, findest du nicht auch? Man weiß nie so genau, was damit gemeint ist, er ist irgendwie glipschig und lässt viel zu viel Raum für Fehldeutungen, wir sollten ihn lieber meiden.»

«Darf ich dann vielleicht fragen, wer Sie sind und was Sie hier auf meinem Grundstück machen?»

Jetzt hatte ich es tatsächlich ausgesprochen: *mein* Grundstück.

Sie hob die Brauen, schmunzelte. «*Oh, là, là*! Da mutest du mir zwei weitere Fragen zu, auf die es keine einfachen Antworten gibt. Willst du dich nicht doch lieber setzen?»

Ich schaute zu Loup, der sich neben dem Futtersack ins Gras gelegt hatte und wachsam auf den Pfad starrte, über den der kleine Windhund auf seiner Flucht hinter der Hausecke verschwunden war. Die Natursteinplatten hatte meine Oma eigenhändig verlegt, damit meine Mutter bei Regenwetter trockenen Fußes in ihr Atelier kam. Rechts und links des Plattenwegs wucherten Unkraut, Gras und Brennnesseln sowie braune Reste ehemals üppig blühender Stauden. Den Pfad selbst hatte jemand so weit vom Gestrüpp freigehalten, dass man ungehindert in den hinteren Garten gelangen konnte. Meine Mutter, dachte ich. Meine Mutter war bis vor Kurzem wahrscheinlich noch täglich diesen Weg entlanggegangen.

Die Baroness klopfte erneut auf die Bank. «*Allez, vas-y*! Komm her, es ist schon genug Zeit verplempert worden!»

Ich dachte, dass ich mich um die kaputte Elektrik kümmern sollte, dass der Hund gefüttert werden musste, dass es tausend Sachen zu erledigen gab, die keinen Aufschub duldeten. Dann dachte ich an den Geschirrschrank, stellte mir vor, wie ich einen Becher herausnahm, wie ich mir Limonade eingoss und meine Oma «was für eine widerliche Chemiebrühe!» sagte, und war plötzlich dankbar, dass da jemand war, der mich davon abhielt, das Haus zu betreten, selbst wenn es sich um eine Person handelte, mit der ich mutmaßlich über meine Mutter würde sprechen müssen.

Ich nahm neben der Baroness Platz.

Sie seufzte. «Na also! War doch nicht so schwer, oder?»

Ich kramte die Zigaretten aus der Edeka-Tüte, riss das Päckchen auf. «Stört es Sie, wenn ich rauche?»

«Im Gegenteil!»

Ich hielt ihr die Packung hin. «Auch eine?»

Sie nahm dankend an, ließ sich Feuer reichen und tat genüsslich einige tiefe Züge.

«So. Was möchtest du zuerst wissen: Woher ich deinen Namen kenne, was ich hier mache, oder wer ich bin?»

«Die Reihenfolge würde ich Ihnen überlassen.»

«Fangen wir mal mit mir an, das ist für dich die leichtere Übung. Also: Wer bin ich? Da müssen wir trotz der uns gebotenen Eile dann doch ein wenig tiefer graben.»

Ich fragte mich, von was für einer Eile sie sprach, wollte sie aber nicht unterbrechen.

«Wer oder was macht uns zu denen, die wir sind? Richtig: zunächst einmal die Herkunft, der Geburtsort, die Familie, bla, bla, bla, was selbstverständlich ein spießbürgerlich verbrämter Unsinn ist. Mein Vater war Maurer, meine Mutter Pianistin. Da fragst du dich, wie so etwas zusammenpasst? Es passte ganz und gar nicht. Hätten wir das also schon mal geklärt.»

Jemand musste nach Omas Tod diese Bank gestrichen haben, stellte ich fest, während ich mit dem

Fingernagel ein Stückchen grüne Farbe von der Kante abknibbelte und das darunterliegende helle Braun freilegte, das noch von einem Anstrich meiner Großmutter stammte. Meine Mutter hatte ab und zu auf dieser Bank gesessen, wenn ich nachmittags von der Schule gekommen war, hatte mit trübem Blick an mir vorbeigesehen, als wäre ich gar nicht da.

«Was fällt dir ein, wenn du an Swinemünde denkst, Antonia?», unterbrach die Alte meine Gedanken.

«Wie bitte?»

«Weiße Strände, prachtvolle Villen, frischer Ostseewind, die Sonneninsel Usedom oder gar ...» Sie hob das Buch an. «Effi Briest?»

Ich zuckte mit den Schultern. «Ja, von mir aus, ich hab das mal in der Schule lesen müssen.»

Die Baroness fuhr sich mit theatralischer Geste durchs Haar, reckte das Kinn, um mit gespitzten Lippen eine Rauchsäule gen Himmel zu pusten. «Ach, o weh! Die verhängnisvolle Kessiner Einsamkeit, das Leid einer ohnmächtigen Frau, auf das die Swinemünder so stolz sind, Fontane hier, Fontane da, meine Fresse! Warum haben die nicht mal was nach mir benannt, diese heuchlerischen Feiglinge? Einen Platz, eine Straße, von mir aus eine Autobahnausfahrt, aber nein, bis heute nichts, *nothing*, *absolument rien*! Ich war ihnen wohl nicht ohnmächtig genug. Obendrein habe ich mich so gar nicht wie eine Dame meiner Zeit betragen können, da wollten die Herren Stadträte mir zwielichtiger Person lieber kein Denkmal setzen, ‹schlechtes Beispiel für die Jugend› und so weiter, da muss man ja doch fast schon Verständnis fürs Totschweigen aufbringen, nicht wahr? Sie wollten lieber des Theodors und seiner Effi gedenken, da hatten sie wenigstens eine Moral von der Geschicht! ‹Ob wir nicht doch vielleicht schuldig sind?›, fragt sich am Ende Mutter Briest, und wir alle nicken das ab: Jaja, schuldig seid ihr! Hat aber weniger als nichts mit uns zu tun, wir erhalten Freispruch, hahaha!»

Das Kettenarrangement klimperte im Rhythmus ihrer umherrudernden Arme.

«Und bevor ich es vergesse: Es ist doch sicher unnötig zu betonen, dass mir weder der poetische Realismus noch der bürgerliche Moralkodex wegweisend gewesen sind?»

Sie klopfte mit dem Knöchel ihres Mittelfingers auf den Bucheinband und sah mich auffordernd an.

«Davon gehe ich mal aus», sagte ich, weil mir nicht anderes einfiel.

Sie legte mir, mit dieser Antwort offensichtlich zufrieden, eine Hand auf die Schulter. «Siehst du? Wir machen bereits Fortschritte! Wo waren wir? Richtig! Swinemünde, oder Świnoujście, wie man heute sagt. So hübsche Postkarten gibt es von dort! Und wo wir gerade dabei sind, ein Bild von meiner Geburtsstadt zu zeichnen, lege ich zur weiteren Illustration noch mehrere Tausend im Bombenhagel zerrissene Kriegsflüchtlinge dazu, deren Blut einst als Folge kranker Ideologie und imperialistischer Idiotie in den Swinemünder Sand sickerte, aber so etwas sieht man natürlich nicht gerne, und stolz ist man auch lieber nicht drauf. Immerhin.

Ich will mal nicht so sein und schicke zur Erholung von diesem Anblick ein Schaumkrönchen auf freundlich antanzender Welle hinterher, weiß und jungfräulich und absolut blutleer. Besser so?»

«Na ja, also wissen Sie ...»

«Jajaja, ich weiß, Effi und die Bomben fallen erst nach meiner Swinemünder Zeit, die eine knapp, die anderen lang, folglich können wir diese beiden Themen getrost beiseitelassen, ist auch so alles schon verwirrend genug, richtig? Verzeihung, *pardon*, *please excuse*, ich weiß: Äpfel und Birnen, es ist ein großes Durcheinander, und fehlgeleiteter Zynismus hat schon so manches Loch gerissen, wo keines hätte sein müssen, aber der Einfachheit halber müssen wir doch ein wenig komplexer vorgehen. Kannst du mir folgen?»

Konnte ich selbstverständlich nicht, aber was hätte ich sagen sollen? Ich stand auf, zog mein kleines Taschenmesser aus der Hosentasche und schnitt ein Loch in den Futtersack, damit zumindest der Hund seinen Hunger stillen konnte.

«Hör mir zu, Antonia: Es ist wichtig, es ist nichtig, lauter wichtige Nichtigkeiten!»

Ich nahm wieder neben ihr Platz. «Ich höre Ihnen gerne zu, aber vielleicht würde ich doch lieber zuerst erfahren, woher Sie meinen Namen wissen, bevor wir weiter in die Historie Ihrer Geburtsstadt eindringen, so faszinierend sie auch sein mag.»

Sie nickte, strich mir mit beiden Händen über die Wangen, erst mit der rechten, dann mit der linken, exakt so, wie Oma es immer getan hatte.

«Ich würde deinen Namen auch wissen, wenn er nicht auf dem Porträt stünde, das Emma von dir gemacht hat. Du bist ihr wie aus dem Gesicht geschnitten.»

Über uns im Pflaumenbaum begann ein Amselmännchen, Alarm zu zwitschern, in meinem Magen krampfte sich etwas Undefinierbares zusammen, wahrscheinlich ist es bloß Hunger, dachte ich und bemühte mich, meinen Atem ruhig zu halten.

Meine Großmutter hatte weder gemalt noch fotografiert. Aber sie muss Oma meinen, dachte ich und rückte ein wenig von der Baroness weg. Meine Mutter und ich waren einander kein bisschen ähnlich gewesen, auf gar keiner Ebene. Oma hatte immer betont, dass ich ganz genauso aussehen würde wie sie als Kind. Zum Beweis dieser Ähnlichkeit präsentierte sie Besuchern gerne ein kleines quadratisches Schwarz-Weiß-Foto mit gezacktem Rand, das sie als dralle Zwölfjährige mit hellen langen Zöpfen zeigte, wie sie mit angestrengten Gesichtszügen einen toten Fasan an den Füßen hochhielt, der Vogel kaum kleiner als sie. Ich fand immer, dass meine Oma darauf sehr hübsch und verwegen aussah, und war jedes Mal hochbeglückt, wenn der jeweilige Besuch artig die vermeintliche Ähnlichkeit bestätigte.

Meine Mutter hatte nichts geschaffen, worauf mein Name stand, darauf hätte ich bis vor fünf Minuten noch meinen rechten Arm verwettet.

«Von welchem Porträt reden Sie?»

«Streng genommen ist es ein Triple, Anna oder hier besser: Emma selbdritt, wenn man so will.»

«Gott bewahre!»

Sie sah mich wieder mit diesem forschenden Blick an. «Warum kommst du eigentlich so spät?»

Ich kratzte noch ein weiteres Stück Farbe von der Bank, trat den Zigarettenstummel im Rasen aus und holte eine der Flaschen aus der Edeka-Tüte. «Kann ich Ihnen etwas zu trinken anbieten?»

«Nein danke, sehr aufmerksam, beantworte meine Frage!»

«Ich weiß erst seit gestern Morgen, dass meine Mutter gestorben ist.»

«Ach, so ist das.»

Sie machte wieder Anstalten, mir über die Wangen zu streichen, ich wich ihrer Hand aus. Der Schwindel kommt sicher davon, dass ich unterzuckert bin, dachte ich, schraubte den Deckel ab und setzte mir die Limonadenflasche an den Hals.

Die Ketten der Baroness klirrten und rasselten, sie beugte sich nach vorne, zog die Supermarkttüte zu sich heran und begann, darin herumzukramen.

«Was haben wir denn hier?»

Sie zog zwei Scheiben Brot aus der Packung, legte sie auf ihrem rechten Oberschenkel ab, dann holte sie den Käse aus der Folie, belegte damit die Brotscheiben, klappte sie zusammen und reichte sie mir. «Iss!»

Aus lauter Ratlosigkeit gehorchte ich. Sie schaute mir eine Weile beim Kauen zu.

«Vielleicht könnte ich dich später zum Abendessen einladen, was hältst du davon?»

Ich schüttelte den Kopf. «Dafür wird meine Zeit nicht reichen. Tut mir sehr leid.»

«Lüge! Beides!»

Das Kettengerassel begann, mir auf die Nerven zu gehen.

«Hören Sie, ich habe nicht die geringste Ahnung, was das hier ist oder werden soll, wenn Sie mir jetzt bitte einfach sagen könnten ... »

Sie ließ mich den Satz nicht beenden. «Ich bin jedenfalls Elsa. Elsa von Freytag-Loringhoven. Aber denk nur nicht, dass du die Frage, wer ich bin, damit als beantwortet betrachten darfst. Dies ist erst der Anfang.»

Ich starrte sie fassungslos an. «Sie wollen ernsthaft behaupten, Sie sind *die* Baroness?»

«Kennst du mich also doch ein bisschen? Wie außergewöhnlich, wie erfreulich, wie schön!»

«Nehmen Sie es mir nicht übel, Elsa, Baroness, wie auch immer, aber das würde bedeuten, Sie sind seit fast neunzig Jahren tot.»

Sie klatschte begeistert in die Hände. «Und doch bin ich hier. Leibhaftig!»

Das Brummen eines Dieselmotors kam näher. Loup nahm die Schnauze aus dem Futtersack und lief zum Gartentor. Kurz darauf stieg Herbert aus seinem Taxi, warf Loup ein weiteres Wurstbrot über den Zaun und sagte: «Wie ich sehe, habt ihr euch bereits bekannt gemacht.»

Die Baroness brach in schallendes Gelächter aus.

Sie sagt: Gründe, Zuschreibungen, Benennungen, Definitionen –
das ist alles Nonsens!
Nonsens ist gut.
Nonsens ist schlecht.
Nonsens ist Quatsch!
Ein dermaßen ernst zu nehmender Sachverhalt sollte leichtfertig glattgebügelt werden.
Natürlich nicht!
Wie aber sollen wir das aushalten?
Wir sind, die wir sind.
Es gibt nichts zu erklären,
aber viel zu erzählen.

4

TERRAIN VAGUE

Lass sie doch», sagte Herbert und ließ den Schein seiner Taschenlampe weiter über die Kellerwände wandern. «Setz dich nur einen Tag lang ans Steuer von meinem Taxi, dann weißt du eine Geschichte wie die der Baroness zu schätzen.»

«Klar lasse ich sie, aber was sie behauptet, kann nicht stimmen.»

«Na und? Deine Mutter hat auch Dinge gesehen, für die andere blind waren.»

«Meine Mutter hat gesoffen wie ein Loch.»

Herbert sah mich mit einem Blick an, der zwischen Verwunderung und Entsetzen changierte. «Emma zwei war mindestens die letzten fünfzehn Jahre trocken, eher länger.»

«Was redest du da? Ist das ... stimmt das?», stotterte ich.

Es war, als hätte ich einen Schlag gegen den Kopf bekommen, dumpf und hohl und betäubend. Ich hörte bereits die Fragen, alle mit einem vorwurfsvollen Unterton, alle mit «warum» beginnend, alle berechtigt, alle unerträglich. Aber Herbert schüttelte nur leicht den Kopf und sagte: «Nach dem letzten Entzug hat sie keinen Tropfen mehr angerührt.»

Er ließ mir keine Zeit, etwas darauf zu erwidern.

«Abgesehen davon hat das, was ich meine, nichts mit alkoholbedingten Halluzinationen zu tun. Eher im Gegenteil. Es gibt Wahrheiten», Herbert zeichnete mit Zeige- und Mittelfingern Anführungszeichen in die Luft, «jenseits dessen, was unsereins die Realität nennt. Und es gibt Menschen, die die Gabe besitzen, derartige Wahrheiten nicht nur zu sehen, sondern sie auch für andere sichtbar zu machen. Möglicherweise sind solche Sonderbegabten nicht einmal den Gesetzmäßigkeiten von Zeit und Raum unterworfen.» Herbert wippte mit dem Kopf nach rechts und links und sah dabei ein bisschen aus wie die Wackelbulldogge, die Xavier auf das Armaturenbrett unseres Autos geklebt hatte. «Wir mit unserem von der Macht des Faktischen versklavten Verstand gehen vielleicht viel zu kleingeistig an die Sachen ran, und Leute wie die Baroness oder eben auch Emma zwei dringen in tiefere Schichten vor. Kann doch sein, oder nicht? Von diesem Standpunkt aus wäre es anmaßend von uns zu beurteilen, wer jemand ist oder nicht ist oder nicht sein kann und trotzdem ist ... »

«Bist du jetzt auch noch Philosoph, oder was?», fuhr ich ihm dazwischen, gröber, als ich eigentlich gewollt hatte.

Herbert zuckte mit den Schultern. «Musst mich ja nicht gleich beschimpfen, bloß weil ich was zu denken versuche.»

«Philosoph ist kein Schimpfwort.»

«Verarschen kann ich mich selber!»

Er schien ernsthaft gekränkt zu sein.

«Tut mir leid, Herbert. Ich bin ein bisschen neben der Spur, und dieses Haus macht merkwürdige Sachen mit mir.»

«Das hat deine Mutter auch immer gesagt, also das mit dem Haus.»

Gerade wollte ich zu der Frage ansetzen, wie es kam, dass er bezüglich meiner Mutter so gut informiert war, da hellte sich seine Miene plötzlich auf. «Da!» Er rammte mir die Taschenlampe in die Seite, dass es schmerzte, streckte dann den Arm aus und richtete den Lichtkegel auf eine Stelle unter der Kellertreppe. Wir hatten den Sicherungskasten gefunden.

Ich ging hin, schob den schwarzen Schalter der Hauptsicherung nach oben, prompt gingen im Keller die Deckenlichter an.

«Siehst du! Manchmal ist die beste Lösung schockierend simpel», sagte Herbert.

«Diese schöne Weisheit werde ich mir auf ein Sofakissen sticken», sagte ich.

«Du hältst dich für superschlau und witzig, ja?»

Jetzt habe ich ihn schon wieder verärgert, dachte ich und versuchte, ihn anzulächeln, so versöhnlich, wie es mir in dieser Situation möglich war. «Herbert, wenn ich ehrlich bin, komme ich mir sogar ziemlich blöd vor, weil ich nicht von selbst darauf gekommen bin, den Strom einfach wieder anzuschalten. Ich komme mir momentan wegen so einigem blöd vor. Verstehst du?»

«Nö», sagte Herbert, sah dabei aber schon viel weniger eingeschnappt aus.

Er deutete auf ein bis zur Kellerdecke mit Einmachgläsern vollgestelltes Regal rechts von uns. «Ob das noch gut ist?»

Kleine braune Kugeln in unterschiedlichen Auflösungszuständen schwammen in trüber Brühe, Mirabellen, vermutete ich. Meine Großmutter hatte immer nur die Jahreszahlen und nicht die Sorten auf die Einmachgläser geschrieben. «Sieht man doch, was da drin ist», hatte sie jedes Mal gesagt, wenn ich die Etiketten für sie beschriften wollte. 1993 musste ein gutes Mirabellenjahr gewesen sein. 1993, 1993, 1993, auf jedem Glas 1993, und dann war Schluss gewesen.

«Nichts sieht man hier, absolut gar nichts, verflucht noch mal!»

Ich erschrak selber darüber, wie laut ich auf einmal geworden war.

«Hä?», entgegnete Herbert. «Sind doch jetzt Lampen an.»

«Ich hab doch gesagt: Das Haus macht komische Sachen mit mir.»

«Ach ja, das», sagte Herbert, als hätte ich ihm eine plausible Erklärung gegeben.

Ich deutete auf die Einmachgläser. «Kannst dich gerne bedienen!»

Herbert hob abwehrend die Hände. «Nee, lieber nicht. Aber danke.»

«Ist doch Mist, dass das alles hier vergammelt ist! Hat sich meine Mutter denn um gar nichts gekümmert?»

«Die hatte weiß Gott mehr als genug zu tun.»

Er murmelte noch etwas Unverständliches, knipste die Taschenlampe aus, steckte sie in seinen Hosenbund und begann, sich im Keller umzusehen. Ich dachte, dass ich ihn ausfragen und um Informationen bitten sollte, dass ich mir mit seiner Hilfe ein klareres Bild von der Lage auf dem Waldhausgelände würde machen können, aber dann hielt ich doch den Mund, ob aus Scham, Feigheit oder Schlafmangel, das war schwer zu sagen. Stumm folgte ich Herberts breitem Rücken, der durch den Mittelgang schwankte.

Was hatte ich mich als Kind vor diesem Keller gefürchtet! Oma hatte mir einmal, da war ich vielleicht fünf oder sechs Jahre alt, ein großes Glas Himbeergelee zur alleinigen Verfügung versprochen, damals für mich der Inbegriff aller Herrlichkeit, und alles, was ich dafür hätte tun müssen, war, meine Angst zu überwinden und unbegleitet nach unten zu gehen, um mir das Gelee selbst zu holen. Ich hatte mich strikt geweigert. Auch später noch habe ich es nach Möglichkeit vermieden, hier runterzusteigen, und war von meiner Oma, die sich nach eigener Aussage aus Prinzip von nichts und niemandem schrecken ließ, regelmäßig dafür verspottet worden. Der Keller war düster, gruselig und vollgerümpelt, ich hatte ihn immer gehasst. Jetzt aber erzählte er mir von einer Zeit, die rettungslos verloren war. Jetzt tat er auch noch weh.

In einem Holzverschlag standen drei riesige Einkochtöpfe auf dem Boden, dahinter weitere Regale mit Einmachgläsern, schwarzbraune Matsche von 1992, vermutlich Zwetschgenmus. Weiter hinten war das Gerippe einer uralten Kommode ohne Türen, vollgestopft mit Plastikkisten, Tüten mit Bügelverschlüssen, Glasdeckeln, mürben Einmachgummis und allerlei anderem Kleinkram. Im Gang stapelten sich Apfelkisten, alte Eimer, leere Weckgläser, Blumentöpfe. Ein verrosteter Werkzeugkasten stand auf dem klinkergefliesten Boden neben einem halben Dutzend ans unverputzte Gemäuer gelehnter Astscheren. Mit einer dieser Scheren hatte ich mir als Sechzehnjährige beim eigenmächtigen Versuch, den Pflaumenbaum zu stutzen, die Sehne zwischen Daumen und Zeigefinger so stark verletzt, dass ich auf dem Weg in die Gießener Notaufnahme sowohl Taxi-Günthers Rückbank als auch den besten Seidenschal meiner Oma komplett vollgeblutet hatte. Im Heizungsraum waren neben dem Kessel die Gartenstühle eingelagert, die meine Oma und ich in den Sommerferien mit türkisen und lilafarbenen Streifen angepinselt hatten, weil das mit zwölf meine Lieblingsfarben gewesen waren. Nicht weit davon lag, zusammengefallen wie eine abgestreifte graue Schlangenhaut, das Gummiboot, mit dem ich als Drittklässlerin voller Stolz auf dem Lindbach gepaddelt war, bis ein kantiger Feldstein dem Vergnügen ein Ende bereitet hatte. Meine Großmutter hatte ungern etwas weggeworfen.

«Der Heizkessel sieht aber erstaunlich gut gepflegt aus», sagte Herbert. «Sogar Öl drin. Da kannst du es dir im Winter schön warm machen.»

«Ich glaube kaum, dass das passieren wird.»

«Warum nicht?»

«Komm mich mal in der Bretagne besuchen, dann weißt du, warum.»

«Vielleicht mach ich das wirklich. Aber bei uns ist es auch schön, Toni. Hast du vielleicht vergessen.»

«Nee, Herbert, hab ich nicht vergessen.»

Den Ausgang zum Garten, eine Eisentür, von der der rostrote Lack in großen Placken abplatzte, versperrte eine Schubkarre, vollgepackt mit Hacken, Spaten und Rechen, über den Griffen hingen drei Pflücksäcke aus vergilbtem Leinen. Zur Apfelernte war ich auch noch als Studentin und diplomierte Restauratorin nach Lindbach gefahren, egal von wo, hatte mir eigens dafür Urlaub genommen und bis zum Tod meiner Oma keine Erntesaison verpasst. Jedes Mal bin ich mit einem schweren Rucksack voller Berlepsch, Gravensteiner, Boskoop oder Goldparmänen wieder zurückgefahren, bereits heimwehkrank, noch bevor ich am Ankunftsbahnhof aus dem Zug gestiegen war.

Rechts der Gartentür waren zwei Paar Gummistiefel aufgereiht, jeweils Größe 38, Oma und ich. Daneben standen die Holzpantinen, die ich in der zehnten Klasse im Kunstunterricht mit Blumenmotiven bemalt und meiner Großmutter zu Weihnachten geschenkt hatte.

«Als würde Emma eins jeden Moment um die Ecke geschlurft kommen», sagte Herbert.

Als hätte Emma zwei gar nicht existiert, dachte ich. Wenn ich die Eisentür öffne und in den Garten gehe, stehe ich nach etwa zweihundert Metern vor dem Schuppen mit ihrem Atelier.

Herbert boxte mir sanft gegen den Oberarm, stapfte

dann wieder zurück Richtung Treppe. Ich folgte ihm. Er schob mit dem Fuß eine Stiege verschrumpelter Begonienknollen zur Seite, über die er beinahe gestolpert wäre.

«Was soll ich bloß mit diesem ganzen Zeug machen?», fragte ich. «Abfackeln?»

«Kann ich nicht empfehlen», sagte Herbert. «Zu nah am Wald.»

Er hob eine der mumifizierten Knollen aus der Stiege, betrachtete sie nachdenklich. «Im Wagen hab ich die Visitenkarte von einer Großeichener Container-Firma. Die machen so ziemlich alles, was mit Entrümpelung zu tun hat. Willst du die mal anrufen?»

Ich zuckte mit den Schultern. «Ich glaube, erst mal nicht. Oder doch? Keine Ahnung. Ich hab Sorge, wenn ich mit so was anfange, sitze ich wochenlang hier fest.»

«Du musst dich um das Waldhaus kümmern, Toni! Das darf man nicht weiter dem Verfall überlassen.»

«Warum eigentlich nicht?», erwiderte ich trotzig. «Noch mal zwanzig Jahre, und der Wald hat sich alles wieder einverleibt. Das nenne ich mal ein naturnahes Nutzungskonzept!»

Herbert zog ein blau-weiß gemustertes Stofftaschentuch aus seiner Jeans, fuhr sich damit über die Stirn, schnaufte laut, schien mehrfach Anlauf nehmen zu wollen, etwas zu sagen.

«Was denn?», fragte ich.

«Also weißt du ...» Herbert machte ein dramatisches Gesicht, als habe er mir eine Nachricht von internationaler Tragweite zu überbringen. «Na ja, ich sag's nicht gerne, aber es ist so, dass der Blumen-Weidner, der mit Abstand reichste Mann der Gemeinde, total scharf auf das Waldhaus ist, alle im Dorf haben ihn schon davon reden hören. Vielleicht nimmt er dir die Bude hier genau so ab, wie sie jetzt ist, mit sämtlichem Zapp und Zeugs, dann brauchst du gar nichts damit zu machen, kriegst direkt einen fetten Batzen Geld überwiesen und bist alles mit einem Schlag los.»

«Meinst du, das könnte klappen?»

«Mir würde das sehr leidtun, aber ja, der hat Kohle flüssig.»

«Warum würde dir das leidtun?»

«Ist einfach so. Erkläre ich dir vielleicht später mal.»

Herbert wandte sich von mir ab und begann ächzend, die schmalen Stufen der Kellertreppe hinaufzusteigen.

Als wir die Küche betraten, saß die Baroness mit vor der Brust verschränkten Armen am Tisch, als wäre sie zum Essen eingeladen worden und wartete darauf, endlich die Horsd'œuvres serviert zu bekommen. Sie nickte uns mit feierlichem Ernst zu, ließ dann ihren Blick im Raum umherwandern. «Hier habt ihr also eure Kindheit verbracht?»

«Ich nicht», sagte Herbert. «Leider!»

«Ich sprach von Emm*a* *et* Antoni*a*», sagte die Baroness. Sie betonte beide Namen auf der letzten Silbe.

«Wieso leider?», fragte ich.

«Bei euch hat es immer so gut gerochen, und du durftest alles, was mir verboten war», sagte Herbert.

«Außerdem waren die Emmas der Knaller, jede auf ihre Art. Fand ich schon als kleiner Junge.»

Ich schaute zum Geschirrschrank hinüber, der wieder einen Spalt geöffnet war.

Die Baroness gab ein heiseres Kichern von sich. «Der Knaller? Sagt man das heutzutage so? *C'est génial* und in Bezug auf die Emmas so wahr! *N'est-ce pas*, Antonia?»

Sie hatte sich ihrer gewaltigen Ketten entledigt, trug jetzt ein Samtband um den Hals, in das sie eine halb ausgedrückte Tube Ölfarbe gebunden hatte. Kadmiumgrün.

«*Vous pouvez m'appeler Toni*», sagte ich, ohne groß darüber nachzudenken, dass ich ebenfalls ins Französische fiel.

«*Avec plaisir! Moi, c'est Elsa*», sagte die Baroness.

«Warum sprecht ihr denn jetzt Französisch?», fragte Herbert.

«Ich wohne da», sagte ich.

«Ich auch», sagte die Baroness.

«Haben Sie mir nicht erzählt, Sie kommen aus New York?», fragte Herbert.

«*I come from everywhere and nowhere*, von nirgendwo und überall», sagte die Baroness, jetzt mit mäßig gelungenem amerikanischem Akzent. «Aber wir werden von nun an deutschestes Deutsch sprechen, extra für dich, mein Bester.»

Sie griff in die Tasche ihrer Pluderhose, brachte eine Packung Gitanes zum Vorschein, zog drei Zigaretten heraus, steckte sich eine zwischen die Lippen, hielt uns die anderen beiden hin.

«Meine Großmutter flippt aus, wenn wir hier drin rauchen», sagte ich.

«Sie ist nicht mehr hier, Liebes», sagte die Baroness und machte Herbert ein Zeichen, dass er ihr Feuer geben möge. Herbert gehorchte mit einer Beflissenheit, die schon fast peinlich war.

«Und ob ich noch hier bin!», hörte ich meine Oma zetern.

«Und ob die noch hier ist!», sagte ich.

«So ist das also», sagte die Baroness. «Ich hätte es mir denken können.» Sie blies eine Rauchwolke in die Küche, legte die Gitane, die sie für mich bestimmt hatte, vor sich auf die Plastiktischdecke, schnipste den Mittelfinger dagegen, sodass die Zigarette über den Tisch rollte und kurz vor der Kante zwischen zwei Rosenknospen und einem Kaffeefleck liegen blieb.

«Können wir jetzt weitermachen, Toni?»

«Womit, wenn ich fragen darf?»

«Du wolltest etwas von mir erfahren. Schon vergessen?»

Ich nahm der Baroness gegenüber am Tisch Platz und sagte: «Ich kann es kaum erwarten.»

Sie lehnte sich zufrieden lächelnd zurück. «Ich erwähnte meine schrecklich schöne Geburtsstadt bereits, nicht wahr?»

Ich nickte. «Sehr sogar.»

Herbert sah mich fragend an. Ich zeigte auf den freien Stuhl neben mir. «Setzt dich! Du darfst auf weitere Wahrheiten nach deinem Geschmack hoffen.»

Herbert zog eine kleine blau-silberne Blechdose aus

der Tasche seiner ockerfarbenen Weste, Barkleys Peppermint, öffnete sie, kippte sich die verbliebenen Minzpastillen in den Rachen und stellte die aufgeklappte Dose mit dem Kommentar «*Ashtray!*» auf den Tisch. Dann erst nahm er neben mir Platz.

«*Well done*!», lobte ihn die Baroness, während sie die Asche ihrer Zigarette am Dosenrand abklopfte.

«Sie sprachen von Swinemünde», sagte ich. «Können Sie uns sagen, wann genau Sie dort geboren wurden? Nur, damit Herbert auch im Bilde ist?»

Die Baroness kniff die Augen zusammen und verzog spöttisch den Mund. «Ich merke, du bist schon wieder dabei, das Wesentliche außer Acht zu lassen, *ma chère Toni*. Aber einverstanden, wie du willst, hier kommt die blankgezogene Information: Die, die ich bin, wurde auf den Tag genau vor hundertneununddreißig Jahren auf die Welt gepresst. Zufrieden?»

«Herzlichen ... Äh ... Glückwunsch?», sagte Herbert.

Ich konnte nicht anders, als belustigt zu prusten, erntete dafür tadelnde Blicke von beiden.

«Frau Schlau amüsiert sich», sagte die Baroness spitz. «Aber bitte sehr: Jawohl, auch der Schatten eines weiteren Geburtsdatums könnte womöglich um meine sogenannte Existenz herumflattern, ein von Amts wegen zugeordnetes, das an Flughäfen oder bei Polizeikontrollen vorgezeigt werden und so aussehen muss, dass mich die Herren Ignoranten nicht augenblicklich verhaften. Macht dich das glücklich?»

«*Pas du tout*», antwortete ich.

«Was ist eigentlich daraus geworden, dass wir deutsch sprechen wollten?», fragte Herbert.

Die Baroness schob seinen Einwand mit einer gereizten Handbewegung beiseite. «Eins könnt ihr euch schon mal hinter eure kleinkarierten Ohren malen lassen, ihr neunmalklugen Faktensammler: Zahlen, schon gar amtliche, sind ebenso öde wie banal. *Terrain vague*! Fade! Irreführend! *A misleading matter!*» Sie brüllte jetzt fast. «Vergessen wir die Zahlen, samt und sonders! Löschen wir sie aus, sie führen zu nichts, es sei denn, wir malen sie als hübsches buntes Muster auf eine Unterhose und preisen ihre absurd-metaphorischen Qualitäten!»

«Ich persönlich bin da ja ganz bei Ihnen, aber sagen Sie das mal meiner Steuerberaterin», sagte Herbert.

«Oder den Damen und Herren Historikern», fügte ich hinzu.

Die Baroness wedelte erneut mit ihrer Rechten durch die Luft. «*Mon Dieu*! Wie schwer von Kapee seid ihr eigentlich? 1934 hat der Welt, mit Ausnahme vom ersten Auftritt Donald Ducks in einem amerikanischen Kurzfilm, ohnehin nichts Gutes gebracht. Die europäische Maschine lief da bereits in die falsche Richtung, und auch für die Kunst wurden die Sargnägel geschmiedet. Was für ein Glück, dass dieses Schattenjahr keine Rolle für unsere Geschichte zu spielen braucht! Wir dürfen es in diesem Fall außer Acht lassen, ausnahmsweise, weil irrelevant, *thank god*! Ich verlange von euch jedenfalls, es in meinem Zusammenhang zu vergessen!»

Ich beschloss, mir die Zahl 1934 trotzdem zu merken, falls es doch noch nötig werden sollte, ihrer hypothetischen Parallelidentität nachzuforschen, und sagte: «Aber wenn schon nicht ein Geburtsdatum in Ihren Ausweispapieren, so wird doch wohl die Frage, ob Sie ein- oder zweimal in Ihrem Leben die Welt haben brennen und untergehen sehen, eine Rolle für Ihre Geschichte spielen müssen.»

Die Baroness atmete einmal tief ein und wieder aus, dann lächelte sie nachsichtig und sagte in einem Ton, als rede sie mit einem Kleinkind: «Sehr mitfühlend, Toni! Aber dahingehend brauchst du dir keine Sorgen zu machen. Weder ich noch die, die ich bin, haben beide großen Kriege überleben müssen, jede jeweils nur einen, jede einen zu viel!»

Herbert sagte: «Das kapiere ich nicht.»

«Begeben Sie sich nicht auf diesen morschen Holzweg, *mon cher Herbert*», sagte die Baroness. «*Kapieren* ist für uns nämlich im Moment kein sinnerheischendes Kriterium.»

«Ha! Siehst du?» Herbert grinste mich triumphierend an, streckte beide Zeigefinger in die Luft und formte mit seinen Lippen das Wort *Wahr-hei-ten*. Ich verdrehte die Augen.

«Was habt ihr denn?», fragte die Baroness.

«Kein Kriterium für *uns*?», sagte ich. «Sind Sie jetzt schon im Pluralis Majestatis angekommen, Elsa, oder beziehen Sie Herbert und mich ungefragt mit ein?»

«Mensch, Toni!», sagte Herbert.

Die Baroness äffte ihn nach: «Mensch, Toni! Tier, Herbert! Sensation, Elsa!»

Ich musste lachen, die anderen beiden stimmten mit ein, und dann kam mir der Gedanke, was es für ein Segen war, gerade jetzt diese zwei Menschen bei mir zu haben, gegen deren krude Präsenz die alten Geister kaum eine Chance hatten, sich durchzusetzen.

«Kann ich vielleicht endlich mal zur Sache kommen?», fragte die Baroness.

«Was denn für eine Sache?», fragte ich.

«Na, aber klar doch», sagte Herbert.

Die Baroness räusperte sich umständlich. «Der Anfang von der Geschichte derer, die ich bin, *my dear friends.* Ich will von Maurermeister Plötz und seiner – *meiner!* – Ida-Marie erzählen, was für ein Paar!»

«Wer?», sagte Herbert.

«Ihre Eltern», sagte ich.

«*Exactement*», sagte die Baroness.

Eine kleine Spinne ließ sich direkt über uns an ihrem Faden herunter und krabbelte dann eilig in Elsas Richtung. Spinnen töten war in diesem Haus streng verboten gewesen, noch viel verbotener als Rauchen, Spinnen waren nützlich und schön, wurde mir meine gesamte Kindheit hindurch von meiner Oma eingetrichtert. Ich hasste diese widerlichen Krabbeldinger und erschlug sie, wenn meine Großmutter nicht hinschaute.

«Können wir vielleicht über etwas anderes als Familie reden?», fragte ich.

«Nein», sagte die Baroness und ließ mir keine Zeit, ihr zu widersprechen. «Der väterliche Maurer hat gemauert und mauern lassen, zudem war er Stadtverordneter, ein glänzender Geschäftsmann, wertvolles Mitglied des Swinemünder Bürgertums, blond und schön und blauäugig, ein stets volltrunkener, begriffsstutziger Teutone, dem die Hand locker saß, in jeder denkbaren Hinsicht. Zur Peitsche griff er gelegentlich ebenfalls, dieser cholerische Berserker, aber nicht, dass ihr denkt, er hätte seine Pferde damit angetrieben. Nein, nein, nein!» Sie machte eine kleine Pause, drückte den Rest ihrer Zigarette in Herberts Minzschachtel aus, seufzte schwer. «Keinen Vater zu haben, stellt nicht zwangsläufig einen Mangel dar, *ma chère* Toni. Meine Mutter muss den Plötz wohl einstmals geliebt haben. Die feinsinnige Ida-Marie mit ihren Zauberhänden, ihrer Musik, ihren Büchern, ihren Romantikern und der Syphilis. *She was a mystery.*»

Trotz meines anfänglichen Widerwillens konnte ich nicht anders, als jetzt gebannt dieser tiefen, leicht heiseren Stimme zu lauschen, die sich nicht entscheiden konnte, auf welchen Akzent sie sich kaprizieren wollte. Ich schaute zu Herbert und sah, dass es ihm genauso erging.

Elsa wurde lauter. «Der Metzgergatte, dieses prachtvolle Mannsbild, *the holy asshole,* hatte sie angesteckt, in der Hochzeitsnacht, wie die Küchenmägde einander zuflüsterten. Zum Dank fürs geschlechtskranke Ehebett hat sie auf den Applaus und die Konzertsäle verzichtet, das Klavier vernachlässigt, ihre Kunst verhungern lassen. Aber was hätte sie tun sollen? Was nur?»

Herbert setzte zu einer Antwort an, ich hielt ihn mit einer Handbewegung davon ab.

«Eine Menge! Eine Menge hätte sie tun sollen!», rief die Baroness so laut, dass wir zusammenzuckten. «Man darf seine Kunst nicht verrecken lassen! Niemals! Koste es, was es wolle!»

Im Geschirrschrank knackte es, ich schloss für einen Moment die Augen, hörte aber nur die Stimme der Baroness weiterreden, sonst niemanden.

«Aber meine Mutter war zu schwach, zu Frau, zu haltlos ratlos oder umgekehrt. Ihre Kinder, zwei Töchter, eine brav, die andere ich, hat sie ebenfalls nicht beschützen können, vor gar nichts, aber vielleicht wollte sie das auch nicht, wer kann das wissen?»

Sie hielt inne, sah mich an, als sei diese Frage ausschließlich an mich gerichtet. Ich hielt ihrem Blick schweigend stand.

«Jedenfalls zerkrümelte meine Frau Mama nach und nach in hübsche, hoffnungslos vertrocknete Stücke. So wie diese Scheußlichkeiten hier.» Sie drehte sich zum Fenster, fegte mit der Handkante Trockenblumenbrösel und Insektenleichen zu Boden.

«Man konnte bei ihrem Zerfall zusehen, wenn man Augen hatte. Hatte ich. Bedauerlicherweise! Die Ostsee sollte ihr die ersehnte Ruhe schenken, so Idas Plan, aber die Ostsee wollte sie nicht und spuckte sie wieder aus. Danach wollte der Plötz die Ida nicht mehr und verfrachtete sie hinter Mauern, die so dick waren, dass selbst ein Maurermeister Respekt vor ihnen hatte. Ich war knapp sechzehn Jahre jung, als die Anstalt zum Sammeln der mütterlichen Bruchstücke unvermeidlich wurde. Behauptete zumindest der Teutone, dieser

Mörder, *qu'il soit maudit*, Pardon, er sei verflucht! Wäre ich doch ein wenig mehr wie er gewesen! Dann hätte auch ich so eine herrlich dicke Haut gehabt, starke Schlägerhände, eine unerbittliche Stirn und dazu ein prächtiges Gemächt zwischen den Beinen, sodass ich selbst in dem halbwüchsig unausgegorenen Zustand, in dem ich mich zu dieser Zeit noch befand, etwas schön Kräftiges darzustellen vermocht hätte, etwas, das eine Maurerkelle halten und die Reste einer Mutter beschützen kann.» Sie schüttelte traurig den Kopf, sagte: «Hätte, hätte, hätte und vergeblich und vorbei», und wurde von einem Hustenanfall geschüttelt.

Ich sprang auf, nahm ein Glas aus dem Schrank, hielt es unter den Wasserhahn, der nichts als rostbraune Brühe spuckte.

«Musst du eine Weile laufen lassen», sagte Herbert.

Ich drehte den Hahn wieder zu, holte die Limonadenflasche aus der Tüte, die ich auf der Anrichte abgelegt hatte, und schenkte der Baroness davon ein. Sie führte das Glas zum Mund und steckte die Zunge in die Limonade. Anschließend wischte sie sich mit dem Handrücken über die Lippen und hatte sich derweil so weit erholt, dass sie wieder sprechen konnte: «Schön wurde ich trotzdem – leider erst später, aber dafür sehr. Kraftvoll wurde ich ebenfalls – leider noch später, *zu* spät. Als ich nämlich endlich stark und ansehnlich geworden war, hatte meine zarte Frau Mama sich längst davongemacht. Sie schaffte es, den Mauern zu entkommen, *can you believe this?*»

Die Baroness umklammerte ihre angezogenen Beine,

legte die Stirn auf ihren Knien ab, war jetzt nur noch gedämpft zu hören. «Ida-Marie Plötz, geborene Kleist, erhob sich aus der Asche der Vergänglichkeit, starb vor ihrer Zeit, ruhte von da an gottgewollt und ewig, wie es die Pfaffen mit wackelnden Köpfen von den Kanzeln zwitscherten, immerhin in geweihter Erde.»

Elsa hob den Kopf, und ich fragte mich, ob ihre Augen feucht schimmerten oder ob ich mir das einbildete.

«Am 26. Februar 1893, einem Sonntag, ging sie endgültig von mir, wobei man sich fragen kann, ob sie jemals ganz bei mir gewesen war. Fünf Jahre zuvor hatte sie mir kanarienvogelgelbe Schuhe gekauft, die ich vor dem Plötz verstecken musste. Das war ihre letzte eigenständige Tat gewesen.»

«Wie alt ist sie geworden?», hörte ich mich fragen, obwohl ich aus einem mir völlig unverständlichen Grund Angst vor der Antwort hatte.

«Du interessierst dich für *mein* Muttersterben, Toni?», fragte die Baroness.

Ich spürte wieder diesen Krampf in der Magengegend, ärgerte mich darüber, ärgerte mich, dass ich mich ärgerte, und wischte mir den Schweißfilm von der Oberlippe. «Sie haben das Thema aufgebracht, Elsa. Ich versuche einfach nur, Anteilnahme zu zeigen.»

Sie lachte hell auf, wurde dann aber gleich wieder ernst. «Meine Mutter wurde vierundvierzig Jahre alt, und wenn ich mich nicht irre, bist du bereits älter, als sie jemals wurde, richtig?»

Ich nickte zögerlich. «Ja. Und?»

«Unsere liebe Emma, deine Mutter, durfte mehr als

zwei volle Dekaden älter werden als meine Ida-Marie, und da hat der Schwarzrock vorletzte Woche am Grab noch immer behauptet, sie sei zu früh gegangen. Ist das auch richtig?»

«Ja, wahrscheinlich, wie soll ich das wissen, ich war ja nicht ...»

Elsa ließ ihre Hand auf die Tischplatte krachen. «Da siehst du mal, wie ungerecht das ist, Toni! Meine Mutter war keine junge Frau mehr, aber trotzdem zu jung für das große Verschwinden. Plötzfamiliär gab man sich natürlich erleichtert, dass ihr Ableben nicht als selbst herbeigeführt zu gelten hatte, somit aller teilnahmsvollen Ehren wert war. So eine verlogene Scheiße! Ich weiß die Wahrheit, und ich sage sie euch: Der Krebs, dieser Kackstiefel, dieses Monstrum von einem Menschenräuber, hatte bei seinem bösen Spiel einen Kumpanen, einen räudigen Spießgesellen, den ich, ja, verdammt nochmal ich! beim Namen nennen kann: Mördermeister Adolf Plötz!»

Sie machte eine dramatische Pause, riss beide Hände in die Höhe, den Blick fest auf den verklebten Fliegenfänger gerichtet. Eine Träne rollte ihre runzelige Wange hinunter, hinterließ einen Streifen in der dicken Puderschicht, die sie aufgelegt hatte. Ich war kurz davor, mich zu ihr an die andere Seite des Tisches zu begeben, um irgendeinen Trostversuch zu starten, da schien sie sich wieder zu beruhigen. Sie ließ die Hände in ihren Schoß fallen wie abstürzende Vögel, fuhr sich mit dem Ärmel über die Augen, hinterließ eine schwarze Spur von verwischter Schminke in ihrem Gesicht. Als sie uns wieder direkt ansprach, sah sie aus, als hätte sie eine Kriegsbemalung aufgelegt. Es stand ihr ganz ausgezeichnet.

«Nun denn, also weiter: Dieses Mörderwissen, *my very dear confused friends*, nutzte mir gar nichts, denn Tatsache blieb: Ich hatte keine Mutter mehr. Das Versprechen auf ein himmlisches Wiedersehen schenkte keinen Trost, und der Plötz lebte unbehelligt munter weiter. Die Erde auf dem Muttergrab war kaum festgeklopft, da holte sich mein Vater, nach dem Gesetz der Märchen, eine neue Frau ins Haus, einen Zerberus der Kleingeistigkeit, eine wackere Aufseherin im Kerker der guten Sitten. Die Stiefmutter zog ein, und die, die ich bin, machte sich auf und davon. Zack, zack! Aus dem Fenster hab ich mich abgeseilt, nach Art der Ausbrecherköniginnen, denn so eine war ich – und sollte es mehr und mehr werden, kein Halten mit nichts! Einziges Bedauern meinerseits: dass ich nicht in die Visage des Maurermörders habe schauen können, als der den Strick hat baumeln sehen, an dem keine Tochter mehr hing. Selbst eine wie die, die ich bin, kann nicht alles haben. Oder etwa doch?»

Weder Herbert noch ich erwiderten etwas auf diese Frage.

«Na gut, wie ihr meint. Dann lasst mich hiermit abschließend meine Kindheit und Jugend in drei Worten zusammenfassen: unglücklich, miserabel, bedauerlich. Das ist, ich weiß es sehr wohl, nicht besonders originell.»

Die Baroness stand auf, hinkte in Richtung Tür, warf

dabei den Kopf in den Nacken und rief so laut, dass ihre Stimme wieder schrill und brüchig wurde: «Ja, lach nur, Toni, lach, so laut du kannst!» Obwohl es mir an dieser Stelle nicht im Traum eingefallen wäre zu lachen.

Sie hatte die Hand bereits auf die Klinke gelegt, da drehte sie sich noch einmal um. Ich hatte Sorge, dass sie wieder schreien oder weinen würde, aber sie humpelte zurück in den Raum, nahm die Supermarkttüte von der Anrichte und kippte den Inhalt auf die Platte.

«Das soll ein Einkauf sein? Wie alt bist du? Zwölf? *Ridicule*! Wie soll man dir beistehen, wenn du dich so schlecht kümmerst, Toni?»

Sie riss den Kühlschrank auf, warf unter Herberts und meinen verwunderten Blicken Brot- und Käsepackung hinein, schmetterte die Kühlschranktür zu und trat mit dem Fuß gegen den daneben auf dem Boden liegenden Stecker.

«Bücken könnt ihr euch gefälligst selbst!»

Herbert eilte hin, ging vor der Baroness in die Knie und steckte den Stecker in die Steckdose. Mit einem ungesund klingenden Brummen sprang das Gerät an.

«Wir sind hier doch nicht im Kindergarten, *for fuck's sake*!», sagte die Baroness. «Muss euch die Tante Elsa demnächst noch mit Haferbrei füttern?»

Sie hielt Herbert, der sich mit Mühe an der Arbeitsplattenkante wieder in den Stand zog, einen Zettel und zwei zusammengefaltete Fünfzigeuroscheine hin, die sie aus ihrem Ausschnitt hervorgeholt hatte.

«Fahr mit Toni noch einmal zum *Supermarché*, und

wenn ihr schon da seid, kann mein Einkauf gleich mit erledigt werden. Danke. Der Rest ist für dich!»

Herbert warf einen Blick auf den Einkaufszettel der Baroness, sagte: «Ich glaube nicht, dass man im Lindbacher Edeka Absinth bekommt», und steckte Scheine wie Zettel in seine Hemdtasche.

«Kommst du, Toni? Ich muss in einer Stunde Gäste zum Meyerhof bringen, fünfundsiebzigster Geburtstag, mindestens drei Fuhren, also, auf geht's!»

«Du hast ihn gehört: hopp, hopp!», sagte die Baroness.

«Wie bitte?» Ich blieb sitzen, wo ich war, schaute Herbert nach, der bereits halb aus der Tür war.

«*Mon Dieu*, Toni! In meinem Alter ist Zeit eine andere Kategorie von Ressource. Würdest du mich also mit deinen Befindlichkeiten verschonen und einfach mal tun, was ich für richtig halte?», sagte die Baroness.

Warum zur Hölle sollte ich das tun?, dachte ich, stand trotzdem auf und pfiff nach Loup.

«Was wollen Sie eigentlich von mir?»

«Vorräte für drei bis vier Tage müssten genügen. Danach darfst du abhauen, wenn du es dann noch willst, kannst du dich wieder bei den Bretonen verkriechen und Kapitänporträts retuschieren oder Engelsflügel vergolden oder was du da sonst so treibst. Und hör auf, mich zu siezen, das ist doch lachhaft!»

Loup kam zur Tür hereingetrabt, die Herbert für mich hatte offen stehen lassen. Die Baroness streckte die Hand nach dem Hund aus, er trottete zu ihr und ließ sich bereitwillig den Pelz kraulen.

«Der Wolf bleibt solange bei mir. Pinky und er werden Freunde sein.»

«Elsa?»

«Ja?»

«Ich möchte wissen, was du von mir willst.»

Draußen hupte das Taxi.

«Ich bitte dich, Toni, ist das nicht offensichtlich?»

«Hilf mir auf die Sprünge, ich bin anscheinend ein bisschen schwer von Begriff.»

Das Gesicht der Baroness glitt in einen Zustand der amüsierten Melancholie, der ziemlich irritierend war.

«Ich muss dir Geschichten erzählen, *ma fille*», sagte sie, sprach dabei so leise, dass ich Mühe hatte, ihre Worte zu verstehen.

«Warum, Elsa? Warum bist du hier, obwohl wir beide wissen, dass du vor langer Zeit gestorben bist? Warum musst du mir Geschichten erzählen?»

«Warum, warum, warum? Völlig falscher Ansatz! Aber bitte, um des lieben Friedens willen: Vielleicht, weil ich einem Universum, das zu schnell vergisst, eine lange Nase machen will. Eventuell aber auch, weil ich es deiner Mutter versprochen habe. Such dir was aus. Stimmt sowieso beides.»

Draußen hupte das Taxi jetzt im Dreivierteltakt.

«Hat meine Mutter sich das Leben genommen?»

«Himmel, nein! Ihr Herz ist stehen geblieben. Genau wie bei Emma eins. Starke Frauen mit schwachen Herzen. Wenn es nicht so tragisch wäre, könnte man es poetisch nennen. Scheiße, natürlich nicht! Geh jetzt, Toni! *Allez, vas-y*, hau ab! Die Antworten sind für den

Moment ausverkauft, neue Ware ist bestellt, beehren Sie uns bald wieder, meine Damen und Wölfe, Fortsetzung folgt. Vielleicht, *peut-être*, *perhaps*. Aber jetzt brauchst du eine Pause, und ich muss mich dringend ausruhen.»

Sie sagt: Der Name derer, die ich bin, taucht in den Archiven der Pariser Friedhöfe nicht auf. Es existiert kein Ort, an dem mein Grabmal steht. Das Datum meines Todes wurde weder in Granit noch Marmor noch Sandstein gemeißelt.
Bis heute wird eine Anekdote über meine Beisetzung kolportiert, aber nicht eine der selbst ernannten Gewährsfrauen ist nüchtern gewesen.
Keine Beweise für
nichts / nichts
ist, wie es scheint.
Ich bin –
fort
da
hier.
Dass ich vor dir stehe, kann als Tatsache gewertet werden.
Erstens: Eine Notwendigkeit ist Beweis genug.
Zweitens: Ein Beweis ist genug Notwendigkeit.
Drittens: Genug beweist eine gewendete Not.
Willkommen im Klub der Mutterlosen!

5

DIE INSEL DER SELIGEN

Zurück am Waldhaus, reichte Herbert mir bei laufendem Motor den Beutel mit den Einkäufen für Elsa: Haferflocken, Frischeiwaffeln, ein halbes Kilo Rinderhack für Pinky und eine Flasche Noilly Prat, die er statt des gewünschten Absinths gekauft hatte.

«Gib das im Gartenhaus ab!»

«Welches Gartenhaus?»

«Na, Emmas Atelier», sagte Herbert, in einem Ton, als überlege er ernsthaft, ob ich noch ganz bei Trost sei. «Kannst die Sachen gleich links hinter der Haustür in der Diele deponieren, mache ich auch immer. Es ist eh nie abgeschlossen, egal ob jemand da ist oder nicht.»

Ich stutzte bei den Worten «Diele» und «Haustür», dachte aber nicht weiter darüber nach, zumal Herbert es eilig hatte, mich aus dem Taxi zu komplementieren, weil es «sauscheißspät» für seine Geburtstagsfuhren geworden war.

«Wir sehen uns, Toni, ruf an, wenn du ein Taxi brauchst. Und sei lieb zu deiner adeligen Nachbarin!»

Er grinste derart selbstgefällig, dass ich nicht anders konnte, als mich noch einmal ins Wageninnere zu beugen und ihn anzuranzen.

«Du hättest mich darüber aufklären müssen, dass ihr beide so was wie ein eingespieltes Team seid.»

«Ich mache nur manchmal Besorgungen für sie.»

«Weil du die Mutter Teresa von Lindbach bist?»

«Sei nicht albern, Toni! Hast du mal darüber nachgedacht, wie viel Zaster dabei in meine eigene Tasche wandert?»

«Aber du magst sie doch, oder?»

«Ich mag sie sogar sehr.»

«Ist dir nie der Gedanke gekommen, sie könnte schlichtweg verrückt sein?»

«Schon oft, aber das ist doch kein Grund, sie nicht zu mögen.»

Herbert ließ den Wagen anrollen, sodass mir nichts anderes übrig blieb, als zurückzuspringen und die Beifahrertür zuzuschlagen, wenn ich nicht umgerissen werden wollte.

«Dir sollte man die Lizenz entziehen, du gemeingefährlicher Klappspaten!», brüllte ich ihm nach.

Er winkte fröhlich aus dem offenen Fahrerfenster und hupte zum Abschied.

Na toll, dachte ich, noch keine vierundzwanzig Stunden in Lindbach, keinen Plan von nichts, aber schon zweimal bei Edeka gewesen, was für eine Bilanz!

Das Tor quietschte in den Angeln, als ich den vorderen Garten betrat, diesmal saß niemand unter dem Pflaumenbaum, auch gut. Ich wäre gern gleich ins Waldhaus gegangen, um meine Einkäufe einzuräumen, Kaffee zu kochen, endlich zu duschen, mein weiteres Vorgehen zu planen oder sonst irgendetwas Sinnvolles zu tun, aber ich hatte Loup in der Obhut der Baroness gelassen, einer wildfremden Greisin, die mutmaßlich nicht ganz bei Sinnen war. Es hatte mich dermaßen irritiert, mit welcher Selbstverständlichkeit der Hund Elsa gefolgt war, als sie ihn zum Mitkommen aufgefordert hatte, dass mir das «Nein!» im Hals stecken geblieben war. Xavier würde sich aufregen, wenn er davon erführe. «Ein Wolfshund ist kein Pudel», sagte er immer, und dass man eine Verantwortung habe, gerade gegenüber solch einem außergewöhnlichen Tier. Als wüsste ich das nicht! Einen Pudel hätte ich kaum mit auf diese Tour de Force genommen.

Mein Telefon muss aufgeladen werden, dachte ich zum gefühlt hundertsten Mal, der Kontakt zu einer nach rationalen Kriterien funktionierenden Außenwelt muss aufgenommen werden, egal was die Hobbyphilosophen und Profiwiedergängerinnen, mit denen ich es neuerdings zu tun habe, von Rationalität und Funktionalität halten. Außerdem sollte ich dringend mal mit meinem Mann sprechen, diesem Hort der Vernunft und des praktischen Verstandes.

Aber zuerst musste ich mir meinen Wolf zurückholen.

Die Tüten mit Besorgungen für mich stellte ich im Schatten hinter der Regentonne ab und ging, den Beutel für Elsa in der Hand, über den Plattenpfad rechts am Waldhaus vorbei in den hinteren Garten. Ich passierte die ehemalige Voliere und den Hühnerstall, beide in leidlich verrottetem Zustand, mit Brombeerranken und Efeu überwuchert. Dahinter wurde das Gelände von einer unverhofft vor mir auftauchenden Wand aus Strauchgehölzen begrenzt: Hainbuche, Feldahorn und Liguster. Jemand hatte eine hohe Mischhecke angepflanzt, wo vorher keine gewesen war, akkurat beschnitten, undurchdringlich bis auf einen bogenförmig ins Grün geschlagenen Durchgang, als wären wir in irgendeinem piekfeinen englischen Schlosspark. Ich stoppte, fragte mich, ob ich mich vielleicht vertan, die falsche Richtung eingeschlagen, vor lauter Verwilderung im hinteren Garten die Orientierung verloren hatte, kam aber zu dem Schluss, dass das nicht sein konnte. Hinter dieser Hecke musste sich das Ateliergebäude befinden, der Plattenweg führte ja auch hier entlang. Entschlossen durchschritt ich den Bogen und erstarrte. Der Anblick, der sich auftat, musste ein Irrtum sein, ein perfider Scherz, eine optische Täuschung. Der Atelier-Schuppen beziehungsweise das kleine Stallgebäude, in dem zu Zeiten der alten Forstverwaltung, lange bevor meine Mutter sich zum Malen dorthin zurückgezogen hatte, zwei Kaltblüter untergebracht gewesen waren, Moritz und Peter, die meine Oma noch als hart arbeitende Rückepferde kennengelernt hatte, war in ein veritables kleines Einfamilienhaus inmitten eines gepflegten Ziergartens verwandelt worden. Sie hatten einen Anbau in Form eines eingeschossigen, rundum verglasten Querriegels dazugesetzt, die Außenwände des Hauptgebäudes waren weiß verputzt, der ehemalige Heuboden ausgebaut und mit drei Gauben versehen. Ein Band Sonnenkollektoren prangte auf dem schiefergedeckten Walmdach, darunter Photovoltaikmodule, obenauf ein aus Klinkern gemauerter Schornstein mitsamt Wetterhahn. Entlang des gläsernen Anbaus wuchsen Bambussträucher, das Wohnhaus wurde von Wildrosen und Margeriten gesäumt, eine grün-weiß-rosé-pinke Pracht wie aus einem dieser Hochglanzmagazine, die von ausgebrannten Portfoliomanagern abonniert werden. Was mich aber fast am meisten irritierte und mir die letzte Illusion raubte, ich könnte mich doch verlaufen haben, war ein Namensschild, das an der im gleichen Ochsenblutrot wie die Fensterbänke und Klappläden gestrichenen Haustür hing. Große weiße Lettern auf mitternachtsblauer Glasur: EMMA BACHMANN.

Eine handgetöpferte Namensplakette passte zu der Vorstellung, die ich von meiner Mutter hatte, ungefähr so gut wie ein rosa Tutu zu mir. Es war schlicht undenkbar. Genau wie dieses herausgeputzte Bauwerk, das da in unserem Garten aufgeploppt war. Oma wäre allerdings begeistert gewesen. «Anständig modernisieren» war etwas, wovon sie meine gesamte Kindheit und Jugend hindurch geträumt hatte. Zum Glück hatten unsere finanziellen Möglichkeiten dergleichen nie zugelassen.

Fassungslos näherte ich mich dem Eingang, stellte die Tüte für Elsa vor den drei gemauerten Stufen ab, trat wieder einige Schritte zurück. Von drinnen hörte ich es bellen und kratzen, ich pfiff leise, dann flog die Tür mitsamt dem befremdlichen Namensschild auf, und Loup kam mir jaulend entgegengeschossen. Ich ging auf dem augenscheinlich frisch getrimmten Rasenstück in die Knie, schlang meine Arme um den sich wie ein Irrer gebärdenden Riesenhund. In meiner

Kehle bildete sich ein Klumpen, den ich nur mit Mühe davor zurückhalten konnte, sich zu einem stattlichen Tränenausbruch auszuweiten. Emotionale Überreaktionen sind das Letzte, das ich jetzt brauchen kann, dachte ich und vergrub das Gesicht in Loups grauem, nach altem Tier stinkendem Pelz.

«Nur ich-schwache Menschen lassen sich von einem derart bedeutungsschwangeren Geschöpf begleiten!»

Elsa lehnte im Türrahmen und schaute zu mir herunter. Sie hatte sich die verunglückte Schminke aus dem Gesicht gewaschen, ihre Haare klebten in feuchten Strähnen am Schädel, über den knochigen Schultern hing ein verschlissener grauer Bademantel, unter dem sie, bis auf gelb-weiß gestreifte Boxershorts, nackt war. Augenblicklich war ich von jedweder weinerlichen Anwandlung kuriert.

Die Baroness nickte bedeutungsvoll und zeigte auf Loup, der damit beschäftigt war, vergnügt am Saum meines T-Shirts zu zerren.

«Er ist ein schamanisches Kraft- und Schutztier, möglicherweise aber auch ein materialisierter Dämon, so genau kann man das nie sagen. Oder ist er einer der vom Weg abgekommenen Gefährten Odins? Ein direkter Nachfahre der Nährmutter der Gründer Roms? Was würde denn am besten zu dir passen, *ma fille?*»

«Ich nehm sie alle», sagte ich. «Aber was ist mit dem hinterlistigen Wolf aus dem Märchen? Zu Hause trage ich sogar gelegentlich eine tomatenrote Baskenmütze.»

Elsa verzog das Gesicht. «Ach, bitte nicht doch! Wäre die dämliche Rotkappe auch nur ein bisschen cleverer gewesen, hätte sie sich nicht so unterbelichtet verschlingen lassen.»

Ich lachte, rappelte mich zusammen, kam wieder auf die Füße und wehrte dabei mit Mühe Loups noch immer nicht verebbten Zuneigungsanfall ab. «Sieht der aus, als könnte er jemanden fressen?»

«Sehe ich aus, als könnte ich jemanden fressen?»

«Unbedingt!»

«Na also! Schein und Sein, böse Falle!» Die Baroness gluckste vergnügt. «In der Urfassung endet das Märchen übrigens an der Stelle.» Sie fuhr sich mit der Handkante waagerecht am Hals entlang. «Da kommen keine bewaffneten Mannsbilder zur Rettung des Mädchens herbeigeeilt oder ähnlicher Schwachsinn, da bleibt *Monsieur le loup* satter Sieger, da wird Dummheit bestraft, und dann Schluss-aus-Ende, *c'est fini*!»

Während sie wild gestikulierend redete, rutschte der Bademantel von ihrer rechten Schulter und brachte den Teil einer Tätowierung zum Vorschein. Die Baroness bemerkte meinen Blick und ließ dann den Morgenmantel wie in Zeitlupe von ihren Schultern gleiten. Dabei drehte sie sich mit graziler Eleganz einmal um sich selber, präsentierte mir die gesamte Pracht ihres knallbunten Tattoos, das sich von der Brust über die Schulter den halben Rücken herunterzog. Den spindeldürren, im Kontrast zum Gesicht erstaunlich alterslos wirkenden Körper zierte ein Tiger im Sprung, traditionell japanisch gestochen, das Werk eines Meisters, soweit ich es beurteilen konnte.

Elsa zog den Bademantel mit einer schnellen Bewegung wieder über ihre Schultern und band ihn sich vor dem Bauch zu.

«Der Tiger soll vor Dienern der Finsternis, Krankheit, Tod und Unglück schützen.»

«Und? Tut er das?»

«Schau mich doch an!»

«Elsa von Freytag-Loringhoven hatte keine Tätowierung.»

«Sagt wer?»

«Sagen die überlieferten Fotos der unbekleideten Baroness. Deine Farce lässt sich nicht aufrechterhalten, Elsa. Falls du überhaupt Elsa heißt.»

Sie stieg gemächlich die Steinstufen hinunter, kam ganz dicht an mich heran. «Soll ich dir ein Geheimnis verraten, Toni Bachmann? Die Welt hat im Dezember 1927 nicht aufgehört, sich zu drehen. Faszinierend, nicht wahr? Willst du hereinkommen und einen Tee trinken?»

Warum komme *ich* mir jetzt blöd vor, obwohl sie mir solch einen Unsinn verkaufen will?, fragte ich mich und sagte: «Vielleicht später.»

«Später ist manchmal nie», sagte Elsa.

Ich hob die Tüte vom Boden auf, reichte sie ihr. «Später ist meistens einfach nur später.»

Sie nahm ihre Einkäufe mit einem Lächeln entgegen, von dem ich nicht sagen konnte, ob es spöttisch, ironisch oder einfach nur amüsiert war.

«Und das hier?» Ich wies mit ausholender Geste auf Haus und Garten. «Das befindet ... befand sich alles im Besitz meiner Mutter?»

Elsa schien erst über die Antwort nachdenken zu müssen, bevor sie sagte: «Na ja, *meins* ist es jedenfalls nicht.»

«Hat Emma im Lotto gewonnen? Hier sind größere Summen investiert worden.»

Elsa zuckte mit den Schultern. «In Lindbach regnet es eben manchmal Gold vom Himmel.»

Ich fragte mich, was ihr Blick bedeuten mochte, ihr kryptisches Gerede, die Melodie, die sie jetzt leise zu summen begann: *Que sera, sera?*

«Existiert dafür überhaupt eine Baugenehmigung?»

Elsa fuhr mit einer Hand in die rechte Tasche ihres Morgenmantels, dann in die linke. «Hier ist schon mal nichts dergleichen zu finden, aber warte ...» Sie griff sich hinten in die Boxershorts. «Nein, hier ist leider auch nichts, aber vielleicht ...» Sie griff vorne in ihre Shorts, rieb sich den Schritt, zog die Hand wieder heraus, roch daran, schüttete sich aus vor Lachen. Dabei blitzte wieder das weit aufgerissene Maul des Tigers unter dem Bademantel hervor, als würde auch er ins Gelächter einstimmen. Keine Frage: Elsa hatte Spaß. Ich allerdings würde auf diese Weise keine verwertbaren Auskünfte bekommen.

«Gleich Montag früh werde ich mich auf dem Grundbuchamt kundig machen», sagte ich, weil sie schon wieder mit dem nervigen Gesumme begann. «Dort kann ich dann auch gleich in Erfahrung bringen, wie hoch dieses Areal verschuldet ist und wie es mit der Genehmigung aussieht.»

«Kundig machen willst du dich? Erfahrungen auf

einem Amt willst du sammeln?» Die Baroness zeigte mir einen Vogel. «Tu, was du nicht lassen kannst, *petite idiote*. Wir zwei Hübschen werden jedenfalls heute Abend vollkommen unkundig und nichtamtlich miteinander dinieren und dabei einige unterstützende Konfusionen aufblühen lassen. Hier oder da, bei zwei oder bei eins, bei mir oder bei dir, *chez moi ou chez toi*. Was das angeht, lasse ich dir die Wahl!»

Von wegen *chez moi*, dachte ich. Bei mir, das ist tausendfünfhundert Kilometer von hier entfernt, in einem kleinen Steinhaus, von dessen Dachbodenluke aus man das Meer sehen kann, wenn man sich auf die Zehenspitzen stellt, wo der ewige Wind durch sämtliche Ritzen pfeift, wo nichts außer einem Stapel alter *Restauro*-Ausgaben an Deutschland erinnert.

Elsa sah mich auffordernd an. «Na? Ich höre!»

Ich dachte daran, dass ich mir früher oder später die Wohnstätte meiner Mutter sowieso würde ansehen müssen, spürte mir gleichzeitig eine bleierne Müdigkeit in die Knochen fahren und sagte: «Muss ich das sofort entscheiden?»

«Müssen, müssen, leere dumme Worte! Bist du nicht ein bisschen zu alt für so eine feige Unentschlossenheit? Es ist nichts als ein Haus, verdammt noch mal! Ein harmloses, unschuldiges, verbautes und verlassenes Haus. Im Gegensatz zu mir beißt es nicht, ich schwöre!» Elsa hob feierlich die Rechte.

Loup drückte sich mit seinem Körper an mein rechtes Bein, ich fuhr ihm mit der Hand über das Fell.

«Ach, ach, *ma fille*, was für ein Gesicht machst du

denn?» Elsa streckte mir ihre beiden Hände entgegen, nahm sie aber wieder weg, kurz bevor ihre Finger mein Gesicht berührten. «Okay, in Ordnung, du bist ja jetzt da, und ich kann notfalls auch noch ein bisschen länger warten, du brauchst noch Zeit, ich verstehe das, tirelilalublabla, dann nehmen wir sie uns eben. Es bleibt trotzdem bei heute Abend, ich melde mich.»

«Bevor ich mich auf das hier einlassen kann», ich deutete noch einmal auf das Haus, «muss ich erst drüben bei meiner Großmutter ein bisschen für Ordnung sorgen», sagte ich und glaubte mir in diesem Augenblick selbst.

«O-O-O-Oooordnung?» Elsa sang mehr, als sie sprach.

«Ja, Ordnung», antwortete ich. «Manchmal hilft das beim Denken.»

Elsa hob in gespielter Verzweiflung die Hände und wandte sich achselzuckend ab. «Dann wünsche ich erfolgreiches Denken und sage bis später, *mon amie!* Jajajaaa, später ist später, das hab ich notiert, aber irgendwann demnächst ist später dann auch mal jetzt, okay? Meine Güte!»

Sie drehte sich schwungvoll einmal um sich selbst, entblößte dabei noch einmal Brüste und Tiger, dann ging sie wieder zurück ins Haus. Die Tür ließ sie weit offen stehen.

Ich konnte in die Diele hineinschauen, da lag ein aus Sisal geknüpfter Fußabtreter auf Terrakottafliesen, ein schmiedeeiserner Schirmständer beherbergte zwei Stockschirme mit Silberbanderolen an Griffen aus

Kirschbaum oder Schwarzdornholz. Wahrscheinlich hatten sie auch ein Bad mit frei stehender Wanne plus Fußbodenheizung, eine Designerküche und maßgefertigte Möbel aus fair gehandeltem Massivholz, es würde mich kaum noch wundern.

Auf der Herreise hatte ich mir vorgenommen, angesichts der verbliebenen Reste einer zerrütteten Existenz, mit denen ich meiner Überzeugung nach rechnen musste, unbedingt die Fassung zu wahren. Als heute Morgen im Waldhaus keine Hinweise auf die Anwesenheit meiner Mutter zu finden gewesen waren, hatte ich mich dagegen zu wappnen versucht, die Zeugnisse ihres Elends im Atelier vorzufinden. Wenn man sich im Voraus das Schlimmste ausgemalt hat, schockiert einen die Realität weniger, war mein Gedanke gewesen. Also hatte ich mir ein ranziges Feldbett zwischen farbverschmutzten Lappen vorgestellt, leere Firnisspraydosen und ein Meer von Wodkaflaschen auf dem mit rohen Holzplanken abgedeckten Lehmboden, dazu haufenweise Abfall von notdürftig auf einem alten Gaskocher erhitzten Fertiggerichten, schwarz verrußte Bretterwände, feucht gewordene Skizzenbücher zwischen schmutziger Wäsche. Ich hatte mich dennoch vor dem gefürchtet, was mich erwartete, aber ich war entschlossen gewesen, es hinzunehmen als das, was es war: die traurigen Überbleibsel einer zutiefst unglücklichen Person, an deren Unglück ich weder schuldig noch unschuldig war. Wie aber sollte ich jetzt mit dieser klinisch reinen Installation etablierten Manufactum-Komforts umgehen? Wie diesen Beweis einer aus was auch immer gespeisten Lebenstüchtigkeit meiner Mutter einordnen? Darum hatte sie sich also in den vergangenen Jahren gekümmert. Um ihr Atelier. Sie hatte ihre «Insel der Seligen», wie Oma den alten Pferdeschuppen manchmal genannt hatte, zu einem gelackten Kleinbürgertraum ausgebaut. Und wenn ich weiter darüber nachdachte, leuchtete es mir auf eine schräge Weise sogar ein: Emma Bachmann, die Jüngere, hatte nach ihrer Rückkehr aus dem Entzug das Waldhaus mitsamt seinen Gespenstern dem Verfall überlassen und in unmittelbarer Nachbarschaft ihr Refugium auf eine Weise aufgerüstet, dass die alten Geister kaum Lust bekommen haben dürften, ihr in diese ökologisch korrekte Schöner-Wohnen-Fantasie zu folgen. Meine Mutter hatte beides gemacht: Sie war zurückgekommen *und* fortgeblieben. Sie hatte neue, mutmaßlich sündhaft teure Wurzeln geschlagen, ohne die alten brutal abzuhacken, die hatte sie einfach still vor sich hin gammeln lassen, während sie selbst sich sichtgeschützt hinter ihrer gestutzten Mischhecke verschanzt, hübsche Türschilder getöpfert, den Rasen gepflegt und weiß der Geier was sonst noch veranstaltet hatte, um das Drama zu bändigen oder auszulöschen.

Vielleicht war alles auch ganz anders gewesen und meine Theorie purer Blödsinn, was wusste ich denn schon?

Was ich wusste, war, dass meine Mutter nach ihrem Tod den ganzen verstörenden Zustand in meinem Besitz hatte wissen wollen, ausdrücklich, das hatte ich schwarz auf weiß und amtlich beglaubigt in meinem Rucksack:

In der Testamentsache Emma Bachmann,

geboren am 3. 11. 1946, verstorben am 15. 6. 2013,

erhalten Sie anliegend eine beglaubigte Abschrift der letztwilligen Verfügung ...

Beurkundet von einem Gießener Notariatsbüro, das sie eigens zu diesem Zweck aufgesucht haben musste, an einem Tag im April vor zwei Jahren.

Eine Kopie der handschriftlichen Fassung ihres Letzten Willens war ebenfalls in der Anlage gewesen:

Ich, Emma Bachmann, geboren am 3. 11. 1946 in Lindbach,

setze meine Tochter, Antonia Bachmann,

geboren am 14. Dezember 1966 in Lindbach,

als meine alleinige, uneingeschränkte Vollerbin ein.

Nur dieser eine Satz, mit breiter Feder in ihrer ausladenden, kaum lesbaren Handschrift hingeworfen. Juristisch war das überflüssig, denn dass ich, ihr einziges leibliches Kind, auch ohne Testament die Nächste in der Erbfolge sein würde, dürfte auch ihr klar gewesen sein. Sie hätte mich genauso gut enterben oder meine Existenz vergessen haben können. Hatte sie aber nicht. Sie hatte ausdrücklich das Gegenteil getan.

Was aber sollte ich jetzt mit ihrer Hinterlassenschaft anfangen?

Und Elsa? Gehörte die ebenfalls zur Erbmasse?

Ich verließ die Atelierparzelle und schlug mich, diesmal links am Haus vorbei, durch den verwilderten Garten hinter dem Waldhaus, zerkratzte mir die Arme an mannshohen Disteln, blieb mit dem Schuh in einer Efeuranke hängen, stolperte über die unter Ackerwinde und Brennnesseln begrabene Einfassung von Omas altem Kräuterbeet. Hier war eindeutig seit einer halben Ewigkeit niemand mehr gewesen.

Doktor Arnold hatte mir damals nicht verraten wollen, an welcher Stelle die beiden Emmas gefunden worden waren. «Erspar dir das Stück verbrannte Erde, Toni», hatte er gesagt. «Gib dem Spuk keine Bilder zu fressen, lass die Toten ruhen und leb dein Leben.»

Ich hatte seinen Rat beherzigt, wenn auch nicht auf die Weise, die er vermutlich gemeint hatte. Verbrannte Erde, vermintes Gelände, kontaminiertes Terrain war danach nämlich alles hier gewesen, egal, in welchem Beet, unter welchem Apfelbaum, in welcher Wiese sie gelegen haben mochten.

Wie hätte ich nicht abhauen sollen? Wie hätte ich zurückkommen können?

Jetzt aber war ich hier und trampelte mit einer eigenartigen Genugtuung das hohe Gras der kleinen Gartenwiese nieder, auf der meine Oma und ich uns am Tag meiner Einschulung den roten Ball von der Niedereschbacher Sparkasse zugekickt hatten, machte einen Bogen um die Ruinen der Bank, auf der wir an Sommerabenden oft gesessen und Erbsen gestrippt, Äpfel geschält oder Feldsalat geputzt hatten, fand den Eingang zum Keller komplett von Brombeerranken zugewuchert und entschied mich, über den relativ sicher anmutenden Plattenweg wieder zum Haus zurückzukehren.

«Rotkäppchen ist jetzt also Vollerbin eines baufälligen kleinen Forsthauses, etlicher Quadratmeter verwilderten Garten-, Wald- und Nutzflächengeländes, eines piekfeinen kleinen Häuschens mit Atelieranbau aus nebulöser Finanzierung sowie einer wiederauferstandenen Dada-Baroness», sagte ich zum entspannt neben mir hertrabenden Loup. «Was soll da noch schiefgehen?»

Loup leckte mir über die Hände und steckte anschließend seinen Kopf in die nach Faulschlamm stinkende Regentonne.

Auf dem Küchentisch lag noch immer die Zigarette, wo Elsa sie hatte hinrollen lassen, stand das Glas Limonade neben Herberts improvisiertem Aschenbecher.

Ich verstaute meine Einkäufe im Kühlschrank und auf der Ablagefläche daneben, ließ das Wasser aus dem Hahn laufen, bis es wieder klar war. Mein Telefon schloss ich an die Steckdose hinter der Küchenbank an und setzte mich an den Platz, an dem zuvor Elsa gesessen hatte. Ich trank die schal gewordene Limonade, verschränkte die Arme über der Tischplatte und legte meinen Kopf darauf ab. Nur fünf Minuten ruhen, dachte ich.

Als ich wieder wach wurde, war es früher Nachmittag und das Telefon vollständig aufgeladen. Ich schaltete das Gerät an, gab den Code ein. Zwei Anrufe in Abwesenheit, jeweils Xaviers Nummer. Er hatte sowohl am Vorabend als auch am Morgen versucht, mich zu erreichen, schließlich, vor etwas über einer Stunde, eine Textnachricht hinterlassen: *Dois-je m'inquiéter?*

Ich antworte: *Non.*

«Na, da wird er sich ja garantiert gleich weniger Sorgen um dich machen», hörte ich meine Oma nörgeln.

Eine weitere Nachricht teilte mir mit, dass ich unter folgendem Link die Roaming-Bedingungen nach EU-Richtlinie einsehen könne und dass man mir einen angenehmen Aufenthalt in Deutschland wünsche. Für meinen Mobilfunkanbieter war ich im Ausland. Seltsamerweise fand ich das tröstlich.

Ich schrieb Xavier, dass ich etwas länger fort sein würde als ursprünglich gedacht. War das also entschieden. Ich würde noch bleiben, so kurz wie möglich, so lang wie nötig, um von hier aus zu erledigen, was zu erledigen war – was auch immer das sein mochte. Danach konnten Loup und ich uns wieder auf den Heimweg machen – im besten Fall mit der Aussicht auf die finanziellen Mittel, um mir endlich eine größere Werkstatt und eine Teilzeitkraft für die Buchhaltung leisten zu können. Und wenn kein Gewinn zu machen sein würde, konnte ich zumindest mit der beruhigenden Gewissheit abreisen, diesmal nicht vor der Verantwortung geflüchtet zu sein. Herbert sei Dank verfügte ich immerhin schon mal über die Handynummer eines potenziellen Kaufinteressenten, die Visitenkarte einer Entrümpelungsfirma mit einer angeblich ebenso patenten wie vertrauenswürdigen «Susanne» als Chefin sowie über die Kontaktdaten eines in Großeichen ansässigen Notars, den Herbert jeden Sonntagmorgen nach Niedereschbach zum Golfen chauffierte, weil Herrn Dr. Koch der Führerschein wegen Trunkenheit am Steuer entzogen worden war.

«Der Waldemar kennt sich aus, den kannst du alles fragen», hatte Herbert gesagt.

«Möglichkeiten über Möglichkeiten!», hatte ich geantwortet.

«Mach halt was draus!»

Ich schrieb *J'essaie de ne pas être une poule mouillée* und schickte es ab.

«Warum schreibst du deinem Mann, dass du versuchst, kein nasses Huhn zu sein?», hörte ich meine Oma fragen.

«Französische Redensart. Kannst es übersetzen mit Feigling, Angsthase, Memme, Schissbux, Duckmäuser, Waschlappen.»

«Das beantwortet meine Frage nicht.»

«Ein Huhn, das im Platzregen steht, kann sich nicht bewegen, Oma.»

«Dies hier ist kein Platzregen, Toni!»

«Wollen wir's mal hoffen.»

«Außerdem hab ich schon Hühner gut gelaunt durch Wolkenbrüche spazieren sehen.»

Ich klaubte die Zigarette vom Tisch.

«Ab jetzt darf ich übrigens offiziell hier drinnen rauchen! Mein Haus, meine Regeln!»

Das Telefon vibrierte.

Une poule accompagnée d'un loup est invincible.

«Laut Xavier bin ich als von einem Wolf begleitetes Huhn unbesiegbar», übersetzte ich für meine Oma.

«Ihr überstrapaziert die Wolfsmetapher!»

Wahrscheinlich gab es Medikamente gegen das, was gerade mit mir los war.

Ich schrieb, dass alles in Ordnung sei und ich mich heute Abend telefonisch bei ihm melden würde, um meine Lage genauer zu erklären. Im Anschluss kramte ich den zerknitterten Zettel mit der Nummer vom Blumen-Weidner junior aus meiner Hosentasche. Torsten. «Weidner-Boss ist jetzt nicht mehr der Paul, sondern sein Sohn, der Torsten», hatte Herbert mich aufgeklärt. Dabei hätte ich den Namen des Juniors auch so gewusst. Torsten «Toastbrot» Weidner, auf dem Gymnasium eine Klasse über mir, war Schulsprecher, Jahrgangsbester und der Schwarm fast aller Mädchen sowie einiger Jungs. Mich mit meinem Koboldgesicht, den kurz geschorenen Haaren, den zu großen Latzhosen über selbst gebatikten Herrenhemden und den Anti-Atomkraft-Stickern am Kragen würdigte Toastbrot natürlich keines Blickes. Ich ihn selbstredend ebenfalls nicht. In seinen Augen galt ich als «linke Zecke und Hausi», für mich war er ein reaktionärer Streber, der sich nicht zu blöd dafür war, mit den Schwachmaten von der Lindbacher Ortsgruppe der Jungen Union um die Häuser zu ziehen. Zwischen uns war ein Abgrund gewesen, tiefer als der Marianengraben. In der Oberstufe zündeten die Arnoldjungs dem Toastbrot mehrfach das Mofa an, beim zweiten Mal extra für mich. Ich hatte, wenn man so will, auf Toastbrots Kosten ein kleines Geburtstagsfeuerwerk spendiert bekommen, was ihm, wie zu hoffen blieb, niemals jemand verraten hat. Mit dem besten Abiturzeugnis Hessens, wie der Blumen-Weidner senior meiner Oma mit stolzgeschwellter Brust berichtet hatte, war der Junior dann nach Mainz gezogen, um irgendwas zu studieren, das nobelpreisverdächtig geklungen hatte, Molekularbiologie oder Bioanalytische Chemie oder so ähnlich. «Der Torsten, der wird es mal ganz weit bringen!»

«Wenn's der Wahrheitsfindung dient», hatte meine Oma schmallippig erwidert, und in diesem Moment war ich dermaßen stolz auf sie gewesen, dass ich sie auf beide Wangen küsste, direkt vor des Blumen-Weidners Augen. Anscheinend hatte das Genie von einem Sohn sich letzten Endes dann doch gegen die von seinem Vater prophezeite Karriere in der Pharmaindustrie oder bei einem chinesischen Hightech-Unternehmen entschieden und war stattdessen der nächste Blumen-Weidner geworden. Dass er somit in gewisser Weise Taxi-Herberts Schicksal teilte, war ein Gedanke, der mir Vergnügen bereitete.

«Alle Wege führen nach Lindbach!»

«Es gibt Schlimmeres», hörte ich meine Oma kommentieren.

«Das ist eine Frage der Perspektive», antwortete ich.

«Drück mir die Daumen, dass Toastbrot, der, laut Herbert, dank seiner kapitalistischen Tüchtigkeit dem väterlichen Betrieb saftige Gewinne abtrotzt, nun darauf brennt, mich fürstlich für all das hier zu bezahlen – Hypothek, Kellergerümpel und tigertätowierte Mieterin inklusive.»

«Ja, geh du nur wieder den Weg des geringsten Widerstands!»

«Der Weg des geringsten Widerstands wäre, mittels notariell bestätigter Erbschaftsverzichtserklärung gegen geringe Gebühr binnen weniger Stunden komplett vom Haken zu sein. Die Frist dafür ist noch nicht verstrichen, es gibt meines Wissens keine weiteren erbberechtigten Verwandten, und der Bürgermeister wäre sicher begeistert, wenn das Anwesen der Gemeinde zufällt und er ein feines kleines Wellnesshotel zur Rekonvaleszenz von Burn-out-Bankern in den Wald ballern kann. Also sei still und lass mich mal machen!»

Das Schweigen meiner Großmutter klang vergrätzt.

Eine wohltönende Altstimme am anderen Ende der Leitung teilte mir mit, zurzeit sei telefonisch niemand erreichbar, ich könne nach dem Signalton aber gerne eine Nachricht hinterlassen, man werde zurückrufen, sobald es möglich sei, eine repräsentative Auswahl des vielfältigen Sortiments könne aber jederzeit online unter www.weidner-pracht-und-blüten.de geordert werden, man wünsche einen zauberhaften Tag. Herbert hatte mir also die Nummer des Weidner'schen Diensthandys angedreht. Der Piep ertönte, ich räusperte mich, starrte auf den Geschirrschrank, wartete darauf, dass meine Oma etwas von sich gab, legte wieder auf.

«Es gibt keinen Grund für vorschnelles Handeln», sagte ich meiner Großmutter und mir. «Morgen ist sowieso erst einmal Samstag, und sämtliche Ämter, Kanzleien, Immobiliengutachter, Sachverständigenbüros sind geschlossen, der ganze offizielle Rotz hat zu. Außerdem sollte ich wohl erst einmal selbst nach dem Stand der Dinge sehen, bevor ich jemanden wie Toastbrot hier reinlasse. Richtig?»

«Zu meiner Zeit haben wir immer peinlichst sauber gemacht und aufgeräumt, bevor Besuch kam», sagte meine Oma.

Das war eine Lüge.

Das Zimmer meiner Großmutter, nicht viel mehr als eine Schlafkammer, fand ich, bis auf die Tatsache, dass es komplett eingestaubt war, noch genauso vor, wie ich es damals zurückgelassen hatte. Der Kleiderschrank war leer, das Bett abgedeckt, der Nachttisch ebenso ausgeräumt wie die Schubladen der Kommode. Die Geister, in diesem Fall die freundlichen, waren ausgetrieben.

Nach Omas Beerdigung hatte ich einen nonstop durchgeheulten Nachmittag damit verbracht, aus einem mir selbst nicht begreiflichen Impuls heraus ihr Zimmer auszuräumen. Es war das Einzige gewesen, was ich noch hatte für sie tun können, bevor ich das Waldhaus verließ. Die Kleider, Schürzen und Schuhe hatte ich in Säcke für das Rote Kreuz gesteckt, die anderen Sachen in Kisten für die Obdachlosenhilfe verpackt und zur Abholung draußen vor den Zaun gestellt. Private Dinge wie Schmuck, Briefe und Fotos hatte ich aufgehoben, viel war es ohnehin nicht gewesen, es hatte alles in einen kleinen Karton gepasst, der seitdem mehrfach mit mir umgezogen war, ohne dass ich ihn auch nur ein einziges Mal wieder geöffnet hatte. Auf der Kommode gegenüber dem Bett hatte ich ein gerahmtes Bild zurückgelassen, eine Fotografie meiner Mutter mit mir als Baby auf dem Arm. Keine Ahnung, warum ich das gemacht oder ob ich mir etwas davon versprochen hatte, ich war zu diesem Zeitpunkt viel zu sehr durch den Wind gewesen, um meine Handlungen zu reflektieren.

Das Foto stand noch immer da, unberührt, wie die intakte Staubschicht vermuten ließ. Ich nahm den Rahmen in die Hand, sah den Stempel eines Niedereschbacher Fotostudios auf der Rückseite, betrachtete mich selbst als knopfäugigen Säugling mit Kugelgesichtchen in den Armen einer sehr schmalen, ernst in die Kamera schauenden jungen Frau, fast noch ein Mädchen, mit dichtem, dunkel gelocktem Haar. Sie steht stocksteif da, hält mit seltsam abgespreizten Ellenbogen ihr Kind in die Kamera wie einen Fremdkörper – was es, was ich, ja auch war. Bestimmt hatte Emma zwei mich, sobald der Blitz verloschen war, umgehend an meine Großmutter zurückgereicht und wortlos das Fotostudio verlassen. Mutterglück Fehlanzeige, das war schon immer so gewesen, daran hatte sich auch nie etwas geändert.

Die Hintergrundgeschichte ist schnell erzählt: Eine begabte Achtzehnjährige gewinnt einen Wettbewerb, erhält ein Stipendium und schafft es im Zuge dessen, an der École des Beaux-Arts in Toulouse aufgenommen zu werden. Die junge Malerin packt ihre Koffer, zieht voller Begeisterung in die Ferne, lebt ihren Traum. Nach knapp zwei Jahren ist der Traum ausgeträumt: Die nunmehr Zwanzigjährige kehrt ledig, mittellos und hochschwanger in die oberhessische Provinz zurück, und im Dorf beginnt man vom «Emma-Fluch» zu faseln. Dann kam ich auf die Welt, Unfall in der zweiten Generation. *The End.*

Wer wollte meiner Mutter verdenken, dass sie zu Lebzeiten nicht wirklich etwas mit mir hatte anfangen können? Und wer wollte im Gegenzug mir verübeln, dass ich nicht viel mit ihr anfangen konnte?

Nicht einmal einen Namen hatte sie für mich auswählen wollen. «Nenn sie, wie du magst», soll sie nach einer elend langen und über die Maßen schmerzhaften Geburt zur Hebamme auf der Wöchnerinnenstation gesagt haben, bevor sie in eine aus Erschöpfung und Spasmolytika bestehende Besinnungslosigkeit gefallen war. Meine Oma hatte mich dann Antonia genannt, dem Mann zu Ehren, der ihr nach dem Krieg Arbeit, Unterkunft und Brot gegeben und sie auch dann nicht vor die Tür gesetzt hatte, als ihm nach einigen Wochen klar geworden war, dass die junge Geflüchtete ein Kind erwartete. «Anton Wächter war jetzt mein Zuhause und meine Familie, unter seiner Protektion wurde ich auch von den Lindbachern schnell als eine der Ihren akzeptiert», hatte meine Oma erzählt. «Da brauchte ich mir gar keinen Ehemann zu suchen, konnte meine Freiheit schön behalten.»

Ich habe es oft bedauert, dass ich den alten Waldhausbesitzer nicht mehr kennengelernt habe. Meine Mutter soll ihn als kleines Mädchen über alles geliebt haben. Allein deswegen interessierte er mich. Das Emmchen sei den ganzen Tag hinter ihrem «Opa Toni» hergelaufen wie ein Hündchen, und die Kleine sei nur dann glücklich gewesen, wenn sie auf seinem Schoß sitzen durfte oder auf seinen Schultern herumgetragen wurde. Dieser Kinderliebe habe man es wohl auch zu verdanken gehabt, dass das Waldhaus sowie das dazugehörende Land nach dem Tod des alten Wächter, der laut meiner Großmutter «praktischerweise keinerlei Interesse am sexuellen Verkehr mit Frauen gehabt hatte», den beiden Emmas vermacht worden waren. Im Dorf hatte es natürlich Gerede gegeben, aber nur ein bisschen.

«Opa Toni war ein Mann von unvergleichlicher Selbstlosigkeit und Herzenswärme, er wurde von allen gemocht und geachtet!»

Dem hatte sogar meine Mutter vorbehaltlos zugestimmt. Dass es so selbstlos nun auch wieder nicht gewesen sei, sich jahrelang umsonst den Haushalt führen, späterhin auch noch bettlägerig pflegen zu lassen, war ein Einwand meinerseits gewesen, dem beide Emmas heftigst widersprochen hatten. Auf den alten Wächter ließen sie nichts kommen, der war so eine Art unantastbarer Familienheiliger. Vielleicht hoffte meine Großmutter deswegen, dass ihre Namenswahl mir, dem Kind, das ihrer Tochter den Lebenstraum verunmöglicht hatte, trotz allem ein glückliches Schicksal bescherte. Meiner Mutter, möchte ich wetten, ist es gleichgültig gewesen, wie man mich rief. Sie hat kurz nach meiner Geburt angefangen zu trinken und zu verdrängen versucht, dass ich existierte. Immerhin war sie keine von den brutal-bösartigen Säuferinnen, vor ihren Zuständen musste ich mich nie fürchten, sie betrafen mich nicht. Vor ihren dunklen, verstörenden Bildern hatte ich als kleines Mädchen oft Angst, vor ihr als Person kein einziges Mal. Sie wurde niemals gewalttätig, schrie mich nicht an, torkelte nicht unkontrolliert schimpfend durchs Haus. Sie war einfach meistens abwesend, stand mir nicht zur Verfügung, egal ob sie bei uns am Küchentisch saß, die Tage in ihrem Zimmer verschlief oder im Atelier den Riegel von innen vorgeschoben hatte. Aber auch das war nicht schlimm, ich war daran gewöhnt, sie nicht zu behelligen, ich brauchte sie nicht.

Ich hatte meine Großmutter. Sie errichtete einen schützenden Wall aus unerschütterlicher Liebe und verlässlicher Fürsorge um mich, ein Bollwerk gegen die mütterliche Schwermut. Meine Oma war immer da, wenn ich jemanden brauchte, mir hat es als Kind an nichts gefehlt. Masern, Mumps, Röteln, Kletterunfälle, Virusgrippe, Schulprobleme, Pubertät, Herzschmerz, Oma hat alles mit mir durchgestanden. Sie hat mir Wadenwickel gemacht und Kräutersud zubereitet, meine ewig zerbeulten Ellenbogen und Schienbeine mit Arnika eingerieben, mir bei Matheaufgaben geholfen, mich Lateinvokabeln abgefragt, mir jede Entschuldigung geschrieben, die ich aus noch so fadenscheinigen Gründen haben wollte, und über keine einzige meiner miesen Zensuren hat sie jemals ein Wort verloren. Oma nannte Jungs, in die ich unglücklich verknallt war, verblödete Vollidioten, und wenn ich ihr mit meinem Gejammer doch mal zu doll auf die Nerven ging, reparierte, kochte, pflanzte oder erntete sie etwas mit mir, denn das half immer. Von Oma lernte ich Apfelkuchen backen, Hühnersuppe kochen, die Anzucht von exotischen Küchenkräutern, den saisonalen Baumschnitt, das Flicken von kaputten Fahrradreifen, den Gebrauch von Stichsäge und Schlagbohrer und so ziemlich alles andere, was man zum Leben braucht. Und als nach der ersten überstandenen Abiturprüfung die Arnolds und ich die Musik in meinem Zimmer bis zum Anschlag aufdrehten, wir uns dreist an den sorgsam vor meiner Mutter versteckten Apfelschnapsvorräten vergriffen und der Geruch von Marihuana durch den Flur waberte, ging meine Oma diskret aus dem Haus, um Pfarrer Martinek einen Besuch abzustatten und bei Portwein und Erdnussflips bis tief in die Nacht mit ihm über «Gott und die Frage nach dem Ursprung jeglichen Seins» zu diskutieren. Am nächsten Morgen saßen wir dann alle gemeinsam lädiert beim späten Frühstück, und es gab Rollmops mit Rührei und Aspirin.

Herbert war bestimmt nicht der Einzige im Dorf, der mich darum beneidete, wie ich hatte aufwachsen dürfen.

Weinen tat gut, aber weinen würde rein gar nichts ändern.

«Ändern tut sich nur was, wenn wir was ändern», hörte ich meine Großmutter sagen.

«Warum hast du von deiner Tochter eigentlich nie verlangt, dass sie sich mal mit deiner Enkelin beschäftigt?», fragte ich in die staubige Leere des kleinen Schlafzimmers und wartete vergeblich auf eine Antwort.

Ich nahm den Bilderrahmen an mich, brachte ihn in mein Zimmer und schob ihn ins hintere Fach meines Rucksacks. Dann ging ich zur Putzkammer, schnappte mir Besen und Kehrschaufel, Eimer und Schrubber, fand ein brauchbares Staubtuch, zwei verschlissene Wischlappen und eine halb volle Flasche Ajax, deren Inhalt vermutlich auch ein halbes Jahrhundert unbeschadet überstanden hätte.

Innerhalb einer Stunde war Omas Zimmer staubfrei und sauber. Anschließend machte ich mich über das Badezimmer her, schrubbte auch die letzten Ecken, so lange, bis die Ajaxflasche leer und ich völlig verschwitzt und dreckig war.

«Jede verscheucht die Geister, so gut sie kann!», sagte ich.

«Dagegen ist nichts zu sagen», sagte meine Oma.

Es war bereits Abend, als mich ein schriller Pfiff aufschreckte. Ich hatte eine herrliche Viertelstunde unter der Dusche verbracht, dabei freudig überrascht festgestellt, dass auch die Warmwasserversorgung im Haus noch funktionierte, und war soeben dabei, eine frische Jeans sowie ein sauberes T-Shirt aus meinem Rucksack zu kramen.

Es pfiff noch einmal.

Ich hegte keinerlei Zweifel daran, welchen Ursprungs dieses Signal war. Jetzt pfeift die schon nach mir, dachte ich. Demnächst bringt sie mir noch Sitz und Platz und Pfötchen geben bei.

«Toniiiiii!»

Das Geräusch von Loups Pfoten im Galopp donnerte durch den Flur, danach ertönte ein dritter Pfiff.

Ich ließ mir mit dem Anziehen extra lange Zeit.

In der Küche stand Elsa in einer bodenlangen schwarzen Robe aus Samt und kraulte hingebungsvoll meinen Hund. Das kleine Windspiel hockte auf einem der Küchenstühle und kläffte mich an. Sie trugen aus Einmachgummis geknüpfte Halsketten, alle drei.

«Ich kann nicht auch noch für dich kochen!», sagte Elsa und brachte mit einem Fingerschnipsen ihren Hund zum Schweigen.

«Natürlich nicht», antwortete ich. «Wie wäre es mit Omelette mit Tomaten und Schafskäse? Ich hab so eingekauft, dass es für zwei reicht.»

Elsa schnaufte ungehalten. «Danke, nein. In dieser Küche kriege ich keinen Bissen runter. Ich habe uns bereits einen Wagen bestellt, wir essen auswärts.»

«Wo denn auswärts?», fragte ich.

«Lindbachkrug, etwas anderes gibt es in dieser Einöde ja nicht.»

«Auf dem Weg zum Edeka habe ich eine Pizzeria, ein griechisches Restaurant und einen nett aussehenden Laden für Nudelsuppen gesehen, und drüben in Niedereschbach gibt es bestimmt auch ... »

«Wir müssen aber in den Lindbachkrug!», herrschte Elsa mich an, als hätte ich ihr etwas vollkommen Ungehöriges zumuten wollen.

«Von mir aus», antwortete ich und stellte fest, dass ich tatsächlich gewaltigen Hunger hatte.

Elsa deutete auf den Fliegenfänger. «Das muss weg!»

«Um den Zustand der Küche kümmere ich mich morgen.»

Die Baroness ließ ihren ausgestreckten Zeigefinger in der Luft stehen und schüttelte stumm den Kopf.

Ich sah davon ab, ihr zu widersprechen, und holte eine Schere aus der Besteckschublade. Mithilfe des Stuhls, den Pinky nur unter Protest verließ, stieg ich auf die Tischplatte, schnitt den Fliegenfänger vom Faden und reichte ihn Elsa hinunter, die ihn mit spitzen Fingern nahm und in den Mülleimer unter der Spüle warf.

«Ich wusste, wir würden uns glänzend verstehen!»

Weder meine Oma noch ich hatten dem etwas hinzuzufügen.

Sie sagt: Die, die ich bin, hat Dämonen verschreckt und Spuk geboren.
Das würdest du wohl auch gerne können?
Rate mal!
Ich hatte genauso die Hosen voll wie du, Toni, aber ich habe die Hosen ausgezogen und nackt getanzt.
Darauf muss man erst mal kommen!
Schlafende Geister sind eine Gefahr. Weckst du sie auf, fressen sie dich – lässt du sie ruhen, verschlingen sie die Universen und
spucken
deine
Knöchelchen
einzeln
aus.
Frag mal mich und meine gusseiserne Seele …
Und jetzt: Lass uns alte Gespenster wecken!

6

DIE FEIGHEIT DER ZEICHEN

Herbert öffnete die Heckklappe und ließ Loup aus dem Taxi springen.

«Kann ich mich anschließen?»

«Klar!», sagte ich.

«Heute nicht, *chérie. Ladies only.*» Elsa pustete Herbert einen Handkuss zu.

Loup sprang zurück in den Kofferraum.

«Ha!», sagte Herbert. «Mein Wolfsfreund kann doch deutsch!»

«Loup, *sors de là*!»

Ich hatte weder so laut sein noch so harsch klingen wollen.

«Raus mit dir!»

Statt dem Befehl zu folgen, wandte mir Loup sein Hinterteil zu und rollte sich zusammen, als dächte er nicht daran, jemals wieder auszusteigen.

«Lass ihn!», sagten Herbert und Elsa gleichzeitig.

«Mich stört es nicht, wenn er mitfährt, und ich muss euch doch sowieso nachher wieder abholen, oder?», fügte Herbert hinzu, während Elsa bekräftigend nickte.

Ohne den Riesenhund essen zu gehen ist nur vernünftig, dachte ich, der liegt sowieso der Bedienung im Weg, und die meisten Menschen haben entweder Angst vor ihm oder stellen blöde Fragen. Ich hätte Herbert dankbar sein müssen, dass er ihn mir freundlicherweise abnahm. War ich aber nicht. Es fühlte sich falsch an. Und Loups Verweigerung widerspruchslos hinzunehmen, kam mir ebenfalls nicht richtig vor. Außerdem kränkte es mich. Der Hund hatte sich heute schon einmal widerstandslos in fremde Hände begeben. Ich hatte ihn nicht mit auf diesen merkwürdigen Trip in meine Vergangenheit genommen, damit er mich jetzt hier im Stich ließ und sich neue Bezugspersonen suchte. Sein Job war es, *mich* zu begleiten, an *meiner* Seite zu bleiben, mir die Lindbacher auf Abstand zu halten, mein Schutztier, mein verdammter Dämon zu sein!

«Der Köter kann nicht einfach machen, was er will!»

Ich fragte mich, warum ich plötzlich heiser wurde.

Elsa sah mich mit erhobenen Brauen an.

Herbert schlug die Heckklappe zu. «Du siehst doch, dass der das kann.»

«Ich wüsste nicht, was du dazu zu melden ... »

Elsas Hand auf meiner Schulter brachte mich zum Schweigen. «Wovor hast du denn Angst, *ma fille*?»

Ich wehrte die Hand ab, wollte der Baroness sagen, dass sie diesen Unsinn gefälligst lassen sollte, dass von Angst überhaupt nicht die Rede sein konnte, brachte es aber nicht über die Lippen. Es ging einfach nicht. Nicht nur mein Hund, sondern auch meine Stimmbänder versagten mir den Gehorsam – und das war wirklich beängstigend. Während Herbert um den Wagen herum zur Fahrertür ging und sich mit seinem gewaltigen Körper umständlich hinters Steuer zwängte, begann irgendetwas mir die Luft abzuschnüren, formierte sich ein Druck in meiner Brust, machte sich dumpfer Schwindel hinter meiner Stirn breit, und mit meinen Augen stimmte ebenfalls etwas nicht. Mein Sichtfeld kippte in diffuse Unschärfen, die Beine fühlten sich an, als würden sie sich von meinem Körper lösen. Panik. Das ist Panik, die mich fertigmachen will, dachte ich. Elsa hat recht, ich werde gerade von einer miesen, hysterischen Angst gefällt. Aber warum? Warum passierte mir das? Warum sollte ich, der man im Job ein unerschütterliches Nervenkostüm nachsagte, wegen solch einer Lappalie wie einem mich im Stich lassenden Hund in die Knie gehen?

«Toni?» Die Stimme klang weit entfernt, wie durch Watte gebrüllt. Ich kannte diese Stimme, wollte ihr antworten, wollte verlangen, dass man mich in Ruhe ließ, wollte beteuern, dass es gleich wieder gehen würde, dass ich ohne Hilfe klarkam, aber es drang noch immer kein Laut aus mir heraus. Atmen! Ich musste weiteratmen, wenn ich nicht im nächsten Moment auf den Parkplatz-Schotter knallen wollte, aber atmen ging kaum noch. Das ist keine Panik, schoss es mir durch den Kopf, das ist das Ende. Mein Herz wird stehen bleiben, und ich werde die dritte Bachmann sein, die auf diese Weise zu Tode kommt, denn auch die Fluchtwege führen nach Lindbach, verflucht noch mal, und ich beende hier und jetzt mein Leben in diesem gottvergessenen Kaff, nicht mehr ganz in der Blüte meiner

Jahre, aber trotzdem zu früh, viel zu früh – sie werden mich ab jetzt doch in einem Atemzug mit den Emmas nennen müssen, was vielleicht nicht das Schlechteste ist, aber Xavier ...

«Toni! *Goddamn it*!», hörte ich Oma durch eine Nebelwand rufen, nein, das war sie gar nicht, das war meine Mutter, nein, die war ja gestorben, das war ... Finger bohrten sich in meine Schulter, rissen mich herum, ein Arm schlang sich um meine Hüften, ein Körper, fest wie eine Betonsäule, schob sich dicht an meinen, klemmte mich zwischen sich und den Benz, hielt mich in dieser Position. Ich starb nicht, ich fiel nicht, ich wurde gehalten, bis sich die Welt um mich herum langsam wieder ins Lot bewegte und ich die Konturen von Elsas Gesicht erkannte, dicht an meinem, ihren leicht säuerlichen Atem roch, ihr blumiges Parfüm, Rose, und war da nicht auch ein Hauch von Lavendel?

«*Ça va?*»

Ich nickte, atmete, nickte noch einmal, holte tief Luft, streckte meinen Rücken durch, spürte die Kraft in meine Beine zurückkehren.

Elsa strich mir mit dem Zeigefinger über die Wange. «Du hattest eine kleine Unsicherheit, *une petite insécurité*, wie ich es früher immer genannt habe.»

Sie neigte ihren Kopf zur Seite und lächelte mich aufmunternd an. Es war mir ein Rätsel, wie diese mickrige Person es geschafft hatte, mich aufzufangen und zu stabilisieren.

«Ich habe gedacht, ich sterbe», flüsterte ich.

Elsa nahm ihren Arm von meinen Hüften. «Ach was! Sterben geht anders. Damit kenne ich mich aus.»

Herbert, der sich währenddessen wieder aus dem Wagen gewuchtet hatte, starrte mich erschrocken über das Autodach hinweg an und hielt sein Mobiltelefon hoch. «Soll ich die Rettung rufen?»

Die Baroness und ich schüttelten gleichzeitig den Kopf.

«Sicher?», fragte Herbert.

Die Baroness und ich nickten.

«Was war denn los? Ihr redet wieder so, dass ich nur die Hälfte mitkriege.»

Elsa sagte: «Stellvertreterkonflikt.»

Ich sagte: «Blödsinn! Kreislauf!», und setzte mich auf einen der beiden großen Feldsteine, die die Zufahrt zum Lindbachkrug markierten. «Ich muss einfach mal was Richtiges essen.»

Herbert steckte sein Telefon wieder ein, zog stattdessen ein Zitronenbonbon aus seiner Hosentasche und warf es mir zu. Ich wickelte das klebrige Ding aus dem Papier und schob es mir in den Mund.

«*Suppressed life crisis*», sagte Elsa. «Die großen Müttertode tragen wir mit Fassung, aber für die kleinen temporären Verluste bleibt dann keine Kraft mehr übrig, und wir klappen zusammen, wenn wir unseren Hund abgeben müssen. *C'est tout à fait normal.*»

«Ich hab's doch nur gut gemeint», sagte Herbert.

«Das ist pseudopsychologischer Bullshit!», protestierte ich. «Wo Loup den Abend verbringt, ist mir scheißegal, und mein ‹großer Muttertod› liegt zwanzig

Jahre zurück. Seitdem ist reichlich Wasser ins Meer geflossen, gesund geheult habe ich mich damals auch, da ist also rein gar nichts *suppressed.* Was mir fehlt, kann leicht mit einem Teller Bratkartoffeln und einem Bier behoben werden, danke, Herbert!»

«Ach herrje!», sagte Elsa.

Sie hob das Windspiel vom Boden, das vor Aufregung am ganzen Leib zitterte, küsste es auf den Kopf und reichte es Herbert.

«Pinky muss nun ebenfalls in deiner Obhut bleiben, mein Lieber! Und sei dir dessen bewusst: Du bist so viel mehr als ein Taxi fahrender Hundesitter. Du hast zwei Seelentiere von unschätzbarem Wert in deiner Obhut, die du unter allen Umständen unversehrt zurückbringen musst, *mon ami*!»

«Ihr habt sie doch nicht alle!», schimpfte ich.

Pinky winselte verzweifelt.

Herbert sah aus, als überlegte er, ebenfalls Beschwerde einzulegen, drückte dabei das zappelnde Hündchen sanft an sich, bis es sich beruhigt hatte.

Die Baroness sah mich prüfend an, dann legte sie sich die Hände wie einen Trichter um den Mund und rief: «Achtung, Achtung, *Ladies, Beasts and Gentlemen*! Hören Sie zu und lernen Sie, *écoutez et apprenez, listen and learn*! Verluste fließen lieber geteilt ins Meer, gemeinsam ertrinkt es sich besser, aber heute werden die Kräfte gebündelt, und es wird, ich schwöre bei jedem meiner mindestens sieben Leben, niemand etwas verlieren! Keinen Knopf, keinen Kopf, keine Butter, keine Mutter, keine Ikonen, keine Dämonen, nichts und gar nichts!»

Sie griff in ihr Dekolleté, wo sie einen unerschöpflichen Vorrat an Geldscheinen zu verwahren schien, und steckte Herbert einen weiteren Fünfziger zu. «Toni und ich kommen heute Abend ohne tierische Verstärkung aus, wir sind uns selbst für den Moment Kraftwesen genug.»

Ich gab es auf, ihrem Unfug zu widersprechen.

Herbert stieg kopfschüttelnd in seinen Wagen, legte sich Pinky über den Schoß und fuhr los. Loup hob nicht einmal den Kopf, um aus dem Rückfenster zu schauen, wie er es sonst immer tat, wenn er, was selten genug vorkam, ohne mich mit Xavier im Wagen davonfuhr.

Die Baroness zündete zwei Zigaretten an, reichte mir eine davon, und wir rauchten noch eine Weile still auf dem Parkplatz, ich sitzend, sie stehend, bis ich die Zigarettenkippe in den Schotter trat und aufstand.

«Fertig mit Drama?», fragte Elsa.

«Warum sollte ich?», antwortete ich. «Aber falls du meinen kleinen Schwächeanfall meinst, der ist vorbei.»

Elsa lachte. «*That's the spirit!*»

Sie hakte sich bei mir unter, führte mich über den mit kleinen Feldsteinen und Margeritenstauden gesäumten Kiesweg zum Eingang. An meinem oberen Gaumen klebte der Rest von Herberts Zitronenbonbon, und mir war noch immer ein bisschen flau.

Der vordere Schankraum war voll besetzt, wie es sich für einen Freitagabend auf dem Dorf gehörte, und ich hatte ein fast schon groteskes Déjà-vu: Die Bestuhlung war noch immer dieselbe, die halbhohe Eichenverschalung an den Wänden war noch immer dieselbe, der Geruch war noch immer der gleiche: Bratensoße und abgestandenes Bier. Hinten an der Theke hockten auch die Pegeltrinker noch genauso auf den lederbezogenen Barhockern, wie sie es immer getan hatten, mit hängenden Schultern über die Pfützen in ihren Gläsern gebeugt, mutmaßlich auch sie *next generation*, aber das Bild, das sie abgaben, war unverändert.

«Ich würde vielleicht doch lieber woanders essen gehen», sagte ich.

Elsa schien mich nicht zu hören.

Die Musik wurde aufgedreht, Eminem und Rihanna sangen im Duett: *I'm friends with the monster that's under my bed.*

Das immerhin hätte es unter Irmtraud Fischer, der früheren Lindbachkrugwirtin, nicht gegeben, da wären Marianne Rosenberg und Lena Valaitis dran gewesen, *Eins, zwei, drei, ich hab gedacht, es ist vorbei* und *Ich hab dir nie den Himmel versprochen.*

Oma und ich sind nicht oft bei Irmtraud eingekehrt. Die Schlagermusik in Dauerschleife, die wir beide unerträglich fanden, ist daran nicht unschuldig gewesen – die Musik und die in Fett und Speck ertränkte Kartoffelbeilage. Trotzdem brachten wir der Lindbachkrugwirtin jedes Jahr vor Weihnachten ein Lavendelsäckchen, eine Flasche Apfelschnaps und eine Dose Kokosmakronen vorbei, hörten bei Filterkaffee und Marmorkuchen, beides mit Sahne, geduldig ihren vom Schlagergedudel untermalten Schimpftiraden über die stets schlechter werdenden Zeiten und die sich immer dreister gebärdenden Gäste zu, und anschließend waren wir, froh diesen Programmpunkt hinter uns gebracht zu haben, wieder zurück zum Waldhaus gewandert, um uns den weiteren Festvorbereitungen zu widmen.

Get along with the voices inside of my head. Ich summte die Melodie mit. Elsa schnalzte missbilligend mit der Zunge.

«*Yeah, you think I'm crazy*», sang ich ihr ins Ohr und wurde dafür in den Hintern gekniffen.

«Dir geht's schon wieder viel zu gut!»

Während wir uns den Weg zwischen den dicht gestellten Tischen bahnten, unterbrachen einige der Gäste ihre Unterhaltung, um Elsa anzustarren, andere hoben grüßend eine Hand oder nickten ihr zu. Mich schien niemand zu beachten, als wäre ich in Gegenwart der Baroness unsichtbar geworden. Umso besser. Ein an einem Tisch in der Nähe der Eingangstür sitzender Mann mit Bierbauch, Halbglatze und dünnen weißen Resthaaren, die im Nacken zu einem fisseligen Pferdeschwanz zusammengebunden waren, schaute kurz zu mir hin, nachdem auch er der Baroness zugewunken hatte, und ich dachte schon, dass er aufstehen und mich ansprechen würde, aber er wandte sich gleich wieder seiner Tischnachbarin zu, in der ich Gerti zu erkennen glaubte, Herberts Dialyse-Kundin. Auch Gerti grüßte die Baroness, sie war blass und hohlwangig, hatte, im Gegensatz zu ihrem zopftragenden Begleiter, den vor ihr stehenden Teller mit Semmelknödeln und Champignonrahm nicht angerührt, schien sich aber zu freuen, Elsa zu sehen. Elsa hingegen zeigte keinerlei Zeichen des Erkennens, schritt erhobenen Hauptes an den Leuten vorbei, meine Hand fest in der ihren.

Als wir am anderen Ende des Raums angekommen waren, schoss aus der Schwingtür hinter dem Tresen eine Schwarze Frau in einem geblümten Sommerkleid und Servierschürze heraus. Ich schätzte sie auf maximal zwei- oder dreiundzwanzig. Sie knallte zwei Teller auf die polierte Thekenplatte, «zweimal die Lasagne!», und blaffte im nächsten Moment einen der Thekentrinker an, der ihr sein leeres Schnapsglas entgegenhielt: «Zum letzten Mal, Olaf! Du hast genug für heute! Geh nach Hause!»

Olaf, ein kleiner Mann in Jeans und weiß-grünem Raiffeisen-T-Shirt, knallte das Schnapsglas auf die Tresenplatte, lallte «Leck mich am Arsch, Janine!», kletterte dann aber doch folgsam von seinem Barhocker. «Schreibst du's auf, Fischerin?»

«Na, logisch», antwortete die Barfrau versöhnlich, dann fiel ihr Blick auf uns. «Baroness! Da bist du ja!»

Elsa nahm die herzliche Begrüßung mit einer Verneigung entgegen, die großer Theaterbühnen würdig gewesen wäre.

«Jawohl, da bin ich wieder, *ma belle*! Das Leben geht weiter – muss ja – es ist, wie es ist – schwurbeldischwurb, denk dir bitte sieben weitere sinngeschwängerte Sprüche an dieser Stelle, das spart uns Zeit, ich könnte kotzen, wenn ich daran denke, wie traurig alle waren, als wir das letzte Mal bei dir eingekehrt sind, aber was soll man machen? Ganz genau!» Sie schob sich mit beiden Zeigefingern die Mundwinkel nach oben. «Am Abgrund kommt es allein auf die Haltung an, richtig? Was für eine Scheiße!»

Die Barfrau schien Elsas Art zu reden gewohnt zu sein. «Es ist jedenfalls sehr erfreulich, dass du uns endlich wieder besuchst!», erwiderte sie lächelnd. «Wen hast du mitgebracht?»

Elsa nahm meine Hand, hob sie an ihren Mund und drückte ihre Lippen darauf, hinterließ eine karminrote Kuss-Spur. «Das ist Antonia Bachmann, Emmas Tochter, also die, die so lange verschwunden und verschollen war.»

Das Lächeln fiel der Barfrau schlagartig aus dem Gesicht.

«Ich war weder verschwunden noch verschollen!», sagte ich.

«Was warst du denn, *ma fille*?», fragte Elsa.

«Ich bin weggezogen, das ist nicht verboten, weißt du? Ich bin meiner Arbeit nachgegangen, hab mich um andere Sachen gekümmert, denn das Leben geht weiter, hast du selbst gerade gesagt, in meinem Fall ist es eben woanders weitergegangen, das ist alles, manchmal muss man fort sein und das auch bleiben ...» Ich biss mir auf die Lippen, um meinen mich selbst irritierenden Redefluss zu stoppen.

Elsa schob ihren Arm unter meinen. «Sie sieht nicht so aus, aber sie ist ein bisschen dünnhäutig, *une puce à peau fine*, wie man in Frankreich sagt, und darin ganz die Mama.»

Reflexartig wollte ich protestieren, riss mich dann

aber zusammen, weil ich mich noch immer nicht auf der Höhe fühlte.

Die junge Frau, die unserem Dialog stirnrunzelnd zugehört hatte, streckte mir mit leichtem Zögern eine Hand über die Theke hinweg entgegen. «Nett, Sie kennenzulernen, Frau Bachmann. Ich bin Janine Fischer. "

Ihr Ton ließ keinen Zweifel daran, dass Janine Fischer es kein bisschen nett fand, mich kennenzulernen.

«Freut mich ebenfalls.»

Ich unternahm einen Versuch, die Hand zu schütteln, aber Janine zog sie bei der ersten Berührung mit einer zackigen Bewegung wieder zurück.

«Sind Sie Irmtrauds Tochter?», fragte ich.

«Wohl kaum», antwortete Janine.

«Nichte?»

Der Hauch einer Entspannung flog über Janines Gesicht, als sie antwortete: «Enkelin.»

Die junge Frau Fischer, die anscheinend nicht nur die Bar bediente, sondern auch die Chefin höchstpersönlich war, wischte sich die Hände an ihrer Servierschürze ab.

«Der Anstand gebietet es, Ihnen mein Beileid auszusprechen, Frau Bachmann, deshalb will ich das hiermit tun. Emma war eine wunderbare Frau und eine gute Freundin des Hauses, sie fehlt uns allen sehr.»

Mein unterzuckertes Gehirn brauchte einen Moment, bis es realisierte, dass die Rede von Emma zwei gewesen war. Janine hatte ernsthaft die Worte «wunderbare Frau und gute Freundin» gebraucht und meine Mutter damit gemeint. War Emma zwei auf ihre älteren Tage etwa nett und umgänglich geworden? Sollte sie tatsächlich Abend für Abend gesellig zwischen den Thekentrinkern gehockt haben, bis sie nach Hause geschickt worden war, so wie Olaf?

«Herbert hat behauptet, meine Mutter sei die letzten Jahre trocken gewesen», sagte ich, obwohl ich es nur hatte denken wollen.

Janine Fischer sah mich einen Moment lang ungefähr so an, wie Herbert mich am Morgen im Keller angesehen hatte, verwundert, ungläubig, ratlos, aber dann kippte ihr Blick wieder in reine Verärgerung. «Seit ich das Lokal hier führe, hat Emma keinen Tropfen Alkohol angerührt. Und wären Sie auch nur ein Mal bei Ihrer Mutter aufgetaucht, um nach ihr zu sehen, statt woanders Ihr Leben weitergehen zu lassen, dann wüssten Sie das auch.»

An einem der Tische hinter uns brach lautes Gelächter aus, jemand brüllte «Auf ex! Ex! Ex!», die halbe Kneipe stimmte johlend mit ein.

«Wir gehen mal nach draußen!», schrie Elsa gegen den Lärm an. «Zwei kleine Bier und eine große Vorspeisenplatte mit Brot. Regst du dich wieder ab, *ma belle*, und bringst das an unseren Tisch?»

Janine Fischer nickte, sagte noch etwas, das im Stimmengewirr unterging, funkelte mich dabei mit zusammengekniffenen Augen böse an. Ich zuckte entschuldigend mit den Schultern, deutete auf mein rechtes Ohr und folgte Elsa zu einer Tür, die früher in den mit Mülltonnen, Getränkekisten und Pappkartons vollgerümpelten Hinterhof des Lindbachkrugs geführt hatte.

Wir betraten einen mit hellgrünen Sonnenschirmen, bunten Blumenkübeln, einem halben Dutzend Bistrotischen und rot karierten Sitzpolstern auf Holzklappstühlen liebevoll gestalteten kleinen Biergarten. Elsa führte mich an den einzigen freien, etwas abseits stehenden Tisch, auf dem, wie ich beim Näherkommen feststellte, neben einer kleinen Glasvase mit Kornblumen und Gräsern ein etwa zehn Zentimeter breites Reserviert-Schild aus Ton stand, weiße Lettern auf mitternachtsblauer Glasur. Ich hob das Schild an, drehte es in den Händen, sah, dass auf der unglasierten Innenseite die Initialen EB eingedrückt worden waren, wahrscheinlich mit einem handgeschnitzten Tonstempel. Die Freundin des Hauses hatte anscheinend nicht nur für den Eigenbedarf getöpfert. Und sie hatte, ganz im Gegensatz zu früher, sogar signiert.

«Da ich als Künstlerin keinen Namen habe, kommt auch keiner auf die Werke.»

Diese Aussage hatte anscheinend zumindest für die Tonarbeiten ihre Gültigkeit verloren.

«Apfelschorle», sagte Elsa.

«Bitte?»

«Emma hat hier immer nur Apfelschorle getrunken. Sonntagnachmittags auch mal einen doppelten Espresso, obwohl der ihr eigentlich ebenfalls verboten worden war. Du musst sie besser kennenlernen, wenn du es dir mit den Lindbachern nicht restlos versauen willst. Die mochten sie nämlich.»

«Noch eine Verstorbene, deren Bekanntschaft ich machen soll?»

Elsa nahm mir das Schild aus der Hand. «Diese wird sich dir anders mitteilen als die, die ich bin. Setz dich, sonst kippst du mir noch mal aus den Latschen, bleich, wie du schon wieder bist!»

Kaum hatte mein Hintern das Sitzpolster berührt, fing Elsa an, statt weiter über meine Mutter zu reden, belangloses Zeug zu plaudern. Sie monologisierte über das laute Gezwitscher der Vögel, schwenkte dann zu einer Lobrede über die am Abend so angenehm mild gewordenen Temperaturen, referierte en detail die Wettervorhersage für die kommenden Tage, redete ohne Unterlass, bis Janine mit einem Tablett an unserem Tisch erschien.

«Endlich!», sagte Elsa. «Wir sind am Verhungern!»

Eine üppig mit eingelegtem Gemüse, Käse, diversen kleinen Röllchen und Bällchen belegte Vorspeisenplatte wurde serviert, dazu drei kleine Schälchen mit verschiedenfarbigen Pasten sowie zwei Teller mit Besteck und ein Brotkorb. Janine stellte ein Glas Bier vor Elsa ab, «lass es dir schmecken, Baroness!», und sah demonstrativ über mich hinweg, als sie mir das zweite Glas derart heftig hinknallte, dass ein Teil der Schaumkrone auf die Tischplatte schwappte.

Nach einer Schrecksekunde wollte ich Janine zunächst ärgerlich anfahren, spürte dann aber den nicht eben sanften Tritt einer Schuhspitze an meinem Schienbein und besann mich eines Besseren. Ich räusperte mich und rief Janine, die sich bereits abgewandt hatte, laut hinterher: «Sie haben durchaus recht mit dem, was Sie mir vorwerfen, Frau Fischer.»

Die Lindbachkrugwirtin blieb mit dem Rücken zu uns stehen.

Ich setzte nach: «Aber jetzt ist die Situation nun mal so, wie sie ist, und ich kann weder die Uhr zurückdrehen noch meine Versäumnisse ungeschehen machen.»

An sämtlichen Nachbartischen waren die Gespräche zum Erliegen gekommen, alle starrten uns an.

«Toni ...», sagte die Baroness leise. Ich hob die Hand, damit sie schwieg, was sie erstaunlicherweise tatsächlich tat.

Janine wandte sich um, kehrte an unseren Tisch zurück und blieb mit vor der Brust verschränkten Armen vor mir stehen. «Einen Fehler könnten Sie tatsächlich noch vermeiden, Frau Bachmann.»

«Und das wäre welcher?», fragte ich.

«Überlassen Sie mir das Gemälde, nennen Sie mir einen fairen Preis, es gehört in den Lindbachkrug!»

«Toni schenkt es dir», sagte Elsa. «Stimmt doch, oder?» Sie sah mich auffordernd an.

«Von mir aus», sagte ich. «Ich nehme an, es geht hier um ein Bild meiner Mutter, ja? Behalten Sie es, wenn Ihr Herz daran hängt.»

Janine zögerte kurz, dann nahm sie das Geschirrtuch, das sie über dem Arm getragen hatte, trocknete damit die Unterseite meines Glases ab und wischte die Bierpfütze vom Tisch.

«Vielleicht fragen Sie mal die alten Lindbacher nach Ihrer lieben Freundin Emma, Frau Fischer, die können Ihnen vielleicht ein paar nicht ganz so wunderbare Geschichten über meine Mutter erzählen. Trotzdem hätte ich früher kommen sollen.»

Die neue Lindbachkrugwirtin musterte mich mit verächtlichem Blick, dann wandte sie sich um und ging zurück in den Krug.

«Und ihr anderen Nasen könnt euch jetzt mal wieder eurem eigenen Kladderadatsch widmen!», rief die Baroness.

Die Gäste an den Nachbartischen wandten sich augenblicklich wieder einander zu.

Elsa nahm die Petersilie von der Platte, steckte sie sich hinters Ohr. «Hau rein, *ma fille*! Iss, damit du zu Kräften kommst! Später zeige ich dir, was du gerade verschenkt hast. Und heute Abend entscheide *ich*, wann später ist, einverstanden?»

Ich nickte, lud mir reichlich von den Vorspeisen auf den Teller, während Elsa mir dabei zuschaute.

«Nimmst du nichts, Baroness?»

Elsa zuckte mit den Schultern. «Wusstest du, dass es Menschen gibt, die der Überzeugung sind, man könne sich von Licht ernähren?»

Sie zog den Petersilienstängel hinter ihrem Ohr hervor, knabberte daran.

«Das klingt für mich nicht gerade nach einer durchdachten Aktion», sagte ich und schmierte mir Avocadopaste auf eine Scheibe Graubrot.

Elsa nippte an ihrem Bier. «Die eindrücklichsten Aktionen sind selten durchdacht, sondern meistens direkt und in aller Härte durchgeführt worden.»

«Wenn du mich fragst, dürfte das Konzept Lichtnahrung in seiner konsequenten Umsetzung mit einer Quote von hundert Prozent den sicheren Tod nach sich ziehen.»

«Ja, logisch, na und? Umso bemerkenswerter und buchstäblich existenzieller die Wucht der Aktion!»

Sie sah mich an, als erwarte sie einen weiteren Kommentar. Als der nicht kam, fuhr sie fort: «Meine spontane Bettlakenflucht zum Beispiel hätte leicht mein Ende bedeuten können, und dennoch bezeichne ich sie bis heute als meine mit Abstand nachhaltigste Performance, aus ihr speisen sich alle folgenden.»

«Deine ... was?» Ein winziger Spritzer Avocadocreme landete auf Elsas Kleid.

«Die Bettlakenflucht! Mein erstes, wie sagt ihr heutzutage? Happening? Meine Geburt als Künstlerin, meine Kunstwerdung! Es hat alles seinen Anfang genommen, als ich mich vom Plötztum abgeseilt habe, das willst du doch nicht anzweifeln wollen, oder?»

«Würde ich nie tun.»

Elsa zog an der Einmachgummikette und ließ sie an ihren Hals klatschen.

«Tut das nicht weh?», fragte ich.

«Ich hatte mal Sex auf einem Nagelbrett.»

«Hattest du nicht!»

«Hätte ich aber haben können.»

Rechts von uns wurde ein ankommender Gast begrüßt, ein sympathisch wirkender Mann etwa meines Alters in einem weiten weißen Leinenanzug, den ich wahrscheinlich hätte beim Namen nennen können, wäre ich diesem Dorf nicht so nachhaltig ferngeblieben.

«Und was hat jetzt deine erste Performance mit Lichtnahrung zu tun?»

«Nicht das Geringste!», sagte Elsa.

«Aha», sagte ich.

«Zeige es den Leuten, erkläre ihnen nichts.» Elsa hob schulmeisterlich einen Zeigefinger. «Daran habe ich mich immer gehalten.»

Sie zog etwas aus ihrem Ausschnitt, das auf den ersten Blick wie eine dicke goldene Patronenhülse aussah, sich aber als aufschraubbarer Lippenstift herausstellte, und zog sich die Lippen nach. Anscheinend benutzte sie ihr Dekolleté nicht nur als Portemonnaie, sondern auch als Kosmetikbeutel.

«Du erinnerst dich an die Geschichte von meinem Mördervater?», fragte sie, nachdem der Lippenstift wieder zwischen ihren Brüsten verschwunden war.

Ich schaute sie, da ich mir eben ein gefülltes Weinblatt in den Mund geschoben hatte, bloß fragend an.

«Manchmal muss man weg, Toni, fort, *s'en aller*, du selbst hast das heute Abend schon als Rechtfertigung herangezogen. Meine Flucht, nicht, dass sie einer weiteren Begründung bedurft hätte, war der erste Schritt zu der, die ich werden sollte.»

Ich kaute schweigend weiter. Solange sie über ihre eigenen Fluchten reden wollte, sollte es mir recht sein.

«Hipp, hipp, hurra, seht Else Plötz unter dem Granit hervorkriechen und gen Himmel zur Baroness emporwachsen! Erst fallen. Naaaaatürlich! Ein Mädchen muss immer erst einmal fallen. So will es das naturgegebene Gesetz, *n'est-ce pas*? Es ist so beschissen jämmerlich! Die zusammengeknoteten Laken reichten nicht ganz bis zum Boden, und mir war so verdammt elend zumute, kann ich dir heute sagen. Damals freilich hätte ich das nicht einmal mir selbst eingestanden. Vielleicht kann ich dich deshalb so gut verstehen? Papperlipopette, guck nicht so!»

Ich kaute noch immer, schluckte und wartete einfach, bis sie weitersprach.

«Diese meine akrobatisch-anarchische Meisterleistungsaktion hat mich zudem vor der Besserungsanstalt bewahrt. Jajaja, so machte man das damals mit den Unbequemen, vornehmlich denen weiblichen Geschlechts, das war eine praktische und raumsparende Lösung: zack, zack, ab in die Anstalt! Besser ist die Besserung, am besten hinter Schloss und Riegel, und Mauern waren ja sowieso des Maurermeisters Kernkompetenz, ich wiederhole mich, entschuldige! Also weiter, weiter: Der Vater hatte diesen seinen Plan ohne die, die ich bin, gemacht. Ich nämlich: Selber gute Besserung, Herr Plötz, auf und davon zum nimmerväterlichen Niewiedersehen! Hab die Laken verknotet und mich an einem zarten Sonntagnachmittag aus meinem Fenster und aus Swinemünde abgeseilt. *Parti et passé, over and gone*, ab-selberzack, weg und vorbei!»

Sie nahm eine kleine Scheibe Weißbrot aus dem Korb, pulte das Weiche aus der Mitte, formte eine Kugel daraus und warf sie hinter sich.

«Aber verehrte Baroness!», sagte ich. «Du bist doch in deiner Jugend nicht etwa ebenfalls eine Flüchterin gewesen?»

Elsa zog eine Grimasse. «Versuchst du, witzig zu sein? Wenn ich Zeit habe, werde ich kurz lachen. Hast du irgendeine Ahnung von irgendwas? Wohl kaum! Ich bin vor nichts weg-, sondern zu etwas hingelaufen, das ist ein gewaltiger Unterschied!»

Mir fiel plötzlich wieder ein, wie mir die alte Frau Fischer nach Omas Beerdigung schluchzend um den Hals gefallen war, wie mir der Blumen-Weidner derweil zugeraunt hatte, dass ich mich wegen des Grabsteins noch mal bei ihm melden sollte, wie mir da schon klar gewesen war, dass ich hier nichts mehr verloren hatte.

«Ich habe damals einfach versucht, mein Leben weiterzuleben und ...»

Elsa bewarf mich mit einem Stück Weißbrotkruste. «Du musst dich vor mir nicht rechtfertigen, du musst dich vor niemandem rechtfertigen! Hör stattdessen lieber mir zu und rate, wohin ich nach meiner Flucht aufgebrochen bin, ich, die junge Else, damals noch Plötz, aber nicht mehr lange. Los! Rate!»

Sie nahm ein rosenförmig aufgeschnittenes Radieschen von der Vorspeisenplatte und legte es neben die kleine gläserne Blumenvase auf den Tisch.

Ob der Weidner sich wegen des Grabsteins schließlich an meine Mutter gewandt hatte?

Ich lehnte mich zurück, stellte fest, dass der Klappstuhl erstaunlich bequem war, und sagte: «Die Baroness ist zunächst, wenn ich mich recht erinnere, nach Berlin gegangen.»

Elsa riss überrascht die Augen auf. «Woher weißt du das?»

«Ich hatte eine auf das frühe zwanzigste Jahrhundert spezialisierte feministische Professorin in Kunstgeschichte.»

«Daher kennst du mich?»

Elsa war tatsächlich ein wenig aus der Fassung geraten, ihre Wangen röteten sich, und ihre Hände begannen, die liebevoll geschnitzten Blätter des Rosen-Radieschens abzubrechen.

«Daher weiß ich von der Existenz der zu Unrecht vergessenen Elsa von Freytag-Loringhoven», sagte ich. «Aber ich frage mich auch, wie diese faszinierende historische Gestalt mit der ebenfalls faszinierenden Existenz der realen Person zusammenhängt, die gerade vor mir sitzt.»

Elsa streckte mir die Zunge heraus und warf den verunstalteten Rest des Radieschens auf den Boden. «Schön blöd bist du, Toni!»

«Das auch», antwortete ich. «Diese Diagnose habe ich mir heute bereits mehrfach selbst gestellt.»

Elsa nahm meine Hand, drückte eine zweite Lippenstiftspur darauf. «Zerbrich dir nicht immer den Kopf, meine liebe blöde Toni!»

Da war auf einmal wieder so ein Druck in meinem Hals, der besser nicht weiterwachsen sollte, so als würde eine Faust von innen gegen meine Kehle schlagen. Ich nahm einen großen Schluck Bier, las *Licher-Pils, alkoholfrei*, fühlte mich unsagbar erschöpft.

Elsa holte mich, jetzt wieder launig gestimmt, in die Gegenwart zurück: «Kennst du Berlin? So eine famose Stadt!»

«Ja, ganz gut sogar», antwortete ich.

Froh, dass die Baroness anscheinend zu belanglosem Geplauder zurückkehrte, wollte ich ihr erzählen, dass ich vor etwa zwölf Jahren mehrere sehr angenehme Monate in Berlin verbracht hatte, um ein Bodhisattwa-Relief für das Ostasiatische Museum zu restaurieren, kam aber nicht dazu.

«Allerdings hatte das Berlin, von dem ich spreche, nichts mit der Stadt gemein, die du vielleicht besichtigt oder bewohnt hast. Mein Berlin war *Fin de Siècle* im vielfachen Wortsinn, ein herrlich-giftiger Moloch aus Dekadenz und Widerspruch, voller Elend, voller Glanz, voller Liebe, voller Hass. Nur eines gab es nicht: Mittelmaß. Na ja, doch, aber nicht da, wo ich war. Wo ich war, gingen Aufbruch und Untergang zusammen ins Bett, da war es wild und erotisch, ruchlos und bezaubernd, poetisch und frevelhaft, prachtvoll und erbärmlich, steinreich und bettelarm, und es schillerte zudem in sämtlichen Facetten dazwischen. Perfekt also für die Initiation einer Künstlerin wie der, die ich bin.»

Ich rieb mit dem Daumen über meinen Handrücken, verwischte die Lippenstiftreste zu roten Schlieren, nickte Elsa zu, damit sie fortfuhr, damit ich nicht wieder anfing, über Gräber nachzudenken.

«Leider, oder in späteren Jahren dann auch zum Glück, hat mir dieses schön-schreckliche Treibhaus der preußischen Untugenden immer nur temporär als Bühne getaugt, denn schließlich warteten ja auch noch Rom, New York und ach!, mein Paris hinter den verschimmelten Brokatvorhängen auf mich. Aber das weißt du dann vielleicht auch schon?»

Ich schüttelte den Kopf. «Ich weiß sehr wenig über die Baroness, genau wie der Rest der Welt.»

«Der Rest der Welt kennt mich deutlich weniger als du, glaub mir, *ma fille*! Allein, dass mein Name dir etwas sagt! Willst du mehr wissen? Mehr als alle anderen vor und nach dir?»

Nichts, was ich in diesem Moment lieber will, dachte ich und sagte: «Selbstverständlich! Erzähl!»

«Nanana, du Unersättliche, bloß keinen Druck aufbauen! *One after the other, l'un après l'autre*, eins nach dem anderen, sonst kommen wir ja ganz durcheinander mit den Molochen, die mich bezwingen wollten. Alles zu seiner Zeit, und nur die Wurst und ich haben zwei, richtig?» Elsa schlug sich schrill lachend auf die Schenkel.

«Zurück zu den buchstäblich nackten Fakten und erst mal zurück nach Berlin. Da setzen wir unsere imaginären Füße in ein ideales Anzuchtbecken für eine wie mich, durch deren Adern das Blut der Avantgarde in doppelter Geschwindigkeit gepumpt wurde. Die, die ich bin, krachte nämlich direktamente ins letzte sinnliche Aufbegehren des ausklingenden neunzehnten Jahrhunderts, es war mir ein Fest! Auch die braune Faschistenbrut lag da ja noch in den arischen Windeln, da war Platz fürs Ungezähmte – und ich: mittenrein! Nach einem kurzen Tantenintermezzo, einem weiteren kleinen Missverständnis der inkompatiblen familiären Gutbürgerlichkeit, das wir hier nicht allzu tief vertiefen müssen, ging's für mich los mit dem richtigen Leben. Und nicht zu knapp! *La vie! Life of adventure!* Vor nichts und niemandem war mir bange! Ich wollte Spaß und Geschlechtsverkehr, erwies mich für beides gleichermaßen hochbegabt und sorgte dafür, dass ich diese meine Talente entfalten konnte. *Cest ça!* Und der letzte Rest anhaftenden Plötzentums wurde abrasiert, denn schließlich hatte mich die stiefmütterliche Kerkermeisterin daheim, ich hab dir von ihr bereits berichtet, eine ‹rauchende Dirne› genannt. Diesem Titel gedachte ich durch konsequente Entfesselung meiner selbst gerecht zu werden, koste es, was es wolle. Ich florierte in der Defloration, schlug aus der Ausbeutung des Weiblichen meinen ganz eigenen Gewinn, jajaja, was ein Mädchen eben so tun muss, um zu überleben und endlich eigenständig an die Bäume ihrer Wahl pinkeln zu können. Du hast einen Hund, diese Metapher dürfte dir also etwas sagen?»

«Ja, schon, aber ...»

«Versteh mich nicht falsch, Toni, hier soll keiner Elendsromantik das Feld überlassen werden. Es war gelegentlich und zeitweise schon brutalst schauderhaft und fies, verdammt einsam trotz des frivolen Getümmels war es ebenfalls, aber hier geht es ja um Legenden, nicht wahr?»

Sie zog ein Basilikumblatt von einer Scheibe Mozzarella und zerrupfte es in winzige Stückchen.

«‹Such dir eine anständige Arbeit, du Liederliche!›, hat das mich zunächst beherbergende Berliner Tantchen gesagt, und dann hat sie mich mit hundert Mark

Blutgeld vor die Tür gesetzt. Familiäre Inkompatibilität auf der ganzen Linie, *you know the game.* Such ich mir also eine Arbeit, ich Liederliche, indem ich auf eine Annonce antworte, die ‹Mädchen mit guten Figuren› sucht. Traf ja zweifelsfrei auf mich zu. Und was denkst du? Richtig! Klappt! Elschen Plötzchen findet eine Anstellung im erlauchtesten Varieté Berlins. Pappmascheebrüste, Arsch aus Papier, aber halbwegs anständig Lohn und Brot. Halbwegs war meine Sache nicht, also setzte ich dreist noch eins-zwei-drei-vier-fünf obendrauf und huldigte der göttlichen Anarchie, ließ auch die Papierhüllen fallen, und zwar im wörtlichsten Wortsinn, und zu der Zeit war das wirklich noch was. Eins sollst du aber wissen, *ma chérie*, da brauchst du gar nicht diese Falte über deiner Nasenwurzel zu bemühen, ich hab meinen Lebensunterhalt oft auf schlüpfrige Weise verdient, aber meine Liebeskünste wurden stets gratis verteilt. So viel Anstand musste sein, gevögelt wurde ausschließlich aus reinem Vergnügen! Muss man sich leisten können, ich weiß. Konnte ich! Und nicht nur das! Ich brachte dem heiligen Nonsens meine Opfergaben dar, ließ das Bürgertum erröten und mich kreuzweise am Allerwertesten lecken, auch das gelegentlich buchstäblich. Elschen wuchs in die Höhe, Elsa eignete sich die Welt an, schlug sie wieder in Stücke, erschuf eine neue Welt, zerfetzte auch diese, wurde Künstlerin, wurde Kunst, wurde groß, wurde riesig, wachte auf, zahlte den Preis und brannte. Brannte lichterloh!»

Elsa keuchte vor Anstrengung.

Wieder schauten alle zu uns herüber. Die Baroness wies sie mit nichts als einem bösen Blick in ihre Schranken.

«Man muss brennen, Toni!»

Ich sagte leise: «Wie alle Restauratorinnen habe auch ich kein gutes Verhältnis zum Feuer. Ihr Künstlerinnen geht in Flammen auf, aber die Brandschäden bekommen dann wir auf den Tisch.»

Ich hatte versucht, witzig zu sein, aber Elsa wedelte mit ihrer Rechten vor meiner Nase durch die Luft, als versuche sie, lästige Insekten zu vertreiben. «*N'importe quoi!* Was redest du da für einen Schwachsinn? Und warum hast ausgerechnet du, die Tochter der Emmas, so einen öden Beruf ergriffen? Erklär mir das!»

«Kurzfassung oder Langfassung?»

«Kurz, bitte!»

«Es ist die unkreativste Betätigung, die mir in den Sinn gekommen ist.»

Elsa schloss die Augen, als sei ihre Geduld mit mir nun endgültig aufgebraucht.

«Ich bin bereit zu behaupten, diesen saudummen Satz akustisch nicht verstanden zu haben. Versuchen wir es mal mit der Langfassung, *s'il te plaît*!»

Um Zeit zum Nachdenken zu gewinnen, steckte ich mir ein weiteres gefülltes Weinblatt in den Mund. Elsa trommelte derweil mit den Fingernägeln auf der Tischplatte.

Ich schluckte das Weinblatt herunter, spülte mit einem Schluck aus meinem Bierglas nach.

«Also gut: Ich bin sowohl handwerklich als auch feinmotorisch ziemlich begabt ...»

«Öööööööde!», nörgelte Elsa.

Das Gleiche hatte damals meine Mutter gesagt, als ich ihr mitgeteilt hatte, was ich nach dem Abitur machen wollte. «Wie langweilig», hatte sie gesagt, und ich war nicht einmal traurig darüber gewesen, weil es mir so gleichgültig gewesen war, was sie über meinen Ausbildungswunsch dachte.

Elsas Fingernägel klackerten jetzt laut und nervtötend auf dem unberührten Teller, der vor ihr stand.

«Willst du das jetzt wissen oder nicht?», fragte ich.

Elsa hörte auf zu klackern, legte ihren Zeigefinger und Daumen aneinander und zog damit einen imaginären Reißverschluss an ihrem Mund zu. «Ich bin ganz und gar Ohr!»

Eine Stechmücke landete auf meinem linken Arm, ich erschlug sie und erwischte mich dabei, wie ich tatsächlich eine Rede zu halten begann. «Natürlich geht es bei dieser Arbeit erst mal darum, zu reparieren und zu rekonstruieren, aber vor allem muss ich genau hinsehen, damit ich die Spuren der Zeit, die sich an jedem Bild, jedem Objekt zeigen, entschlüsseln und darauf reagieren kann. Ich stehe jedes Mal vor einer neuen Herausforderung, weil jede Leinwand, jede Skulptur ihre ganz eigene Geschichte mitbringt. Ich begebe mich immer wieder neu auf Spurensuche und mag das sehr.»

Elsa legte ihren Kopf schief, sah mich nachdenklich, aber wohlwollend an. «Weiter!»

«Was weiter?»

«Das ist noch nicht alles. Also weiter!»

Ich fragte mich, was sie von mir erwartete. Noch nie

hatte ich die Motivation für den Beruf, den ich ausübte, derart präzise auf den Punkt gebracht, das musste doch genügen. Aber dann kam mir tatsächlich noch ein Gedanke.

«Es passiert beim Arbeiten etwas mit der Zeit, das eigenartig ist, manchmal auch verstörend, aber meistens schön.»

«Erzähl mir davon!»

«Die Zeit verlangsamt und beschleunigt sich, also beides zugleich. Meine Arbeitstage verfliegen in tausendfach wiederholten Handgriffen, in endlosen Stunden kleinschrittiger Frickelei. Die Objekte, mit denen ich mich befasse, bilden eine lange Reihe, ist das eine fertig, wartet schon das nächste. In den Kirchen, auf den Dachböden, in Herrgottswinkeln, Museen und Galerien, irgendwas ist immer beschädigt oder gefährdet, und ich nehme alles an, egal ob es denkmalgeschützt ist oder einfach von jemandem geliebt wird. Und weil ich sehr gut bin in dem, was ich tue, sind meine Auftragsbücher voll und meine Werkbank niemals leer, denn ich bin die, die das Kaputte wieder heil macht oder zumindest den Prozess des Verfalls stoppt. Die Zeit vergeht im Flug, während ich sie aufhalte. Ich schaue durchs Mikroskop, die Lupe, meine Nahbrille, was auch immer, aber niemals in die Ferne. Ich brauche mir keine Gedanken um die Zukunft zu machen, weil meine Arbeit mich zwingt, im jeweiligen Augenblick zu verbleiben. Alles in allem finde ich das sehr beruhigend.»

«*Accepté!*», sagte Elsa, und ich ahnte, dass das eines

der höchsten Komplimente darstellte, die sie zu vergeben hatte.

Ich schaute in die Krone der uralten Linde, die den Biergarten überschattete. Janine hatte dort oben Ketten aus Glühlampen angebracht, die rot, grün, blau und gelb leuchteten, das sah hübsch und gemütlich aus. Vielleicht konnte ich die Lindbachkrugwirtin fragen, wo sie die Lichterketten herhatte, und eine für das Gärtchen hinter unserem Haus besorgen, das so klein war, dass Xavier es *Serviette* nannte. Die *Serviette* bot gerade mal genug Platz für einen winzigen Holztisch und zwei Stühle, es gab dort Grillen, Nachtigallen und Fledermäuse, ab und zu verscheuchte Loup unter lautem Getöse die einäugige Nachbarkatze und nirgendwo anders auf der Welt schmeckte der Feierabend-Cidre besser als auf diesem winzigen perfekten Fleck umzäunten Grüns.

«Elsa, warum realisiere ich in deiner Gegenwart Dinge, die mir zuvor nicht klar waren?»

«Weil ich ein Genie, eine Meisterin und eine Muse bin, was denkst du denn?»

Sie schmierte etwas von der roten Paste auf ein Stück Brot und reichte es mir.

«Ich habe ihr übrigens Modell gestanden.»

«Was hast du?»

«Deiner Mutter. So haben Emma und ich uns kennengelernt. Ich war als Aktmodell an der Akademie engagiert, sie hat mich gemalt, wir wurden Freundinnen, Seelenverwandte, *voilà l'histoire*.»

«Meine Mutter war im Sommer 1964 an der Akademie.»

«Bis zum Herbst 1966, dem Jahr deiner Geburt, ich weiß, *ma fille*, ich weiß das ganz genau.»

«Warst du damals schon als *die* Baroness in Toulouse?»

Elsa schnaufte entnervt. «Hast du bei deiner feministischen Vorlesung nicht aufgepasst? Seit 1913, seit meiner Verehelichung mit Leopold Karl Friedrich Baron von Freytag-Loringhoven, bin ich Baroness! Er taugte zu nicht viel mehr als zu kurzzeitig ungehemmter Leidenschaft und der Anheiratung des schnieken Titels, den ich seitdem führe. Der liebe Leo! Elf Jahre jünger als ich, ein Bild von einem Mann, absolut unfähig, mit Geld umzugehen! Schließlich hat er bei Kriegsausbruch der dusseligen Anwandlung nachgegeben, seine blöde deutsche Offiziersehre durch freiwillige Meldung zum Wehrdienst wiederherstellen zu wollen. Was für ein Schwachmat! Da reißt er sich heimlich mein bescheidenes Erspartes unter den Nagel, lässt mich allein in New York sitzen, wird noch auf der Reise von den Franzosen verhaftet und für die nächsten vier Jahre in Brest interniert. Keinen Fuß hat der aufs Schlachtfeld gesetzt, der Herr Baron, sondern am Ende sich selbst die Waffe an den Kopf. Als der Leo von mir weg ist, begann meine produktivste künstlerische Phase, da wurde ich *die* Baroness, also laaaaaaaange vor Toulouse. Deine Mutter hatte einen Riecher für so was wie mich.»

Nicht ein einziges Mal hatte mir meine Mutter etwas aus der Zeit erzählt, in der sie an der Akademie gewesen war, ich hatte sie aber meines Wissens auch nie danach gefragt.

«Wenn eine Frau wie du früher einmal bei uns zu Gast gewesen wäre, würde ich mich definitiv daran erinnern.»

«War ich ja auch nicht.»

«Weil du zum Zeitpunkt meiner Geburt bereits vierzig Jahre tot warst vielleicht?»

Elsa schlug mit der flachen Hand auf die Tischplatte, dass es schepperte. «Jetzt reicht es aber! Haben wir das nicht hinreichend geklärt?»

Nichts weniger als das, dachte ich, aber ich würde es wohl fürs Erste hinnehmen müssen.

«Du bist demnach erst kürzlich wieder bei Emma und erstmals in Lindbach aufgetaucht», sagte ich. «Wo warst du, ihre Seelenverwandte und Muse, ihr Modell, denn die ganze Zeit?»

«Das fragt genau die Richtige!»

«Herbert behauptet, du hattest bei deiner Ankunft einen Schlüssel dabei. Wie bist du an den Schlüssel gekommen?»

«*Mon Dieu*, jetzt stell dich doch nicht dümmer an, als du bist! Emma hat ihn mir geschickt. Per Post, es musste kein Wunder bemüht werden. Sie wollte, dass ich zu ihr komme, sagte, es sei höchste Zeit, da hab ich mich umgehend auf den Weg gemacht.»

Wenn das wahr ist, dachte ich, dann hat meine Mutter gewusst, dass ihr Leben zu Ende ging.

«Sei mir nicht böse, Baroness, aber ich finde das alles, und zwar sowohl dich und dein Hiersein als auch mich und mein Hiersein, ein bisschen verstörend und viel zu absurd.»

Sie schob mir ihr noch volles Bierglas zu. «Absurdität kann hilfreich sein, wenn wir uns mit einer unbegreiflichen Realität konfrontiert sehen.»

Jetzt war ich an der Reihe, entnervt die Augen zu verdrehen. «Noch so eine Kalenderspruchweisheit, und ich setze mich zu den Säufern an die Theke.»

«Bitte sehr, wenn's dir bei denen besser gefällt, scheiß drauf, *je m'en fous*! Iss die zwei Falafelbällchen, Kalenderspruchkönigin, wir haben noch was auf dem Programm!»

Sie stand auf, kam an meine Seite des Tisches, beugte sich zu mir herunter und küsste mich auf die Stirn.

«Wir beide schauen uns jetzt das Bild an, das du Janine geschenkt hast. Es ist kein bisschen zum Fürchten, versprochen!»

Ich ließ mich von ihr abführen wie ein kleines Kind. Wir kehrten zurück in den Schankraum, der sich zwischenzeitlich halbwegs geleert hatte. Gerti und ihr Begleiter schienen ebenfalls das Lokal verlassen zu wollen, sie waren von ihrem Tisch aufgestanden und schoben gerade die Stühle wieder in Position, als wir an ihnen vorbeigingen. Der Zopfträger warf mir erneut einen Blick zu, den er rasch wieder abwandte, Gerti rief: «Baroness, warten Sie mal!», aber Elsa schritt, ihren Arm fest in meinen verschränkt, ohne anzuhalten bis zu der Tür, die, wie ich mich erinnerte zu den Toiletten und weiter den Gang entlang zum kleinen Festsaal führte.

Der Saal war vor nicht allzu langer Zeit modernisiert worden, die Deckenbalken freigelegt, die Wände weiß gekalkt, der alte Linoleumboden durch edles Fischgrätparkett ersetzt. Sauber abgebeizte Tische und Holzbänke ließen den Raum wie eine etwas zu makellose historische Filmkulisse erscheinen, ansonsten war alles sehr stilvoll und schön. Ich fuhr mit dem Finger eine herrliche Eichenmaserung nach, schaute dann endlich auf die etwa eineinhalb mal zwei Meter große Leinwand, die, gerahmt von einer schlichten Holzleiste, als alleinige Dekoration die Stirnwand des Festsaals schmückte. Schwarzflächen, matt und glänzend, aufgebrochen von Linien, Blattgoldapplikationen und Farbfeldern, blau, grau, grün, gelb, violett, die ich auf den ersten Blick für abstrakte Malerei hielt, bis sich nach und nach beim Betrachten eine Ansicht herausformte, die mir bekannt vorkam. Sehr bekannt. Je länger ich hinsah, desto sicherer wurde ich mir.

«Ist das ...», stotterte ich. «Ist das das, was ich denke, dass es das ist?»

Elsa schaute noch eine Weile versonnen auf das Gemälde, dann nickte sie. «Ein subtiles Meisterwerk. Kein Wunder, dass Janine es behalten will.»

«Du hast versprochen, es wäre nicht zum Fürchten», sagte ich. «Das war gelogen, es macht mir eine Höllenangst!»

«Schau gefälligst hin!», sagte Elsa. «Und halt dich notfalls an der Tischkante fest.»

Ich schaute wieder hin, trat drei Schritte zurück, dann wieder nach vorne, schloss für einige Sekunden die Augen, öffnete sie wieder, die eiserne Fußgängerbrücke zur Werft formte sich aus Blattgoldfetzen, die

Schleuseneinfahrt wuchs aus violetten Trapezen, da waren auch die blauen Lagerhallen vom Comptoir de la mer im Hintergrund, vorne die drei Anlegestege, mattschwarz im Kontrast zum glänzenden Wasser, der Zweimaster vom Segelverein, der alte grüne Kutter von Xaviers Onkel Didier. Die Fassaden jenseits des Hafenbeckens erwuchsen aus blauen, braunen und grauen Strichen, und rechts am Rand leuchteten die lächerlichen gelben Säulen des Souvenirshops am *Quai Duguay-Trouin*.

«Wie kommt meine Mutter dazu, eine Ansicht des Hafens von Paimpol zu malen?»

«Hast ein gutes Auge, Toni, liegt in der Familie.»

Ich wollte mich abwenden und gehen, aber Elsa hielt mich fest, packte meine Arme und drehte mich mit einer verblüffend kraftvollen Bewegung wieder dem Bild zu. Sie streckte den Zeigefinger aus, deutete auf die rechte untere Ecke. «*Regarde*, hinschauen, hab ich gesagt! Ist doch nicht so schwer, Himmel, Arsch und Zwirn! Lies!»

Den Stempel kannte ich bereits, spiegelverkehrt aneinandergelehnte Buchstaben, EB, diesmal in weißes Acryl getaucht und auf Leinwand gebracht. Darunter stand etwas in dünnen hellen Pinselstrichen mit der Hand geschrieben, ganz klein, drei Zeilen. Ich trat nah an die Leinwand heran und entzifferte die krakeligen Buchstaben:

Emma deux

Oktober 2011

La lâcheté avec une très belle vue.

Ich konnte meinen Herzschlag in der Kehle spüren, als ich sagte: «Die Feigheit mit einer sehr schönen Aussicht? Soll das ein Titel sein?»

«Tja.» Elsa zuckte mit den Achseln. «Titel, Botschaft, Drama, Poesie, such dir was aus. Fest steht: Es geht den Menschen wie den Leuten.»

«Das ist ein Spruch, den meine Oma oft gebraucht hat.»

«Und die ist ja auch eine kluge Frau.»

«War. Meine Oma *war* eine kluge Frau.»

«Ist, war, wäre, hätte, du glaubst das doch selber nicht!»

«Warum Paimpol, Elsa?»

«Warum, warum, warum wohl? Weil die Fischerboote dort besonders malerisch im Rhythmus der Gezeiten schaukeln? Weil die Paimpoleser Möwen fett wie Elefantenkühe sind? Du glaubst, ich habe Auflösungen für dich? *Non, ma fille!* Es ist, wie es ist, obwohl es nie so ist, wie es scheint. Die Emmas sind weg, obwohl sie da sein sollten. Ich bin da, obwohl ich weg sein sollte. Verdrehte Welt, nicht wahr? Die Zeit, über die du so schön räsonieren kannst, sie dreht und verdreht uns im Kreis und spiralförmig die Wände hoch, gegen die wir mit so schöner Regelmäßigkeit unsere wirren Köpfe schlagen. Wir werden in die Mangel genommen, und die Scheiß-Zeit dreht sich weiter - mit uns, ohne uns, es ist ihr egal! Uns aber auch! Das ist der Trick, das ist die List, die wir anwenden: Wir lassen uns nicht abschrecken, wir bleiben durch das, was wir sind, eine Zumutung für die anderen, für uns selbst. Wir holen uns Brüche und Blessuren, aber wir kommen voran, kommen weiter, immer weiter, wir lachen, wir weinen, wir sterben, wir leben, und es dreht und es dreht und es dreht uns immer irgendwo hin!»

Sie hob die Arme, tanzte grazil einmal um mich herum, wackelte dabei mit den Händen, als stünden sie unter Strom, und erst da fiel mir auf, dass sie den ganzen Abend lang nicht ein einziges Mal gehinkt hatte.

«War sie dort?», fragte ich. «Ist meine Mutter in Paimpol gewesen?»

Elsa ließ ihre Arme sinken. «Natürlich ist sie das! Einen kompletten Tag lang hat sie Apfelschorle und Diabolo Menthe im Café L'Epoque getrunken, dazu einen Croque Monsieur mit extra Pommes und zwei große Eisbecher verdrückt, dabei Seite um Seite ihres Skizzenbuchs gefüllt, ohne die Nummer einer ortsansässigen Restauratorin zu wählen, obwohl das der Grund ihrer Reise gewesen war. Am frühen Abend ist keine Seite im Skizzenbuch mehr frei gewesen, und Emma ist zum Bahnhof gegangen, hat den nächsten Zug genommen, ist zurück nach Lindbach gefahren, um zu malen – dieses Bild, andere Bilder, auf Leinwand gefangenes Licht. Sie war feige, ja, und ratlos, genau wie du, aber sie *war da.* Lies die Zeichen, Toni! Das tust du doch so gern.»

Hinter uns wurde die Tür geöffnet, Absätze klackerten über das Parkett, Janine stellte sich neben die Baroness. «Ich liebe dieses Bild so sehr! Es ist, als ob es sich ständig veränderte, obwohl das ja gar nicht sein kann. Jedes Mal, wenn ich davorstehe, entdecke ich etwas Neues.»

Elsa und ich schwiegen.

«Es wird mich immer an Emma erinnern», fügte Janine hinzu. «Sie wollte es vorletzten Herbst im Garten verbrennen, aber Torsten und ich haben das nicht zugelassen. Zum Glück war er vor Ort und hat mich angerufen, damit ich es ihr ausrede. Ich habe dann einfach behauptet, dass ich es als Leihgabe für den neuen Festsaal brauche, dieses und kein anderes müsse es sein. Emma hat nie wieder danach gefragt. Ich glaube, sie war froh, dass das Bild bei mir in Sicherheit ist.»

Wie verbrennt man ein so großes Bild?, dachte ich. Wollte sie es erst vom Rahmen lösen, es in kleine Teile zerschneiden, die sie eines nach dem anderen ins knisternde Feuer warf?

Elsa nahm wieder meinen Arm und sagte leise: «Eine war da und hat nichts gerettet. Zwei andere waren da und haben etwas gerettet, was es ohne die zuvor verpasste Rettung nicht gegeben hätte. Du warst *nicht* rechtzeitig da und wirst trotzdem vielleicht etwas retten können, weil du *jetzt* da bist. Da steckt ziemlich viel Rettungspotenzial in diesem Wust an verfilzten traurigen Geschichten. Vielleicht solltest du dein Mikroskop nachkommen lassen, *ma pauvre Toni.*»

«Ich will nach Hause», sagte ich.

«Vorher noch einen Absacker?», fragte Janine. «Jetzt dürfen wir ja.»

«Für mich auch einen», sagte Herbert, der mit Pinky auf dem Arm, Loup am Halsband haltend, in der Tür stand.

Janine riss erschrocken die Augen auf. «Ist das ein Wolf?»

«Im Traum würde der kein Alpaka killen, ich bürge mit meinem Auto für ihn!» Herbert ließ los, und Loup stürmte begeistert auf mich zu.

Sie sagt: Ich fand einen Gott in der Form eines Abflussrohrs.
Ich fand tausend Lieben, die mich nicht wiederliebten.
Ich
fand
ein
Ich.
Wieder so eine substanzlose Behauptung, was soll ich damit?
Spielen!
Denn: Treu bis in den Tod ist neben Feigheit vor dem Feind
ein lausiges Konzept.
Tanz mit mir!

7

LIEBEN. TANZEN. HINKEN.

Das Taxi stand noch immer hinter dem Jägerzaun, als Loup und ich am nächsten Morgen für eine frühe Spazierrunde das Haus verließen.

Herbert war in der Nacht, nachdem er uns vom Lindbachkrug zurück zum Waldhaus chauffiert hatte, beim Aussteigen neben die Baroness getreten, hatte ihr galant seinen Arm angeboten und «Janines Mispelchen werden mich eines Tages noch mal den Job kosten» gesagt. Elsa hatte sich daraufhin mit einer fraglosen Selbstverständlichkeit von Herbert über den Plattenweg abführen lassen, als vollzögen die beiden ein tägliches Abendritual. Sie waren bereits außer Sicht gewesen, da hatte Elsa noch einmal laut aus dem Dunkel gerufen: «Neun Uhr dreißig Frühstück bei mir, Toni! Nicht verhandelbar!»

Statt etwas darauf zu erwidern, hatte ich Loup streng zu mir gepfiffen, war ins Waldhaus gegangen und zum zweiten Mal zwischen die muffigen Laken meines alten Betts gekrochen.

Elsa wird den weiteren Takt vorgeben, hatte ich beim Aufwachen gedacht, und dieser Gedanke war, obwohl ich keine Ahnung hatte, was genau ich mir selbst damit sagen wollte, nicht der schlechteste gewesen.

Ich ließ das Gartentor offen stehen, spazierte an der großen Eiche vorbei und schlug, nachdem ich eine Weile ziellos im Wald herumgewandert war, ohne groß darüber nachzudenken den schmalen Pfad ein, den meine Großmutter und ich früher mindestens einmal pro Woche gegangen waren. «Komm, mein Mädchen, raus mit uns!», war jahrelang nach jedem Sonntagsfrühstücks das Signal zum Aufbruch gewesen. Sonntags wurde nicht gearbeitet, das hatte meine Großmutter, obwohl sie, sehr zum Leidwesen von Pfarrer Martinek, wenig auf die Lehren der Kirche gab, zum unumstößlichen Gesetz erklärt. Weil reines Nichtstun aber auch keine Option für sie gewesen war, hatten wir diese als Spaziergang getarnten Kontrollgänge um das gesamte zum Waldhausbesitz gehörende Land inklusive der abgelegenen Nutzflächen unternommen. Wir schauten nach Ernteständen, Schädlingsbefällen, Trockenzuständen und so weiter, und meine Oma schmiedete Pläne für das, was an den kommenden Werktagen zu tun sein würde. Dabei blieb dennoch immer reichlich Zeit, um gemeinsam Vögel zu beobachten, Bäume und Pflanzen zu bestimmen, je nach Jahreszeit Falläpfel aufzusammeln, «die Guten ins Kröpfchen, die Schlechten in die Büsche!», oder Beeren von den Sträuchern in den Mund zu pflücken. Ich liebte es! Als ich im Kindergarten- und Grundschulalter gewesen war, durfte ich unterwegs in sämtliche Pfützen oder Matschgräben springen, auch wenn ich danach laut Oma «nass wie 'n Lappen und dreckig wie ein Müllkutscher» war, denn «dafür ist die Waschmaschine erfunden worden».

Wenn die Witterung es zuließ, setzten wir uns, an der hinteren großen Obstwiese angekommen, unter einen Baum, und ich drängte meine Großmutter, mir etwas zu erzählen. Nach einem obligatorischen Moment des zögerlichen Hebens einer Augenbraue gab sie meinem Drängen nach, und aus der einen erbettelten Geschichte wurden meistens mehrere. Immer wieder wollte ich hören, wie der alte Wächter verletzte oder verwaiste Wildtiere von draußen mitgebracht hatte, die dann von ihnen aufgepäppelt wurden, Krähen mit gebrochenen Flügeln, verhungernde Igel, aus dem Nest gefallene Eichhörnchenbabys, Eichelhäher-, Elstern- und Spatzenküken, verschiedene kleinere und größere in Not geratene Raubvögel, einmal sogar ein Wurf mit drei verwaisten kleinen Füchsen.

«Warum retten wir denn eigentlich nie Tiere, Oma?», fragte ich einmal.

«Weil einem zu viele wegsterben», antwortete sie und machte dazu ein Gesicht, das sich jedes weitere Nachfragen verbat.

Als ich älter geworden war, wollte ich lieber die alten Dorfgeschichten hören: Wie die junge Emma sich allen Vorurteilen zum Trotz bei den Lindbachern eingelebt hatte – was realiter sehr viel weniger spaßig gewesen sein dürfte, als es meine Oma schilderte –, wer beim Schützenfest mit ihr getanzt, wen sie hatte abblitzen lassen, welche Ehe sie meinte, gestiftet zu haben und welche verhindert, wie sie, zwar vergeblich, aber mit vollem Engagement, gegen die Eröffnung eines Discounterzentrums hinter dem Sportheim, den Ausbau der Schnellstraße nach Gießen und die Erschließung des Neubaugebiets an der Großeichener Südseite protestiert hatte oder wie Doktor Arnold einmal nach der Rinderkirmes volltrunken um den Niedereschbacher Kreisverkehr geradelt war, immer und immer wieder, dabei «Wenn du denkst, du denkst, dann denkst du nur du denkst» gegrölt hatte, bis Emma eins eingegriffen und dem Theater mit einem beherzten Fußtritt ein Ende gesetzt hatte. Wenn Oma an dieser Stelle angekommen war, hüpfte sie auf einem Bein herum, trat mit dem anderen in die Luft und erläuterte wild gestikulierend, wie sie «gezielt dem Doktor das Vorderrad weggekickt» hatte.

Niemand erzählte so lebendig, so witzig und so wunderbar eigentümlich wie meine Großmutter.

Allerdings handelte keine einzige ihrer Geschichten von Ereignissen, die vor dem 25. Mai 1946 stattgefunden hatten, einem sonnigen Frühsommersamstag, so die Überlieferung, an dem die junge Emma Bachmann beim alten Forstverwalter an die Waldhaustür klopfte, weil der auf der Suche nach einer Haushälterin war. Über die Zeit davor breitete sich eine blickdichte Decke aus freundlich ausweichender Verweigerung, die auch später, als ich längst erwachsen war, nicht gelüftet wurde. Fragte ich danach, wurde meine normalerweise redefreudige Großmutter wortkarg.

«Warum hast du nie geheiratet, Oma?»

«Weil ich dafür keine Begabung hatte.»

«Warum habe ich keinen Vater wie die anderen Kinder, Oma?»

«Weil deine Mutter genauso wenig Begabung zum Heiraten hatte wie ich.»

«Warum wohnt kein Mann bei uns, Oma?»

«Seit Opa Toni nicht mehr ist, empfangen wir die Herren lieber nur als Besuch.»

«Warum erzählst du nie von der Zeit, als du ein kleines Kind warst, Oma?»

«Zu lange her, zu traurig und zu sehr vorbei.»

Gelegentlich erledigte sie meine Fragen durch Gegenfragen:

«Haben wir denn kein schönes Leben, mein Mädchen?»

«Doch, haben wir!»

«Ist es nicht gut so, wie es ist, mein Mädchen?»

«Doch, ist es!»

«Fehlt uns denn etwas, mein Mädchen?»

«Nein, tut es nicht!»

Und das stimmte ja auch. Mehr oder weniger, meistens mehr. Die Schatten unbeantworteter Fragen, davon war ich jahrelang überzeugt, hatten dem warmen Licht, das über meiner Kindheit leuchtete, nie wirklich etwas anhaben können.

Das Vergessen ist ein barmherziges Ding, es zwingt den Schmerz in den Untergrund und hält ihn im Dunkeln gefangen – gefesselt und geknebelt, für immer mundtot gemacht, lebenslänglich, denn sicher ist sicher, hatte ich mit Anfang zwanzig, als ich zum ersten Mal zwecks Studiums länger von Lindbach wegmusste, in einer melodramatischen Anwandlung meinem Tagebuch anvertraut. Vom Pathos einmal abgesehen hätte ich diese Worte sinngemäß auch jetzt noch unterschrieben. Die Baroness vermutlich nicht. Sie lebte aktiv gegen das Vergessen an, verspottete mit ihrer bloßen Existenz die Gesetzmäßigkeiten der Vergänglichkeit, war fleischgewordene Erinnerung. Ich hingegen hatte viele Jahre die Verdrängung als effektives Mittel der angewandten Notwehr kultiviert, das Erinnern gemieden wie die Pest. Eine Eigenschaft, die mir wahrscheinlich mit der nicht vorhandenen Muttermilch eingeflößt worden war. Denn eine jede von uns Bachmannfrauen hatte, wenn auch in jeweils unterschiedlichen Ausführungen, ein sich entziehendes Rückzugsverhalten als probate Sicherungsmaßnahme angewandt. Wir hatten uns alle drei in selbst gesponnene Verstecke verkrochen, uns auf diese Weise zu schützen versucht. Leider auch voreinander. Ich blieb stehen, schockiert über die Tatsache, dass mir diese Erkenntnis in ihrer ganzen Tragweite erst jetzt, wo ich leicht desolat und schwer ratlos die alten Pfade meiner Kindheit beschritt, ins Bewusstsein knallte.

Loup schlug sich einige Meter vor mir seitlich in die Büsche und trieb einen empört kreischenden Fasan auf. Mir fiel ein, was meine Oma von wildernden Dorfkötern gehalten hatte, darum rief ich den Hund zurück und wies ihn an, dicht neben mir zu laufen, was Loup ungefähr drei Minuten lang befolgte, bis zwei übermütige Eichhörnchen seinen Gehorsam auf eine allzu harte Probe stellten und er wieder davonstürmte.

«Im Wald, da sind die Räuber ... »

Wir hatten oft gesungen, wenn wir diesen Weg entlanggingen, nicht selten Hand in Hand, aber auch das hatte ich vergessen, mich vergessen lassen, in die luftdichte Dose gepackt, die ich jetzt leichtfertig nach und nach öffnete.

«Halli, hallo, die Räuhäuber, gib acht, mein Töchterlein ... »

Vielleicht hätte ich doch besser in meinem Steinhäuschen und in meiner Werkstatt bleiben sollen, wo alles strukturiert und eindeutig war. «Schau es dir an, Toni!», hatte die Baroness gesagt. Das hatte ich nun davon: lief singend und weinend durch den Lindbacher Forst, wie jemand, der mal besser seine Tabletten genommen hätte.

Ich muss etwa fünfzehn oder sechzehn Jahre alt gewesen sein, als meine Großmutter und ich unsere gemeinsamen Sonntagsspaziergänge einstellten, weil ich fortan die Wochenenden lieber damit verbrachte, auf den Gepäckträgern der Arnoldjungs durch die Gegend zu brettern, denn die hatten zum Geburtstag jeder ein nagelneues Moped bekommen, das sie umgehend zu beachtlichen Geschwindigkeitssteigerungen frisierten. Meine Oma zog künftig alleine los, drängte mich nicht mehr, sie zu begleiten. Allerdings verbot sie Doktor Arnold unter Androhung einer sofortigen Kündigung ihrer Freundschaft, mir ebenfalls solch ein «stinkendes lebensgefährliches Höllengefährt» zu schenken. Seinen Hinweis, es sei weitaus gefährlicher, dass ich hinten auf den Höllengefährten seiner verantwortungslosen Söhne mitführe, statt selbst eins zu lenken, konterte sie mit den Worten: «Was ich nicht ändern kann, darüber denke ich erst gar nicht nach!»

Mir gefiel diese Logik. Natürlich gefiel sie mir! Ich war schließlich trotz allem eine Bachmann.

Jahre später, als ich bereits mein Frankfurter WG-Zimmer bezogen hatte, gingen Oma und ich an den Besuchswochenenden wieder regelmäßig spazieren, aber da erzählte dann meistens ich von meinem Studium, und meine Großmutter hörte still vor sich hinlächelnd zu. Ich bin mir sicher, dass sie mich schrecklich vermisste, wenn ich nicht bei ihr war, aber ich weiß auch, dass sie sich lieber die Zunge abgebissen hätte, als dies offen zuzugeben. Dafür bin ich ihr dankbar gewesen. Immer stand ein warmer Rührkuchen auf dem Küchentisch, wenn ich freitagabends nach Hause kam, mal mit Äpfeln, mal mit Rhabarber, mal mit Kirschen oder Mirabellen – und da war immer diese unerschütterliche Gewissheit einer stets offenen Tür, eines sicheren, nach Kuchen und Lavendel duftenden Netzes über sämtlichen Abgründen, bis ... ja, bis.

«Ach, Oma», sagte ich und wunderte mich ein wenig darüber, dass ich hier draußen ihre Stimme nicht hörte.

Nicht denken, gehen!, dachte ich, und das gleichmäßige Setzen meiner Schritte, das von Vogelgezwitscher orchestrierte Morgenlicht und die frische Luft begannen, meinen dezent verkaterten Kopf zu klären, halfen, mein verknotetes Gehirn zu beruhigen. Ich wäre am liebsten noch viel länger so weitergewandert, hätte nicht ein leichter Wind von irgendwoher Glockengeläut zu mir herübergetragen und ich nicht daraufhin einen Blick auf meine Uhr geworfen. Es war bereits nach neun. Wollte ich einigermaßen pünktlich bei Elsa erscheinen, musste ich mich beeilen. Ich bog in einen kleinen Pfad, der mich vom Waldrand weg zurück zum Waldhaus führen würde, beschleunigte meine Schritte und blieb hinter der nächsten Kurve abrupt stehen. Der Weg, ich war ihn als Kind unzählige Male entlanggerannt, endete vor einem mannshohen grünen Maschendrahtzaun, vielmehr einem mit Kette und Vorhängeschloss verriegelten Tor in diesem Zaun, das mir verwehrte, ein Gelände zu betreten, von dem ich ausgehen musste, dass es mir gehörte. Es existierte also eine weitere abgegrenzte Parzelle. Im Gegensatz zum Ateliergrundstück sah es hier aber nicht nach privater Nutzung aus. Hinter dem Zaun lagen sauber angelegte Flächen mit nach Farben sortierten Streifen verschiedener Sommerblüher: Gladiolen, Hortensien, Begonien, Bergastern, Sonnenhut. Rechts der bunten Reihen bereitete sich ein Feld Sonnenblumen auf die Ernte im August vor, dahinter wurden Gehölze für die Herbstpflanzung angezüchtet. Große Rasensprenger drehten zischend ihre Kreise, streuten funkelnde Wasserfontänen in die Morgensonne. Das Gelände wurde professionell bewirtschaftet, und dafür kam eigentlich nur einer infrage. Deshalb will der Weidner also alles haben, dachte ich, weil er bereits einen Teil davon für seinen Betrieb nutzt.

Ich kehrte um, lief den Weg zurück und hatte etwa die Hälfte der Strecke geschafft, als ich das Telefon in meiner Hosentasche vibrieren spürte. Xavier. Ich ging ran, sagte, dass ich überhaupt keine Zeit zum Sprechen hätte. Xavier machte kein Hehl aus seinem Ärger darüber, dass ich ihn abzuwimmeln versuchte.

«Die halbe Nacht habe ich mir mit Warten auf Nachricht von dir um die Ohren geschlagen. Was soll das, Toni? *Explique-moi ça!*»

Es war gar nicht seine Art, sich derart aufzuregen oder gar Erklärungen von mir zu verlangen.

«*Je suis vraiment désolé!*», versuchte ich, ihn zu beschwichtigen. «Gestern Abend war einfach zu viel los, um noch bei dir anzurufen. Und jetzt bin ich gerade auf dem Weg zu einem Termin.»

«Du warst zu beschäftigt, um deinem Mann nach über vierundzwanzig Stunden mitzuteilen, aus welchem Grund du Hals über Kopf von zu Hause abhauen musstest? Wo bist du eigentlich?»

Es ärgerte mich, dass er mit mir sprach wie mit einer abgängigen Minderjährigen. «Ich habe dir geschrieben, dass ich etwas in Deutschland zu regeln habe und dass du dir keine Sorgen machen sollst.»

«Deutschland ist groß, Toni. Natürlich mache ich mir Sorgen, was denkst du denn? Wo bist du genau? Was hast du da zu regeln? Brauchst du Hilfe?»

«Nein danke, kümmere du dich mal weiter um deinen Auftrag, wir sehen uns dann zu Hause, ich komme hier sehr gut alleine klar.»

Xavier schnaufte entnervt in sein Telefon. «*Bien sûr, comme toujours.*»

«Ganz genau, wie immer!», erwiderte ich, gereizter, als ich eigentlich hatte klingen wollen.

Das Problem war: Ich hatte nicht die geringste Ahnung, wie ich Xavier darüber in Kenntnis setzen sollte, was ich hier machte, denn er ging davon aus, dass meine Mutter bereits vor zwanzig Jahren gestorben war. Womit ich in gewisser Hinsicht ja auch gar nicht so sehr gelogen hatte, wie es sich jetzt vielleicht anhören mochte.

«Ich melde mich bei dir, sobald ich ein bisschen Zeit finde, *chéri*, versprochen!», fügte ich hinzu.

Xaviers «*d'accord*» klang alles andere als einverstanden, aber ich bedankte mich dennoch für sein Verständnis und legte auf.

«*Merde!*», fluchte ich.

Warum hatte ich nicht behauptet, dass ich kurzfristig für eine Begutachtung vor Ort angefragt worden war und mich in einer Kölner, Frankfurter oder von mir aus auch Gießener Museumswerkstatt befand? Weil das eine weitere Unwahrheit gewesen wäre, weil das alles noch komplizierter gemacht hätte.

Meine Oma hatte recht gehabt: «Was für ein Desaster!»

Im zweiten Jahr unseres Zusammenlebens hatte ich auf Xaviers Frage, warum wir nie meine Familie in Deutschland besuchten, «es gab da ja nur meine Oma, meine Mutter und mich» geantwortet, und er hatte daraus geschlossen, dass sie beide tot waren. Ich hatte dem nicht aktiv widersprochen. Mit dem Satz «Toni hat keine lebenden Verwandten mehr» informierte er später dann auch seine Familie, als verhandelt wurde, wen wir zur Hochzeit einluden, und ich hatte den Sachverhalt ein weiteres Mal nicht aufgeklärt. Xaviers

Eltern, Valerie und Bernard, die in Rennes ein Antiquitätengeschäft betrieben, gingen daraufhin mit mir, der in ihren Augen etwas sperrigen deutschen Schwiegertochter, viel netter und fürsorglicher um, was ich wiederum ziemlich schamlos genoss. Und irgendwann hatte ich es mir selbst geglaubt, dass es da niemanden mehr gab in Lindbach. So war es einfacher. Bequemer. Ja, de facto auch verlogen. Ich würde mir eine sehr gute Erklärung für meinen Mann einfallen lassen müssen.

Aber das hatte noch Zeit. Heute und jetzt wartete Elsa mit dem Frühstück oder mit was auch immer auf mich. Eine Baroness, die schon lange tot war, würde mich in dem Haus empfangen, das meine von mir seit Jahren totgesagte Mutter bis vor Kurzem noch ziemlich lebendig bewohnt hatte. Das war für den Moment komplexe Gemengelage genug.

Elsa wird den Takt vorgeben, dachte ich zum zweiten Mal an diesem Morgen, und zum zweiten Mal war es ein guter Gedanke. Die Baroness wird ihre ganz eigene Platte auflegen und mich nach der von ihr gesetzten Partitur tanzen lassen. Ich brauche mich vor der kalten Stille der Präsenz meiner Mutter nicht zu fürchten, denn Elsa wird laut sein.

Zurück am Waldhaus, zwanzig Minuten zu spät, sah ich hinter dem Taxi einen grünen Pick-up mit Weidner-Pracht-und-Blüten-Beschriftung, einen silbernen Mercedes-Kombi mit Arzt-im-Dienst-Schild hinter der Windschutzscheibe und einen Streifenwagen der Polizei stehen.

Loup fegte bellend über den Plattenweg davon, ich rannte hinterher. Kurz darauf hörte ich Herbert «halt, halt, haaaaalt!» schreien und war gerade am Durchbruch der Hecke angelangt, als Elsa «Hast du den Arsch offen?» brüllte, so laut, dass es wahrscheinlich noch in Niedereschbach zu hören war.

Auf der Wiese vor dem Atelierhaus stand ein Polizeibeamter mit gezückter Waffe. Herbert, auf den die Waffe gerichtet war, lag einige Meter vor dem Polizisten der Länge nach auf dem Rasen, beide Arme um meinen halb unter ihm liegenden Hund geschlungen.

«Ey!», schrie ich, unfähig, mich auch nur einen Schritt weiterzubewegen.

Loup wand sich aus Herberts Umklammerung und rannte auf mich zu.

«Ob du noch bei Trost bist, hab ich dich gefragt!» Elsa stand im Hauseingang, sah in ihrem schillernden weißen Seidenkimono wie ein hutzeliges kleines, aber bitterböses Zauberwesen aus.

Loup sprang freudig winselnd an mir hoch, als wäre ich stundenlang weg gewesen.

«*Couche!*» Meine Stimme überschlug sich, ich klang wie eine überdrehte Zeichentrickfigur.

Loup legte sich gehorsam neben mich ins Gras, die Augen hielt er starr auf den Polizisten gerichtet.

«Das ist Tonis Hund, du dummes Arschloch!», brüllte Herbert.

Er hatte sich aufgesetzt und japste hörbar nach Luft. Erst jetzt fiel mir auf, dass er über seiner Jeans nichts als ein geripptes weißes Unterhemd trug.

«Waffe runter, verdammt noch mal!», brüllte Elsa.

Der Beamte ließ langsam den Arm sinken. Er war leichenblass, und seine Stimme zitterte, als er sagte: «Scheiße, Mann, du kannst dich doch nicht einfach so in die Schusslinie werfen!»

Trotz seiner Statur, die meine Oma als «schrankstabil» bezeichnet hätte, sah er fragil und irgendwie jämmerlich aus.

Elsa humpelte mit erstaunlicher Geschwindigkeit über den Rasen bis zu dem Polizisten hin und gab ihm eine schallende Ohrfeige.

Der Polizist zuckte nicht einmal zurück.

«Tut mir leid, Baroness!», murmelte er wie ein Junge, der beim Klauen erwischt worden war.

Er sicherte die Pistole in dem Holster an seinem Gürtel, knipste die Lederlasche fest, rieb sich erst dann die Wange.

«Entschuldige dich bei Herbert und Loup, du schießwütiger Hohlkopf!», sagte Elsa und sah dabei aus, als würde sie ihn gleich noch einmal schlagen.

«Ich habe doch gar nicht geschossen. Außerdem dachte ich, ein gemeingefährlicher Wolf greift mich an.»

«Der Einzige, der hier gemeingefährlich angreift, bist du, *deadhead*! Anzeigen sollte man dich! Melden, verklagen, in den Keller sperren!»

«Ist ja nichts passiert», stammelte der Polizist, nahm seine Mütze ab und fuhr sich über das raspelkurz rasierte Haar. «Davon abgesehen bin ich seit heute früh um vier auf den Beinen und hab auch nur Nerven.»

Elsa fauchte eine Reihe schlimmer Flüche. Der Mann, von dem ich hoffte, dass er weder Französisch noch Englisch verstand, bat ein weiteres Mal um Verzeihung.

Ich kenne den, dachte ich. Ich kenne diese hellgrauen Augen, die Stimme, den mühsam unterdrückten oberhessischen Sprachklang, selbst die Art, wie er sich mit dem gekrümmten Zeigefinger über die Nasenwurzel rieb, kam mir vertraut vor.

Aus dem Haus waren derweil zwei weitere Männer getreten, bei dem einen handelte es sich um den Zopfträger aus dem Lindbachkrug, der andere war das exakte Abbild des Polizisten, allerdings mit etwas längeren Haaren, Dreitagebart und in Friesenhemd, Turnschuhen und Jogginghose. Die Arnoldjungs sind auch nicht mehr das, was sie einmal waren, schoss es mir durch den Kopf, und dann konnte ich endlich auch den Zopfträger zuordnen.

Ich fing hysterisch an zu lachen.

Die Männer starrten mich konsterniert an. Die Baroness kam zu mir, legte ihren Arm um meine Hüften und schob mich über die Wiese auf das Haus und die Männer zu.

«Was für ein Auftritt! *What a performance!* Bravo, bravo, bravo!»

Sie nahm ihren Arm von meinen Hüften und klatschte dreimal in die Hände. Die Herren entspannten sich ein bisschen, die Arnolds lächelten sogar, wenn auch etwas angestrengt.

«Aber den Nächsten, der in meiner Gegenwart einen Hund gefährdet, erwürge ich mit bloßen Händen!»

«Aber Menschen bedrohen ist okay, ja?» Herbert saß noch immer auf dem Rasen.

«Andi und Alfi», japste ich, nachdem ich mich einigermaßen von meinem Anfall erholt hatte. «Die fabelhaften Arnoldboys! Und Toastbrot Weidner ist auch da! Heilige Scheiße, wie seht ihr denn aus?»

«Der Schwachkopf von meinem Bruder musste unbedingt in Uniform auflaufen», sagte Alfi, der Dreitagebart.

«Ich bin im Dienst, was soll ich machen? Selber Schwachkopf!», sagte Andi, der Polizist.

«Ich glaube nicht, dass sie die Uniform gemeint hat», sagte Herbert.

«Doch, die schon auch», sagte ich.

Daran, dass Doktor Arnold meiner Oma begeistert berichtet hatte, sein Alfred sei nach den vielen verbummelten Wartesemestern schließlich doch noch in Freiburg zum Medizinstudium angenommen worden, erinnerte ich mich, aber dass der andere Zwilling es mit seinen links-anarchistischen Parolen, den Che-Guevara-T-Shirts und den «Deutschland verrecke!»-Aufnähern auf seiner Jeansjacke zum Hüter von Recht und Ordnung gebracht hatte, überraschte mich dann doch. Hatte Andi nicht Soziologie und Philosophie in Frankfurt studiert?

Er streckte jetzt Herbert die Hand hin. Unter lautem Geächze beiderseits ließ Herbert sich in die Senkrechte ziehen. Als Herbert einigermaßen sicher stand, versuchte Andi, die Grasflecken von seiner Plauze zu wischen.

«Hände weg, Scheißbulle!»

«Ach komm schon, Taxi-Herbert, er ist jetzt genug beschimpft worden», sagte Alfi. «Ich hab außerdem Hunger.»

Da erst realisierte ich, dass seitlich auf der Wiese, im Schatten des Atelieranbaus, ein langer Tisch aufgestellt worden war, hübsch mit Blumengesteck und dunkelblauem Keramikgeschirr auf weißem Tischtuch eingedeckt. Ich zählte sechs Plätze, sah eine gestärkte Stoffserviette auf jedem Teller, Teelichte brannten in zwei Stövchen, auf denen zum Geschirr passende Kannen warm gehalten wurden, eine Glaskaraffe mit Orangensaft setzte einen den Blumenschmuck aus Rittersporn, Kamille und Gerbera fast schon zu perfekt ergänzenden Farbakzent.

«Was soll denn das hier werden?», fragte ich.

«Ein Willkommensfrühstück!», sagte Elsa und machte eine einladende Handbewegung zum Tisch hin. Es sah aus, als böte sie uns den Eintritt in ihr Königreich an. Sie lässt mich erst *vor* dem Haus verweilen, dachte ich, wie ein zu zähmendes Tier, das Stück für Stück näher angelockt wird, bis es sich an den menschlichen Geruch gewöhnt und Vertrauen gefasst hat. Oder in die Falle tappt.

«*Please sit down, Mesdames et Messieurs. Prenez place, s'il vous plaît, ladies and gentlemen.* Nicht da, Herbert, *mon beau*, sondern hinten rechts! Vorhang auf zum zweiten Akt!»

Sie wies uns die Plätze einzeln an, hatte sich anscheinend genau überlegt, wer wo sitzen sollte. Elsa selbst nahm den Vorsitz am Tischende ein, rechts und links von ihr wurde jeweils ein Arnold platziert, Herbert hatte den Stuhl neben Andi, Torsten saß neben Alfi, und ich bekam den Platz der Baroness gegenüber.

«Der gute Professor Blumen-Weidner hier», die Baroness nickte huldvoll Torsten zu, «bekanntermaßen ein selbstloser Förderer der Künste, hat es sich nicht nehmen lassen, zum heutigen Anlass den Tisch zu dekorieren. Etwas konventionell in der Auffassung, würde ich sagen, aber wenn wir die metaironische Ebene miteinbeziehen, die ich durchaus zu bemerken bereit bin, möchte ich sagen: *très joli*. Sehr hübsch! Ich meine das als Kompliment, mein lieber Professor.»

Sie sah mich augenzwinkernd an, als wären wir in dieser Sache Verbündete.

«Seit wann ist er denn Professor?», fragte ich.

«Seit wann bin ich Förderer der Künste?», fragte der Blumen-Weidner junior.

Elsa ignorierte unsere Fragen und fuhr fort: «Und mein sehr geschätzter Freund Herbert *le Taxi*, den wir obendrein als unerschrockenen Helden des Tages memorieren müssen, war so einfühlsam, mich darüber in Kenntnis zu setzen, dass ihr *une-deux-trois*», sie deutete mit spitzem Finger nacheinander auf mich, Andi und Alfi, «früher unzertrennlich gewesen seid. *Il faut des copains*, hab ich gedacht, man braucht Freunde! Freunde sind in solchen Situationen äußerst hilfreich, *am I right*? Aus diesem Grund habe ich die Gebrüder Arnold ebenfalls zu unserer kleinen Zusammenkunft gebeten, ich hatte sie ja anlässlich der Beerdigung von

Emma schon ein bisschen kennenlernen dürfen, und sie wohnen beide nicht weit von hier entfernt.»

«Das mit unserer Unzertrennlichkeit ist lange her», sagte ich, weil ich noch weniger über die Beerdigung sprechen wollte als über die leidige andere Geschichte.

«Nach dem Abitur hatten wir eher weniger miteinander zu tun», sagte Alfi.

«Wir haben den Kontakt komplett abgebrochen», sagte Andi.

«Wusste ich gar nicht.» Herbert zuckte in Richtung der Baroness mit den Schultern. «Ich habe gedacht, die haben wenigstens zu Neujahr mal telefoniert oder sich zu den Geburtstagen geschrieben oder so.»

«Nee», sagte ich.

«Nö», sagten Andi und Alfi.

Elsa gab ein helles Kichern von sich. «Und doch seid ihr unserer Einladung ebenso umgehend wie widerspruchslos gefolgt, meine Herren Jugendfreunde! Wunderbar! Ich sehe unverarbeitetes Drama, ich rieche ...» Sie machte eine dramatische Pause und legte sich die Hände an die Wangen. «Eine Sexgeschichte!»

«Ernsthaft?» Ich war beeindruckt.

«*Dans ce genre de choses, je suis experte*», sagte Elsa.

«In solchen Dingen ist sie Expertin», übersetzte ich.

Die beiden Arnolds schauten derweil jeder auf die exakt gleiche Art betreten auf ihre Teller und schüttelten dabei synchron den Kopf. Das sah dermaßen witzig aus, dass ich beinahe erneut angefangen hätte zu lachen.

«Jungs!», sagte ich. «Wir haben eine respektable Menge an Jahren auf dem Buckel, alle drei, wir könnten das doch jetzt wirklich mal als verjährt betrachten, oder?»

«Was denn?», fragte Herbert.

«Nichts!», sagten Andi, Alfi und ich gleichzeitig.

«*I'm listening!*», sagte Elsa. «Erzählen! Sofort!»

Die beiden Arnolds sahen von ihren Tellern auf und fixierten mich stumm mit vier großen grauen Augen, die mir noch immer gut gefielen. Ich hielt den Augen stand, schaute in die Gesichter zweier gealterter Männer, deren Blicke mit jedem Wimpernschlag weicher wurden, sah mein siebzehnjähriges Ich auf dem Gepäckträger eines tomatenroten Mopeds durch den Wald rasen, die Wange an den rauen Stoff einer Jeansjacke gelegt, ließ mich anrühren von diesem Bild und davon, wie sehr das vorbei war.

Plötzlich kam Pinky aus dem Haus gefegt, sprang in einem schwerelos anmutenden Bogen direkt auf Elsas Schoß und rettete mich aus diesem rührseligen Moment.

«Süßer Hund.» Andi räusperte sich. «Wie heißt der noch mal?»

«Meine Fresse, Leute!» Elsa strich ihrem Hündchen über den Kopf. «Ich benehmt euch wie verklemmte viktorianische Teenager vor der Entjungferung!»

Herbert nickte bestätigend.

«Hör auf, so behämmert zu nicken, Taxi-Herbert!», sagte Alfi.

Die Baroness verschränkte die Arme vor der Brust. «Ich warte immer noch auf meine *naughty story*! Ich kann endlos auf Sexgeschichten warten!»

Alfi begann, verhalten zu grinsen. Andi sah wieder auf seinen Teller.

«Okay, okay», sagte ich. «Es ist nur fair, wenn ich das übernehme, denn wer auf der Abiturfahrt mit beiden Arnolds nacheinander geschlafen hat, ohne dass der eine vom anderen wusste, und wer einen Monat später dann auf dem Abiball so neben der Spur war, dass sie ihr blödes Maul nicht halten konnte und diesen Verrat an einer sehr besonderen Freundschaft auch noch laut ausposaunen musste, das war ich. Ein Riesenknall, viele schlimme Worte, getrennte Wege, und *voilà*, da hast du die Geschichte, Baroness.»

Elsas ganzer Körper schüttelte sich vor Lachen.

«*Mon Dieu!* Wegen so einem albernen Quatsch habt ihr zwanzig Jahre lang nichts mehr miteinander zu tun gehabt?»

«Siebenundzwanzig», murmelte Andi.

«Also, mein Bruder und ich dann schon bald wieder», sagte Alfi. «Nachdem er mir einen Zahn ausgeschlagen und ich ihm die Reifen zerstochen hatte, beschlossen wir einfach, dass Toni die Schlampe ist und wir immer noch Brüder sind. Blut ist dicker ... und so weiter.»

Elsa verdrehte die Augen, blies die Wangen auf und ließ laut die Luft entweichen, was klang wie ein langer Furz. «Männerbünde! Bruderschaften! Blutsbande! Ich lasse einen fahren, wenn ich auch nur dran denke!»

«Nix Männerbund! Wir waren das Lindbacher Trio infernale», sagte Andi. «Und sie hat das kaputt gemacht.»

Ich setzte zum Protest an, aber die Baroness kam mir zuvor: «O ja, es ist immer die gleiche Scheiße, Schuld ist die diabolische Verführungsmacht der Frau. *C'est toujours la femme, it's always the woman*, wenn die Männer ihre Schwänze nicht in der Hose lassen können, richtig? Ihr gestattet, dass ich mich kurz erbreche!»

Ich bereute es, dieses Kapitel aufgeschlagen zu haben. Dann fiel mir wieder ein, wie ich meine Großmutter und Doktor Arnold mehrfach über das jähe Ende dieses im Ort ebenso gefürchteten wie legendären Pakts ihrer Nachkommen hatte rätseln hören: «Weißt du, was in unsere Kinder gefahren ist?» – «Nein, du?» – und wie erleichtert ich gewesen war, als ich realisierte, dass auch Andi und Alfi nicht über die Gründe unseres Zerwürfnisses sprechen würden.

«Die Jungs hatten recht, sauer auf mich zu sein», sagte ich.

Andi begann, seine Uniformjacke aufzuknöpfen, die aussah, als hätte er sie von einem deutlich schlankeren Kollegen ausgeliehen. «Na ja, wir haben, wenn wir jetzt mal ehrlich sind, auch Mist gebaut.»

«Stimmt», sagte ich. «Aber ich hab angefangen.»

«Nee, Toni, die Baroness hat da echt einen Punkt.» Alfi rieb sich das stoppelige Kinn, und ich konnte ihn mir in der Rolle des Dorfarztes im weißen Kittel ungefähr so gut vorstellen wie als Trapezakrobatin im Glitzerkostüm.

«Er ist nicht komplett verblödet, der gute Herr Doktor», sagte Elsa. «Und unser Sheriff scheint auch nicht ganz so strunz-*stupide* zu sein.»

«Leute!» Mein rechter Ellenbogen krachte bei dem Versuch, den Arm zu heben, gegen die Tischkante, dass die Tassen auf den Untertellern klirrten. «Ich schwöre beim Leben meiner Oma, dass ich euch damals geliebt habe, alle beide, gleichermaßen und aus tiefstem Herzen! Können wir das einfach mal zu Protokoll nehmen und den Rest ad acta legen? Ich habe euch so vermisst!»

Alfi stand auf, Andi tat es ihm nach, beide Arnoldjungs kamen, einer rechts, einer links, um den Tisch herum zu mir gelaufen, ich erhob mich ebenfalls und empfing sie mit offenen Armen. Sie benutzten noch das gleiche Rasierwasser, das ich auf der Abifahrt bereits unwiderstehlich gefunden hatte.

«Komplett meschugge seid ihr gewesen», sagte Elsa. «Hättet eine herrliche Ménage-à-trois genießen können.»

Ich stellte mir die Szene vor, wie meine Oma uns dreien Frühstück ans Bett brachte, und musste lachen. «Nicht in Lindbach, Baroness. Abgesehen davon: viel zu kompliziert.»

Elsa machte erneut Furzgeräusche. «Ihr seid eine Generation von spießigen Langweilern!»

«Und wennschon.» Ich knutschte nacheinander beide Arnolds, die sich das gerne gefallen ließen, auf den Mund, dann nahmen wir alle drei wieder Platz.

«Seid ihr endlich fertig mit eurem Wiedervereinigungskitsch?» Herbert hatte sich bereits die Serviette ins Unterhemd gestopft und war ganz offensichtlich schlecht gelaunt. «Können wir jetzt mal was essen?»

Elsa juxte vergnügt: «*Oh, là, là, mon beau*, wie herrlich mehrdeutig!»

«Hä?»

«Wieder-*Vereinigung*? Bin ich die Einzige hier, die Freude am Doppelsinn hat?»

Herbert seufzte genervt. «Bist du nicht viel zu alt, um aus allem ein Sex-Ding zu machen?»

Die Baroness feixte. «Du vielleicht!»

Der Blumen-Weidner junior hatte die ganze Zeit stumm am Tisch gesessen, dabei ausgesehen, als fühlte er sich völlig fehl am Platz, und auch ich fragte mich, was das Toastbrot bei diesem von Elsa für mich kuratierten «Willkommensfrühstück» zu suchen hatte.

Elsa kraulte Pinky und sah sehr zufrieden mit sich aus. «Herbert, mein todesmutiger Held, zieh dir mal was über, ein Hemd und ein fröhlicheres Gesicht zum Beispiel, und bei der Gelegenheit bring bitte eine Flasche Champagner aus dem Kühlschrank mit. Wir müssen feiern!»

Herbert stand auf, murmelte irgendetwas, das ziemlich miesepeterig klang, und ging ins Haus.

Elsa nahm ein Croissant aus dem Brotkorb, reichte den Korb dann an Alfi weiter. Wir begannen damit, unsere Teller zu beladen, uns gegenseitig Tee oder Kaffee einzuschenken, Brötchen aufzuschneiden, um Marmelade, Butter, Käse oder Zucker zu bitten, wie Leute, die ganz normal an einem Sonntagmorgen miteinander frühstückten. Ich biss in eine mit hausgemachter Himbeermarmelade bestrichene Brötchenhälfte, versuchte dabei, unauffällig zwischen Alfi und Torsten hindurch ins Innere des Atelieranbaus zu schauen, aber der Bambus, der davor wuchs, war zu dicht, um irgendetwas zu erkennen.

Torsten lehnte sich zu mir herüber und flüsterte: «Toni, können wir nachher mal in Ruhe reden?»

Ich nickte.

«Gartenmann!», rief die Baroness, so laut, dass Pinky erschrocken von ihrem Schoß sprang und ebenfalls ins Haus rannte.

«Ich habe gesagt, es wird mindestens bis nach dem Essen gewartet, bevor wir über Geschäftliches verhandeln!»

Toastbrot Weidner hob entschuldigend beide Hände und lehnte sich wieder zurück.

«Willst du kaufen, oder hast du schon gekauft?», sagte ich leise.

Er deutete ein Nicken an und legte seinen Finger an die Lippen.

«Was denn nun?», flüsterte ich.

«Beides», wisperte Toastbrot. «Und da wäre noch die Sache, dass ...»

«Oi!», rief die Baroness.

Der Blumen-Weidner junior senkte das Haupt und strich Frischkäse auf ein Butterhörnchen.

Und wie sie den Takt vorgibt, dachte ich. Und wie wir alle nach ihrer Pfeife tanzen.

Herbert, der das Flanellhemd vom Vorabend offen über seinem Gerippten trug, kam mit der von Elsa georderten Flasche unterm Arm und einem mit Sektgläsern beladenen Tablett zurück an den Tisch, schien tatsächlich etwas besser gestimmt zu sein. Er ließ den Korken knallen, schenkte ein und reichte die Gläser herum.

«Für mich nicht, danke», sagte der Blumen-Weidner.

«Weiß ich doch», sagte Herbert und füllte das letzte Sektglas mit Orangensaft.

Ein leichter Windstoß brachte den Bambus in Bewegung, ich versuchte noch einmal, einen Blick ins Atelier zu erheischen, vergeblich. Da bemerkte ich, dass Elsa mich ansah, ernst, durchdringend, prüfend, abwägend, ungefähr so, wie sie mich bei unserer ersten Begegnung – das sollte erst gestern Morgen gewesen sein? – taxiert hatte.

Und weil ich nicht wollte, dass sie meine Gedanken las, denn das, dessen war ich mir in diesem Moment sicher, würde sie von nun an immer tun, wenn ich sie nicht davon abhielt, hob ich mein Glas und sagte: «Baroness! Einen Trinkspruch, bitte!»

Elsa schloss die Augen, legte das Kinn auf die Brust, verharrte regungslos einige Sekunden in dieser Position. Es wurde totenstill, alle warteten darauf, dass sie sich rührte.

«Elsa?», fragte ich leise.

Da hob sie den Kopf, nahm das Glas, das vor ihrem Teller stand, in ihre knorrigen Hände und stand auf.

«Lasst uns trinken auf die verflossenen Jugenden, auf die verpassten Lieben und darauf, dass der Tod, das größte Arschloch von allen, nicht das letzte Wort behalten wird!» Sie stützte sich mit der Linken auf der

Tischplatte ab, während sie mit ihrer Rechten das Glas erhob. «Vor allem aber will ich auf die von uns gegangenen Emmas trinken! Hoch sollen sie leben!»

Herbert war der Erste von uns, der reagierte. «Hoch! Hoch! Hoch!», rief er und leerte sein Glas in einem Zug. Wir anderen taten es ihm nach, bis auf die Baroness, die lediglich ihre Lippen befeuchtete.

«In welchem Verhältnis stehst du eigentlich zu dem Ganzen hier, Herbert?» Ich zeigte auf das Haus, den Atelieranbau.

«Wieso, was meinst du mit Verhältnis?» Herbert schien meine Frage in Verlegenheit zu bringen, er bekam feuerrote Wangen und kratzte sich am Ohr.

Elsa antwortete an seiner statt. «Herbert ist ein Künstlerkollege und Freund des Hauses, das weißt du doch, Toni. Er hat viel Zeit mit Emma verbracht und stand ihr sehr nahe.»

«Rein platonisch natürlich!», beeilte sich Herbert hinzuzufügen.

Alfi, Andi und ich fingen gleichzeitig an herumzualbern, wurden durch ein böses Zischen aus dem Mund der Baroness aber wieder zum Schweigen gebracht.

«Ich wüsste nicht, was daran lustig sein sollte. Herbert hat in den letzten Monaten sehr einfühlsam Emmas Schaffen mit seiner Kamera begleitet, eine einzigartige Dokumentation war im Entstehen und wird jetzt Fragment bleiben. Zum Heulen ist das!»

Elsa stellte das noch volle Glas ab, ließ sich wieder auf den Stuhl sinken, als wäre ihr mit einem Schlag jegliche Kraft genommen worden. Ihr Seidenkimono klaffte ein wenig auf, das Tattoo kam zum Vorschein, kurz blitzten die Reißzähne im Maul des Tigers, bevor sie sich die Seide wieder zurechtzupfte.

«Vielleicht ist das aber genau richtig so, und ein Fragment spiegelt Emma Bachmann am besten.» Ihre Stimme war dünn geworden, ihre Augen hatten einen eigenartigen Glanz bekommen.

Und mit einem Mal war mir der Gedanke, dass meine Mutter die letzten Wochen ihres Lebens mit dieser Frau verbracht hatte, die sie offensichtlich liebte, Trost, Erleichterung und, ja, auch ein wenig Absolution.

Ich schaute Elsa an, wollte, dass sie es wusste. Elsa schaute mich an, sie wusste es.

«Ich hätte trotzdem gerne länger mit ihr daran gearbeitet», sagte Herbert. «Wir konnten die geplanten O-Töne nicht mehr aufnehmen, und ich habe nur unzusammenhängende Szenen vorliegen, von denen ich nicht weiß, wie ich sie zu einem sinnvollen Ganzen zusammenbauen soll.»

Ich zupfte an seinem Hemdsärmel. «Warum hast du mir nichts von deiner Arbeit mit Emma erzählt?»

«Weiß nicht genau.» Herbert goss den letzten Rest Champagner in sein Glas. «Du hast nicht gerade den Eindruck gemacht, als wärst du scharf darauf, über sie zu sprechen.»

«Stimmt», sagte ich.

«Stimmte gestern», sagte Elsa.

Ich beschloss, das nicht weiter zu kommentieren.

«Herbert hing ständig hier bei Emma herum», sagte Toastbrot.

«Emma war die Einzige, die mich ermutigt und mir etwas zugetraut hat. Die Einzige, die mehr in mir gesehen hat als den verfetteten Dorftaxifahrer.» Herbert war mit jedem Wort leiser geworden.

«Torsten! Sei mal ehrlich und lass Herbert in Ruhe!», sagte Alfi.

«Okay, ja, ich bin auch oft und gerne bei ihr gewesen, und zwar nicht nur wegen der Gartenarbeit», sagte der Blumen-Weidner.

Ich überraschte mich dabei, ihn gar nicht mal so unsympathisch zu finden, wie er da verlegen auf der Stuhlkante herumrutschte, in seiner tannengrünen Latzhose mit gelb gesticktem Firmenlogo auf dem Latz, einer behämmert grinsenden Sonnenblume mit dicken Backen.

«Emma fehlt einfach.» Toastbrot warf mir einen besorgten Seitenblick zu, widmete sich dann wieder seinem Teller.

Wie sollte ich mir meine Mutter als eine Person vorstellen, die andere ermutigte und aufbaute, deren Gesellschaft man schätzte, bei der man gerne «herumhing», die vermisst wurde?

«Du hast richtig gehört, Toni», sagte Elsa, die allmählich wieder zu Kräften kam. «Da ist eine Emma in unseren Köpfen, die du nie kennengelernt hast. Es gibt Gründe dafür, ich weiß, wir alle hier am Tisch wissen das, und Emma wusste es auch. Aber jetzt bist du hier und wirst sie nicht noch einmal verpassen. Das dulde ich nicht!»

«Du hast wirklich einen merkwürdigen Humor, Baroness», sagte ich.

Und dann geschah etwas mit meinen Augen, sie liefen über, ohne dass ich etwas dagegen tun konnte. Nach einem Moment betretenen Schweigens am Tisch reichte Torsten mir ein gestärktes Stofftaschentuch, ich nahm es dankend an, kleine blaue Karos auf rosarotem Grund, schnäuzte mich geräuschvoll hinein.

«Ich heule nicht! Ich habe Schnupfen!»

«Sommerschnupfen», sagte Alfi. «Haben gerade ganz viele.»

«Toni heult nicht mal, wenn sie mit dem Gesicht im Herbstlaub bremst, das kann ich bezeugen», sagte Andi, und darüber mussten wir zum Glück alle lachen.

«*Eh bien, voilà.*» Die Baroness schnipste in der Luft herum. «*Lady and Gentlemen, Madame et Messieurs*, tadadadaaaa! Es ist von trauriger Schönheit und zentnerschwerer Leichtigkeit, es nennt sich Leben, *toodeloo*, wir kommen nun zum dritten Akt.»

Ich schnäuzte mich ein weiteres Mal, steckte dann Toastbrots Taschentuch in meine Jeans und fragte mich, ob Elsa das Ganze hier tatsächlich als Theateraufführung verstand oder ob sie bloß mit Begriffen jonglierte, um uns, um mir die Situation leichter zu machen.

«Was geschieht im dritten Akt? Oder ist das auch wieder eine Sex-Metapher, für die ich zu naiv bin?»

«Ich hätte dich doch erschießen sollen, Taxi-Herbert.»

Elsa warf eine Scheibe Salami nach Andi. «Meine Herren, bitte! Im dritten Akt werden wir von Emma erzählen, das liegt doch auf der Hand. So wie vorletzten

Samstag auf dem Beerdigungskaffee, *s'il vous plaît*. Toni hat das ja leider versäumt, also macht es noch mal!»

Ich wollte etwas einwenden, kam aber nicht dazu, denn die Baroness griff sich einen Teelöffel, «*aaaaaaand action!*», schwang ihn wie einen Taktstock, gab den Einsatz, und das Orchester legte los. Als wäre es genauso einstudiert worden, entspann sich unter den Anwesenden ein lebhaftes Gespräch über meine Mutter, dem ich fassungslos lauschte. Sie redeten über eine Frau, die zwar meistens recht zurückgezogen gelebt, aber durchaus im Dorfgeschehen eine Rolle gespielt hatte. Ich erfuhr von Ausstellungen ihrer Arbeiten in den Nachbardörfern, von Töpfer- und Zeichenkursen für Kinder und Erwachsene, die sie regelmäßig in ihrem Atelier abgehalten hatte, davon, dass sie oft alleine durch den Wald gewandert war, seit dem vergangenen Jahr dann auch in Begleitung von Herbert und seiner Kamera. Dass sie abends gerne im Lindbachkrug die Gäste gezeichnet hatte, dass ein Frankfurter Galerist dort auf sie aufmerksam geworden war und sie ihm nach langem Zögern zwei größere Bilder überlassen hatte, die für einen recht guten Preis verkauft worden waren. Dass sie sich Hoffnungen auf eine späte überregionale Anerkennung gemacht hatte, dass ihr Herz sie allerdings in den letzten Monaten zunehmend im Stich gelassen hatte, sie darüber hinaus immer wieder einmal von ihrer Schwermut heimgesucht worden war und dennoch nie wieder zur Flasche gegriffen hatte.

«Bis letzten Sommer hat sie auch Kurse an der Volkshochschule gegeben», sagte Herbert. «Zeichnen, Tonarbeiten, Malerei. Dort habe ich sie näher kennengelernt, bei einem Zeichenkurs. Sie konnte Sachen aus einem herausholen, von denen man gar nicht ahnte, dass sie da drin waren.»

Na, herzlichen Glückwunsch, dachte ich, und in Paimpol war sie nicht einmal in der Lage gewesen, sich mit mir auf einen Kaffee zu treffen. Das halbe Dorf war mit ihr befreundet gewesen, aber mich, ihre Tochter, hatte die tolle Emma aus ihrer glorreichen Trockenheit ausgeschlossen.

«So, *fini*!» Elsa ließ den Teelöffel auf die Tischdecke fallen. «Toni kann sich das jetzt ungefähr vorstellen, genug der Emma-Geschichten, danke sehr, die Herren!»

Eine Wespe surrte um das Marmeladenglas herum, Andi verscheuchte sie mit seiner Serviette, die er bei Elsas Worten von seinem Schoß genommen und zusammengefaltet hatte.

«Eins würde ich aber gerne noch wissen», sagte ich. «Warum hat Emma nicht das Waldhaus bewohnt?»

Alle sahen zur Baroness hin. Elsa lehnte sich in ihrem Gartenstuhl zurück, legte den Kopf in den Nacken, ließ die Arme hinter der Lehne baumeln, schien nichts als die Wolken betrachten zu wollen.

«*Tu connais la réponse*», sang sie den Himmel auf die Melodie von *Au clair de la Lune* an.

Ich sollte die Antwort kennen?

Elsa sang noch einmal: «*Tu connais la réponse – Oui, oui, tu la connais!*»

«Ich versteh mal wieder nur Bahnhof», sagte Herbert.

Die Baroness trällerte derweil leise ihre Melodie weiter.

«Erklär's ihnen, Toni!»

Meine erste Regung war Protest, aber dann, ich wusste selbst nicht, woher das auf einmal kam, glaubte ich zu verstehen.

«Meine Mutter hat im Waldhaus nichts angerührt, damit alles bleibt, wie es ist. Sie hat dort die Zeit angehalten. Nicht aus Angst vor Geistern der Vergangenheit, sondern wegen mir. Damit etwas wartet, das mir vertraut ist. Damit sie nicht alles zerstört hat.»

Die Männer sahen mich an, als hätte ich nicht mehr alle Latten am Zaun.

Elsa hingegen nickte. «Das mit den zurückgelassenen Gespenstern war schon auch ziemlich praktisch, aber du hast recht: Sie hat es für dich konservieren wollen, hat im Winter sogar durchheizen lassen, damit nicht alles verschimmelt oder die Rohre platzen. Hast du das übernommen, Gartenmann?»

Der Blumen-Weidner nickte, wollte etwas sagen, kam aber nicht zu Wort.

«Vollkommen blödsinnige Aktion, wenn du mich fragst. Die Zeit und den Schmerz überlistet man doch nicht mit der Sicherung eines Status quo. Das hab ich ihr auch immer wieder geschrieben, aber sie war da unbelehrbar.»

«Ihr habt euch geschrieben? Existieren diese Briefe noch?»

Elsa wischte meine Fragen mit einer Handbewegung weg.

«Ich würde auch Herberts Dokumentation gerne sehen», sagte ich.

Elsa nahm das Croissant, das sie nicht angerührt hatte, von ihrem Teller und warf es Loup zu.

«Nicht heute, *ma fille.*» Sie erhob sich vom Tisch. «Heute haben wir etwas anderes vor.»

Ich holte Toastbrots Taschentuch aus meiner Jeanstasche. «Willst du das wiederhaben?»

Torsten schüttelte den Kopf. «Ich schenke es dir!»

Er senkte die Stimme, näherte seinen Mund meinem Ohr. «Aber die Gerti hätte gerne das alte Haus.»

«Du willst ein Haus gegen ein kariertes Stofftaschentuch tauschen?»

Herbert räusperte sich. «Also, Toni, dazu würde ich gerne auch noch ...»

«Und hier fällt der Vorhang!», sagte Elsa. «Die Vorstellung wird unterbrochen, die Akteure sind müde. Die letzte Bachmann, die Hunde und ich brauchen eine Pause, und ihr anderen könnt euch verdünnisieren. Ja, auch du, Herbert, und der Gartenmann sowieso! *Au revoir, mes amis, goodbye my friends!* Fortsetzung folgt.»

Torsten Weidner machte Anstalten, etwas einzuwenden, aber Elsa brachte ihn mit erhobener Hand zum Schweigen. «Wer weiter mitspielen möchte, kann uns heute Abend bei Janine treffen. Weidner, du bringst dann den aktualisierten Grundbucheintrag und ein phänomenales Angebot für Toni mit. Herr Wachtmeister, du kommst unbewaffnet und in Zivil. *Monsieur le docteur*, du besorgst mir bitte eine Wurmkur für Pinky aus der Apotheke! Ist damit so weit alles klar?»

Alfi schlug die Hacken zusammen, Andi salutierte und umarmte mich noch einmal. Herbert stapfte wortlos zum Heckendurchbruch. Toastbrot sagte: «Sie wollen mich ein weiteres Mal vertrösten, Baroness?»

Elsa nickte. «Du schaffst das schon! *Everything will be good in the end.*»

Ärgerlich vor sich hin murmelnd ging Toastbrot davon, die Arnolds folgten ihm.

Sobald die Männer außer Sicht waren, rief Elsa nach Loup und hakte sich bei mir unter.

«Der vierte Akt könnte aus einem Monolog bestehen, denn die Zeit wird knapp, und ich habe dir noch so viel zu erzählen», sagte die Baroness. «Aber zunächst einmal muss ich prüfen, was du schon zu sehen in der Lage bist.»

Sie führte mich ins Haus.

Sie sagt: Das Absurde öffnet unserem Bewusstsein verborgene Räume,
zieht den Vorhang auf für eine neu inszenierte Wahrnehmung der Welt.
Ein findiger Geist hat einen ähnlich gearteten Gedanken vor vielen Jahren einmal DADA genannt.
Ich wurde DADA genannt!
Subversiver Unsinn ist eine scharfe Waffe.
Konsequenterweise ergibt das natürlich überhaupt keinen Sinn.
Ich gestalte nicht, ich bin Gestalt.
Mein Körper formt und gebiert meine Kunst,
meine Kunst formt und gebiert meinen Körper.
Ich erspare
dir, euch, mir, Ihnen
nichts.
Retten oder vernichten. Nicht immer hat man die Wahl.
Kunst ist
AUFBEGEHREN
gegen die Auslöschung.
Mach die Augen auf!

8

DIE KNOCHENFRAUEN

Der Raum, den wir durch die Diele betraten, schien das restliche Erdgeschoss fast ganz einzunehmen. Bodentiefe Fenster auf der gegenüberliegenden Seite zogen den Blick über eine possierliche Holzveranda in den dahinterliegenden Garten, der aussah, als hätte man ihn eigens für die Präsentation im Pracht-und-Blüten-Katalog angelegt. Auch drinnen hatte man eher den Eindruck, sich in der Fotolocation für ein Einrichtungshaus der gehobenen Kategorie zu befinden als im Zuhause einer real existierenden Person, geschweige denn einer Künstlerin. Ich ließ meinen Blick durch den Raum wandern, suchte nach Hinweisen auf die verstorbene Unbekannte, die meine Mutter gewesen war. Es gab keine. Glatte weiß verputzte Wände, die weder von Bildern noch von Fotos geschmückt wurden, keine herumliegenden Habseligkeiten, keine Dekorationsgegenstände, wenn man einmal von den würfelförmigen Vasen aus unglasiertem Naturton absah, die die oberen Fächer eines Regalelements aus massivem Buchenholz zierten, eine pro Fach, eine der anderen in Farbe, Form und Größe vollkommen gleich, als habe die verantwortliche Dekorateurin zu jedem Hauch von Individualismus einen unterkühlten Sicherheitsabstand halten wollen.

«Enttäuscht?», fragte Elsa.

Ich schüttelte den Kopf. «Eher erleichtert. Aber nicht nur.»

Die Baroness sagte nichts, was mir sehr entgegenkam. So konnte ich mich in Ruhe umschauen. Das Buchenholzregal, bis auf die vier Keramik-Klone leer, trennte eine moderne Küchenzeile mit glänzenden weißen Einbauschränken vom Wohnbereich ab, davor gab es einen quadratischen kleinen Esstisch mit zwei Stühlen, ebenfalls Buche, die Sitzpolster mit jungfräulich cremefarbenem Webstoff bezogen. Seitlich der Fensterfront stand ein schwarzes Ledersofa im Bauhausstil mit dazu passendem Beistelltisch aus Glas und Stahlrohr, im Regal am Wandstück dahinter befanden sich einige Reihen neuwertig aussehender Kunstkataloge, nach Farben sortiert, die meisten noch in Folie eingeschweißt. Vor der Fensterfront, halb vom Sofa verdeckt, war ein Polstersessel so positioniert, dass man in den Garten hinausschauen konnte. Dieser Sessel schien bei näherer Betrachtung der einzige Gegenstand im Raum zu sein, der regelmäßig benutzt worden war. Der hellblaue Polsterstoff an der Rückenlehne war zerschlissen, die Armlehnen zeigten Abriebspuren. Das Teil wirkte in diesem Ambiente wie ein Fremdkörper, den jemand vergessen hatte, aus dem Weg zu räumen.

«Hast du nach ihrem Tod hier drinnen etwas verändert?»

Die Baroness schüttelte den Kopf. «Hab gewartet, bis du kommst. Aber wenn du mich jetzt so direkt fragst: Ich möchte am liebsten zwei Eimer Farbe verspritzen, einer giftgrün, einer neongelb, und über das Ganze dann einen großen Sack mit Gummitierfiguren kippen, Giraffen, Nashörner, Zwergseidenäffchen, Koalabären!»

Ich nickte. «Keine schlechte Idee. Hier drinnen ist es jedenfalls gruseliger als im Waldhaus, wo die Toten aus den Schränken schimpfen.»

Elsa zog sich ihren Kimono enger um den dürren Leib. «Absolut richtig! Und das ist so ... weil?» Sie wedelte mit ihrer Rechten vor meinem Gesicht herum, als wollte sie die erwünschte Antwort aus mir heraustreiben.

Mir war klar, dass sie nicht lockerlassen würde, also sagte ich das Erstbeste, das mir in den Sinn kam: «Das ist so, weil dieser Raum und dieses Haus keine Seele haben.»

Ich rechnete damit, wegen der Plattitüde streng gerügt zu werden, aber meine Antwort schien Elsa vielmehr aus der Fassung zu bringen. Sie riss den Mund auf, brachte ein heiseres Gurgeln hervor, wurde plötzlich so blass, dass ich mir Sorgen machte, sie würde gleich umfallen. Ich ging auf sie zu und wollte sie zum Sofa führen, damit sie nicht auf die Fliesen stürzte, aber die Baroness fing sich schon wieder und stoppte mich mit einer abwehrenden Handbewegung. Sie drehte sich von mir weg, atmete hörbar mehrere Male ein und aus, streckte dann ihren Rücken durch, legte den Kopf in den Nacken und lachte ein seltsam keckerndes Lachen, während sie sich schüttelte wie Loup, wenn er von seinem nachmittäglichen Bad im Meer zurückkam. Schließlich wandte Elsa sich wieder mir zu, ihre Blässe war einer frischen Röte gewichen, sie lächelte derart beglückt, dass ich befürchtete, jetzt habe sie endgültig ihren Verstand verloren.

«Exakt so hat Emma es auch ausgedrückt! ‹Diesem Haus fehlt die Seele›, hat sie immer gesagt. ‹Aber so ist es leichter.› Genau wie du gerade. Selbst eure Stimmen sind sich zum Verwechseln ähnlich. Ich habe es nicht zu hoffen gewagt, aber es ist tatsächlich wahr: Emma spricht aus dir, *ma fille!*»

Instinktiv wich ich vor ihrem Versuch zurück, mich zu umarmen. «Kannst du bitte damit aufhören, mich *ma fille* zu nennen, Elsa? Ich bin entschieden zu alt dafür, und die Einzige, die mich auch als Erwachsene noch ‹mein Mädchen› nennen durfte, war meine Großmutter.»

Die Baroness schien meine Worte amüsant zu finden. «Ach, ach, ach, unsere verloren gegangene Tochter ist *a middle-aged woman*, voll erwachsener Reife, und steht trotzdem kopflos vor mir, *comme une petite fille*.»

Obwohl mir bewusst war, dass das jetzt wirklich klang wie die Widerrede eines trotzigen Kindes, sagte ich: «Abgesehen davon halte ich es für einen geschmacklosen Witz, dass ausgerechnet meine Mutter, eine Person, die mir ferner nicht stehen könnte, sich *meiner* Stimme bedienen sollte, um irgendetwas aus mir herauszu ... »

Elsa brachte mich mit einem lauten Zischen zum Schweigen, legte sich den Mittelfinger auf die Lippen und funkelte mich böse an. «Du fragst ganz falsch, Toni!»

«Ich hab doch gar nichts gefragt!»

«Lüge! Du bist eine einzige Frage! Wie sollte es auch anders sein? Von mir wirst du was zu hören bekommen, auf das du dir einen Reim machen kannst oder auch nicht. Es ist mir fast so schnurzpiepscheißegal, wie der Emma die Einrichtung ihres Hauses war, also *as you please, Madame*. Reim oder Rätsel. Reden oder Schweigen. Der vierte Akt, du erinnerst dich?»

Ich zuckte mit den Schultern. «Na gut, dann rede eben. Davon werde ich dich sowieso nicht abhalten können.»

Elsa schnalzte mit der Zunge und verneigte sich. «Sie ist gnädig, die neue Waldhauslerin. *Thank you very much!*»

Hinter mir hörte ich die Krallen schwerer Pfoten auf den Fliesen klackern, eine feuchte Hundenase schob sich in meine Handfläche, während ich Elsa Loup zunicken sah, als wollte sie ihn für einen korrekt ausgeführten Befehl loben.

«Der alte Wolf ist so viel schlauer als du, *ma fille, pardon*, gnädige Frau. *Fuck it doesn't matter.* Ja, grins du nur, ich werde mir wegen dir keinen Knoten in die Zunge machen. Kommen wir zurück zum Wesentlichen. Unsere Ausgangslage ist folgende: Wir gruseln uns in diesem seelenlosen Haus, und zugleich sind wir erleichtert, weil es so spurlos und damit *easy to classify* ist. Richtig? Richtig! Das, *my friend*, stellt eine aparte Gemütslage dar, aus der man durchaus etwas machen kann.»

«Da bin ich aber mal gespannt», sagte ich und bekam von Elsa dafür die Zunge herausgestreckt.

Ich deutete auf das Sofa, fragte, ob sie sich nicht doch lieber setzen wollte, während sie die Gemütslagen weiter analysierte, aber sie verneinte entschieden und erhob Aufmerksamkeit heischend ihren ausgestreckten rechten Zeigefinger.

«Punkt eins, *dear spectators* – oder sagen wir lieber *chère spectatrice*: Die Frage, warum es hier aussieht, als hätte nie jemand diesen Raum auch nur zum Kekse-Essen oder Papierflugzeuge-fliegen-Lassen benutzt, lässt sich leicht beantworten, und deshalb fange ich damit an: Während des großen Umbaus vor etwa fünf Jahren hat Emma absolut jeden Vorschlag der Weidners kritiklos abgenickt, und die Gärtnersleute, allen voran die brave Gerti, pflegen nun mal diesen glattgeleckten Pseudogeschmack, der mir persönlich Brechreiz verursacht.»

«Was hatten denn die Weidners beim Umbau zu melden?»

«Sie haben Emma beigestanden, waren beim Planen, der Handwerkerauswahl, der Koordination der Arbeiten und allem, was dazugehörte, federführend, haben Emma sogar während der gesamten Arbeiten bei sich beherbergt. Deiner Mutter gingen die Visionen der Blumen-Weidnerin, milde ausgedrückt, am Allerwertesten vorbei, aber sie war froh, dass jemand sich kümmern wollte, und ließ es allein deswegen gerne zu. Klarheit und Struktur der Einrichtung würden ihr beim Denken und beim Nüchternbleiben helfen, hat sie behauptet. Vielleicht stimmte das sogar. Sie hielt es jedenfalls nach ihrem Wiedereinzug hier peinlich sauber und schockierend ordentlich. Du solltest ihr Schlafzimmer oben unter dem Dach sehen, das hat den Charme einer mittelalterlichen Klosterzelle. Meine Freundin hat ihr aufgewühltes Inneres gut hinter dieser glasklaren Leere verstecken können, kommt dir das bekannt vor, Toni?»

«Nein», antwortete ich wahrheitsgemäß.

Es passt alles nicht zusammen, dachte ich, während ich beobachtete, wie ein Rotkehlchen die neben der Terrasse aufgestellte Vogeltränke anflog, eine große flache Schale aus grobkörnigem Ton. Ich versuchte, mir vorzustellen, wie meine Mutter die Schale geformt, gebrannt und an diese Stelle gebracht hatte, wie sie anschließend zu dem blauen Sessel gegangen war, um dort, hinter der Glasscheibe, auf die Ankunft der durstigen Vögel zu warten, aber keine dieser Vorstellungen wollte sich zu einem Bild schärfen, sie verflüchtigten sich eine nach der anderen.

«Du denkst wohl immer noch, dass zwei plus zwei vier sind», sagte Elsa. «Dort geht's weiter.» Sie deutete auf eine Stelle hinter meiner linken Schulter.

Ich drehte mich um, bemerkte, dass sich rechts neben der Tür, durch wir hineingekommen waren, eine Schiebetür aus mattem Rauchglas befand.

«Beseeltes lässt sich dahinter finden», fuhr die Baroness fort. «*Be your mothers guest*.»

Elsa nahm mich an der Hand. «Und vergiss nicht, deinen Wolf mitzunehmen, Schisskäppchen, du wirst ihn vielleicht brauchen.»

Ich schob meine freie Hand unter Loups Halsband

und ließ mich von Elsa zu der Schiebetür führen, durch die wir, daran gab es keinen Zweifel, Emmas Atelier betreten würden. Hatte ich Angst davor? Eigenartigerweise noch immer nicht. War ich gespannt? Ja, das war ich. Am meisten auf die Performance, die die Baroness abliefern würde, aber auf eine erstaunlich unaufgeregte Weise auch auf die Zeichen, die sich dort finden lassen würden.

«Warte mal!» Elsa stellte sich mir, mit dem Rücken zur Ateliertür, in den Weg.

«Deine Mutter hat es aus der Anstalt herausgeschafft. Nicht so wie meine, die tot auf einer Planke rausgetragen werden musste, aber auch Emma zwei ist beinahe hinter den Mauern draufgegangen. Ein Alkoholentzug in der psychiatrischen Klinik ist ein Gang durch Feuer und Eis, du verbrennst und erfrierst gleichzeitig, der Schmerz kennt kein Lot und kein Maß, und nur die Mutigsten und Härtesten überleben das, ich weiß, wovon ich spreche. Manchmal reicht die Kraft lediglich dazu, die Reste seiner selbst zu retten, das musst du wissen, Toni!»

«Ich weiß das, Elsa. Ich weiß das nur zu gut.»

«*Accepté!*»

Die Baroness drehte sich einmal um sich selber, schob dabei mit Schwung die Tür auf und führte mich anschließend in den lichtdurchfluteten Atelieranbau.

«Hier sind wir also. *Welcome to the witch house, bienvenue chez les sorcières!*»

Die brütende Hitze, die uns entgegenschlug, war in der Tat eines Hexenhauses würdig. Die Unordnung ebenfalls. Linker Hand standen zwei Grafikladen und ein niedriger Materialschrank, über die Röcke, Hosen, Schuhe, Hüte, Mützen, Tücher, Stoffreste geworfen worden waren. Auf dem Boden davor war ein gutes Dutzend verschiedener Holz- und Pappkästchen aufgereiht, vollgestopft mit allerlei Kleinzeug, daneben zwei Korbstühle, auch sie mit Kleidern und Kram belegt. Hier also befand sich der Fundus, aus dem sich die Baroness ihre eigentümlichen Garderoben und Schmuckstücke zusammenbastelte. Ob Emma zwei sich ebenfalls daraus bedient hatte? Rechtsseitig entdeckte ich eine schlichte Eisentür, auf die mit breitem schwarzem Pinselstrich das Wort «Töpferei» gemalt war. Am hinteren Ende des Glasanbaus lag, halb verdeckt von einem japanischen Paravent, eine Matratze mit Bettzeug aus dunkelgrünem Satin auf dem Boden. Rechts neben dem Paravent waren zwei alte Apfelkisten zur Kochnische zweckentfremdet worden, auf der einen Kiste stand eine elektrische Doppelkochplatte mit einem kleinen Kupfertopf, auf der anderen standen drei blaue Keramiktassen und die noch volle Flasche *Noilly Prat*, die Herbert und ich aus dem Supermarkt mitgebracht hatten. In einem großen aufgeklappten Koffer, der aussah, als wäre er schon auf der Titanic mitgereist, lag Elsas kleiner Windhund auf einer alten Armeedecke zum schwarzen Kringel zusammengerollt und schlief.

«Wohnst du hier, Baroness?»

Elsa nickte. «Ich lasse therapeutisches Chaos einsickern. Ist besser, als in dem Sterilomat nebenan schockzufrosten.»

«Wie sah es denn bei deiner Ankunft hier aus?»

«Dreimal darfst du raten. Du hättest in diesem Atelier keimfrei operieren können, bevor Pinky und ich hier für Unordnung gesorgt haben.»

Auch die Vorstellung meiner in Fantasiegewänder und aufgefädelten Eisenwaren gekleideten Mutter hatte sich wieder aufgelöst, bevor sie schärfere Konturen entwickeln konnte.

«Setz dich hier hin!» Elsa zog einen der Korbstühle heran, warf die Sachen, die daraufgelegen hatten, einen gold-schwarz gemusterten Kaftan, einen grasgrünen und einen sonnengelben Turnschuh, eine Strickjacke, diverse Ketten mit Glasperlen und bunten Wollpompons sowie eine Handvoll schwarzer Kniestrümpfe, auf die vordere der beiden Grafikladen und deutete auf das mit verschiedenen Farben bekleckste Stuhlkissen. Ich ließ Loup los, der sich unverzüglich wieder in den kühleren Wohnbereich entfernte. Soll er doch, dachte ich und nahm Platz. Erst jetzt bemerkte ich, dass das, was ich für einen weiteren Auswuchs von Elsas Tohuwabohu gehalten hatte, drei mit weißen Tüchern verhängte Staffeleien waren, eine neben der anderen im Abstand von etwa einem halben Meter an der Glaswand mir gegenüber aufgestellt. Die Baroness hatte offensichtlich etwas vorbereitet.

«Toni, mach dich bereit für die Knochenfrau!»

Da bekam ich es doch ein bisschen mit der Angst zu tun und bereute es, nicht darauf bestanden zu haben, dass zumindest die Arnolds noch bei mir blieben.

Elsa schritt, jetzt wieder stark hinkend, mit feierlich

ernster Miene zur ersten Staffelei und zog mit großer Geste das Tuch herunter.

Eine Landschaft oder ein Porträt, so genau konnte ich es auf den ersten Blick nicht einordnen. Interessante Technik, zwang ich mich zu denken, weil Materialanalysen immer etwas waren, woran ich mich gut festhalten konnte. Acryl, direkt aus der Tube, teilweise noch mit Sand vermischt, war mit breitem Spachtel auf die Leinwand aufgebracht worden, mit einer fast schon brutal anmutenden Pastosität, technisch das Gegenteil vom fein gearbeiteten Bild, das im Lindbachkrug hing, aber ebenfalls hervorragend aufgebaut, soweit ich es auf die Entfernung beurteilen konnte. Ähnlich wie bei Janines Hafenbild wuchs auch hier erst nach und nach etwas aus der Betrachtung heraus, erhärtete sich der Verdacht auf eine möglicherweise verschleierte Gegenständlichkeit nur langsam.

«Läg ich im Grabbett.
Lachend tot.
An der Küste.
Im Norden.»

Elsa war wieder zu mir gehumpelt und hatte, während sie sprach, den zweiten Korbstuhl dicht neben meinen geschoben, sich auf die noch darauf befindlichen Kleidungsstücke fallen lassen, eine hellrote Strickjacke und das lila Paillettenoberteil, in dem ich sie beim ersten Mal gesehen hatte. Ihre Stimme war leise, ein Singsang, die Worte mehr gehaucht als gesprochen, dann, plötzlich, wieder laut: «Im Sand steckt eine Knochenfrau!»

Ich zuckte zusammen, konnte aber dennoch den Blick nicht von der Staffelei nehmen. Während ich sie anschaute, trat das Grobe der Malerei mehr und mehr in den Hintergrund, wurde weicher, formten sich aus Creme-, Beige-, Braun- und Grautönen allmählich die Züge eines Menschen.

«Aschlackgrau. Im Herzen. Dieser Dam.»

Elsas Rezitation wurde wieder leiser.

Da bekam ich einen derartigen Schreck, dass ich beinahe aufgestanden und Loup hinterher aus dem Atelier geflüchtet wäre. Auf der Leinwand war jetzt deutlich ein Gesicht auszumachen, und es war mir schleierhaft, wie ich das nicht sofort als Porträt hatte erkennen können.

«Ich verstehe es nicht», murmelte ich.

«Das ist auch nicht zum Verstehen», sagte Elsa. «Es sind Zeilen aus einem meiner Gedichte. Ich habe es um 1925 geschrieben, inspiriert vom Tod meiner Mutter mehr als dreißig Jahre zuvor.»

«Nein, ich meine das da.» Ich deutete auf die Staffelei.

«Ist ebenfalls nicht zu verstehen. Sie sind außerdem nicht voneinander zu trennen. Emma hat diese Arbeit in Fortführung meiner Zeilen geschaffen. *Knochenfrauen*, so der Titel des Bildes, ist das Produkt einer Inspirationskette.»

Das Gesicht war das meiner Großmutter und gleichzeitig war es meins, dann das meiner Mutter, dann wieder meins, aber das konnte nicht sein.

«Wie hat sie das gemacht?»

«Du machst das», sagte Elsa. «*C'est toi.*»

«Es ist magisch!»

Hier also ist sie zu finden, dachte ich, hier hat sie sich verborgen, hinter Oma und mir oder durch uns hindurch, wer konnte das wissen? Sie versteckte sich noch immer und gewann dennoch an Präsenz mit jedem weiteren Blick, diese Nicht-Mutter in diesem Nicht-Porträt.

«Magisch und verdammt clever», sagte Elsa. «Sie führt uns alle hinters Licht.»

Ich weiß nicht, wie lange wir so dasaßen und gemeinsam schauten, zehn Minuten, eine Stunde, noch länger, es ist alles möglich. Irgendwann tippelte Pinky an uns vorbei in Richtung Ausgang, einmal kam Loup nach mir schauen, zog aber gleich wieder hechelnd ab. Elsa und ich saßen einfach da, unbeweglich wie zwei Statuen. Der Schweiß lief mir übers Gesicht, das T-Shirt klebte mir am Leib, es war kein Atelier, in dem wir uns befanden, es war ein Treibhaus, ein Backofen, ein Höllenfeuer, und ich hatte plötzlich Sorge, ich würde es nicht lebend wieder verlassen.

«Toni.» Elsa rüttelte an meinem Arm. «Damit wir nicht komplett verloren gehen, werde ich dir jetzt noch ein bisschen von mir erzählen. Kannst du mir zuhören?»

Ich nickte, verwundert, dass sie fragte.

«Meine Geschichte ist Teil der Abmachung, und es ist vielleicht einfacher, den holprigen Umweg über die, die ich bin, zu nehmen, damit ein Schuh aus all dem wird. Bist du bei mir, Toni?»

Ich nickte noch einmal, denn was hätte ich dazu sagen sollen?

«Emma hat des Öfteren meine Worte, mein Sein, meine Kunst, als Inspiration für ihre Bilder genutzt, auch schon bevor ich mich bei ihr eingenistet habe. Sobald ich dann aber leibhaftig hier bei ihr war, haben wir uns ganze Tage und Nächte lang darüber ausgetauscht, wie wir zu denen geworden sind, die wir sind. Jedenfalls, solange Emmas Kraft und Atem dafür reichten. Am Ende hat sie am liebsten nur noch zugehört. Sie war eine gute Zuhörerin, die beste, die ich kenne.»

Elsa legte erstaunlich gelenkig ein Bein quer über das andere, berührte mit ihrem Fuß mein linkes Knie. Über ihrem Knöchel entdeckte ich ein weiteres Tattoo, nur wenige Zentimeter breit, drei Zeilen rot gestochener Buchstaben:

Art

Is

Shameless.

Elsa bemerkte meinen Blick. «Ins Fleisch gestochene Poesie erschien mir eine plausible Weiterführung meiner Idee der Körperkunst zu sein.»

Sie veränderte ihre Sitzposition, zeigte mir ihren anderen Knöchel.

Art:

God's

Breath – –

«Ist das auch aus einem deiner Gedichte?»

«Ja.»

«Erzählst du mir, was es mit deinem japanischen Mafia-Tiger auf sich hat?»

«So weit sind wir noch lange nicht!», antwortete Elsa schroff.

Während ich mich entschuldigte, dachte ich, dass es eigentlich gar nichts zu entschuldigen gab, wurde aber zum Glück davon abgehalten, mehr Unfug von mir zu geben, weil die Baroness weitersprach.

«Erste Gedichte habe ich bereits im zarten Alter von zwölf Jahren geschrieben. Allerdings waren tief empfundene Verse im Stil der Romantiker, die meine Mutter so liebte, nichts für mich, sosehr die zarte Ida-Marie sich auch darüber gefreut hätte, aber da hatte ich doch eher die gröberen plötzschen Anlagen mit in die Wiege gelegt bekommen. Meine ersten Zeilen wurden von Wilhelm Busch stimuliert, krachende Ironie und rotzfreche Wortspielereien, da war ich zu Hause. *Hier sieht man ihre Trümmer rauchen, der Rest ist nicht mehr zu gebrauchen.* Später erblühte mein Schaffen dann am verkrüppelten Ast einer verbrauchten deutschen Sprache zu neuer Klanggestalt, englisch, französisch, alles zusammen, alles durcheinander, ich war ja, wenn auch heimatlos, überall zu Hause. Meine Laute malten Bilder, meine Bilder formten Worte, ich hob die Scherben aus dem Staub, machte mich auf zu neuen Ufern, schlug Brücken in Bereiche jenseits der Grenzen von Sinnzusammenhängen und eingefrästem Satzbau. ‹Sexuell aufgeladene Dichtung›, haben die beschränkten Damen und Herren Profidefiniteure es gerne genannt. *So not ladylike at all*, du verstehst schon. ‹Skandaaaaaaal!, sie hat *ORGASMUS* gesagt!› Ah! Ich hatte zu danken für all die saftigen Komplimente. Die, die ich bin, war voll wachsender Wortkraft, und wer *das* hören wollte, konnte es hören, damals im noch sehr jungen zwanzigsten Jahrhundert, wo die Zeit von kurzer Reife war und manche sich begeisterten über eine wie mich, die sich um nichts und gar nichts scherte außer ihre Kunst. Hättest du mich rezitieren hören mögen, Toni? Hättest du die hellen Tage erleben wollen, an denen ich durch Greenwich Village stolzierte und auf der 14th Street unter dem Klang der an meinen Rock genähten Glöckchen ‹*I LOVE THE WORLD – BECAUSE I CAN DO ART IN IT*› brüllte, und zwar so, dass jeder die Großbuchstaben sehen konnte, in denen ich schrie? Wärst du gerne dabei gewesen, als man aufhorchte, wenn ich sprach? Als man hinschaute, wenn eine wie ich, von deren Sorte es zuvor noch keine gegeben hatte, auf der Bildfläche erschien? Wärst du gerne dabei gewesen? Aber selbstverständlich wärst du das!»

Ich widersprach nicht.

Die Baroness lehnte ihren Kopf an meinen, ich ließ es geschehen. Ihre Wange war, im Gegensatz zu meiner, kein bisschen schweißfeucht.

«Sie haben es später eine Bewegung genannt und mich eine Vorreiterin derselben. Letzteres taten aber nur wenige Erleuchtete. Ich war ja eine Frau, als solche sollte ich mich nach Ansicht der meisten meiner Zeitgenossen lieber bescheiden und im Hintergrund halten, jajaja, aber für den Hintergrund war ich leider ganz untalentiert. Was sie nicht daran gehindert hat, mich totzuschweigen. Daran, an nichts anderem, bin ich gestorben! Am Schweigen! *Thanks to the goddess* ist eine wie ich nicht totzukriegen. Tadaaaa!» Elsa riss beide Hände in die Höhe, die Ärmel ihres Kimonos fielen dabei auf ihre Schultern, und es sah ein bisschen so aus, als wüchsen zwei sehnig-dürre Arme aus einem weißen Seidennest.

«Man hat behauptet, unsere Bewegung sei eine Antwort auf die Bestialität des großen Krieges gewesen, die Europa aus den Angeln gehoben und in den Abgrund geworfen hatte. Bewegung! Was für ein Unwort! Herrje, die können das gerne nachträglich einordnen, zuordnen, in Sandförmchen backen, damit sie nicht gebissen werden, von dem, was wir waren, von der, die ich war und bin, *je m'en fous*! Was hätten wir denn anderes machen sollen als uns auflehnen gegen das, was unsere Väter, ja die! uns eingebrockt hatten? Es *war* ja bestialisch. Best-i-a-lisch! Alles! Das Schlachten, das Morden, das sinnlose Zerfetzen der Männer in den Gräben, das Elend der Witwen, die Verzweiflung der Kinder und das Zittern, das nicht verklingen wollende Erzittern, das die untoten Heimgekehrten später durch die Straßen schüttelte! Das Bürgertum hatte versagt. Versagt! Versagt und ausgedient! Uns, die wir uns die Welt nicht mit Waffengewalt aneignen wollten, blieb nur der Tod oder der Witz. Also war ich, waren wir, lieber laut und lustig. Wer's glaubt, wird selig! Der Abgrund reißt zwischen den Silben auf, da fällst du rettungslos ins wohlklingende Mehr-als-nie-nie-nichts und ertrinkst. Ausgedient haben übrigens auch wir. Und das, meine Liebe, ist ganz und gar nicht lustig!»

«Entschuldige, aber ich hab keinen Schimmer, wovon du sprichst, Baroness.»

«Dadaismus, du Dumme!»

«Ach so, das.»

An unserem Kühlschrank in Paimpol hing eine Postkarte mit der Abbildung einer Collage von Hannah Höch, die Xavier mir einmal von einer Fortbildung in der Schweiz geschickt hatte: die schwebenden Beine von einem halben Dutzend Ballerinen, deren Leiber von einer Wolke geschluckt wurden, auf der eine Klaue, der Flügel eines Huhns und das Fragment einer Maske zu sehen waren. *Nur nicht mit beiden Beinen auf der Erde stehen*, lautete der Titel. Xavier hatte mit seiner Krakelschrift auf die Rückseite der Postkarte gekritzelt, dass es den Dadaismus so sympathisch mache, sich jeglicher Dechiffrierung zu verweigern, und dass er bei diesem Gedanken an mich hatte denken müssen.

«So eine banal klingende Lall-Bezeichnung für die Manifestation des universalen Zweifels», fuhr Elsa fort. «Gewoben aus Satire, Übertreibung und Persiflage, eine Anti-Kunst wurde geboren, denn wir Kunstschaffenden lehnten uns gegen die Kunst auf. Anstelle der Kunst trat die Aktion, eine Klosettschüssel konnte als Tafelgeschirr Karriere machen, ein Holzscheit als Kathedrale, aneinandergereihte Silben schwangen sich zum Sonett auf. Wir erweiterten die Dinge zu Universen und brachen die Universen auf Ein- und Zweisilber herunter. Da. Da. Dada. Und die Schlachtenbilder in den Museen, die Porträts in den guten Stuben sollten in Flammen aufgehen. *Fuck the system*, das ist auf unserem Mist gewachsen, ich habe das erfunden, na ja, irgendwie so, jedenfalls war ich dabei und so weiter. Deine Mutter, diese stille, leidlich konventionell vor sich hinarbeitende, saukluge Zauberin, konnte von solchen Geschichten, von meiner Geschichte, nie genug bekommen. Das wollte ich dir nur sagen, deshalb erzähle ich den ganzen Salat. Oder nein: Ich tue einfach, was ich nicht lassen kann.»

Elsa drückte mir einen Kuss auf die Wange. «Aber auch das kann dir, wie sagt ihr Hessen so schön?, ‹woscht› sein, egal, *tu peux t'en foutre. Don't give a shit.* Nimm dir, was du gebrauchen kannst, den Rest wirf weg. Es ist nur so, dass unter Umständen weiterhin voneinander gelernt werden könnte. Würdest du das wollen? Lernen?»

«Man lernt nie aus, hat meine Oma immer gesagt, und die hatte bekanntlich meistens recht.»

Sie küsste mich noch einmal. «Großmütterliche Lebensweisheit! Ich wünschte, ich hätte eine ebenso grandiose Oma gehabt wie du, die mir hätte zeigen können, wo es langgeht, und mich vor allem Bösen abschirmt! Ist auch nicht immer ungefährlich, aber besser als nichts, stimmt's? Meine genialische Freundin Djuna, der ich mehr als ein Leben verdanke, ist auch von so einer Großmutter aufgezogen worden, einer ganz außerordentlichen und höchst zwiespältigen Frau, brutal und schlau, unerbittlich anwesend und in jedem Raum der Mittelpunkt.»

Ich verkniff mir die Bemerkung, dass das wie eine Beschreibung der Baroness selbst klang, und sagte stattdessen: «Meine Großmutter war sanft und freundlich, bescheiden und großzügig.»

Elsa schnaubte ungehalten. «Blödsinn! Niemand, der 1946 ein uneheliches Kind in einem Kaff wie Lindbach großgezogen hat und zwanzig Jahre später quasi das Ganze noch mal stemmen musste, soll *sanft* genannt werden. So jemand ist eine ausgewachsene Bärin, eine wilde Kriegerin, ein rollender Granitfelsen! Emma zwei ist fast daran zerbrochen, als diese Kriegerin fiel. Sieh dir die Knochenfrauen an, dann bekommst du eine Ahnung davon, was ich meine.»

Weil ich auf einmal gar keine Lust mehr hatte, mich mit der Baroness zu unterhalten, sondern einfach nur dasitzen und dieses verstörend-faszinierende Gemälde noch einmal betrachten wollte, ohne dass sie mir mit einem wie auch immer gearteten Interpretationswirrwarr dazwischenkam, murmelte ich: «Jaja, natürlich.»

«Seif mich nicht ein, Toni!»

Ich streichelte ihr sanft über den Oberarm. «Mach ich nicht, Baroness! Ich weiß nur nicht, was ich zu all dem sagen soll. Entschuldige bitte!»

«Hör einfach zu, *ma fille*, bleib in diesem Sessel hocken, ruh dich aus und schau nicht nur immer auf die verschwimmenden Sandgesichter, sondern auch nach draußen in den Garten, denn da prügeln sich die Spatzen um Haferflocken und Waffelreste, da findet das Leben statt. Siehst du das? Ja?»

Ich löste den Blick von den sich immer wieder entziehenden Gesichtszügen meiner Mutter und nickte.

«Wenn der Weidner-Torsten mitkriegt, dass ich den Tieren Essen in seinen schönen Garten werfe und damit den Wald zurückzulocken versuche, dann ärgert er sich einen zweiten Zopf an den Schädel, während ihm der Schniedel auf den Zierrasen plumpst.»

Ich musste bei der Vorstellung lachen. Dann stutzte ich. «*Sein* Garten? Du sagst das, weil er ihn angelegt hat, richtig?»

«Ich sage das, weil es seiner *ist*, Toni. Torsten ... wie nennt ihr ihn?»

«Toastbrot.»

«Genial! So einfach und so überaus passend, dass es schon wirklich an Komplexität kaum zu überbieten ist!»

«Hä?»

«*Never mind*. Folgendes musst du wissen: Eurem Toastbrot gehört das Ateliergrundstück mitsamt Immobilie, er hat es gekauft. Emma besaß noch ein lebenslanges Wohnrecht, aber so was lässt sich bekanntlich nicht vererben. Dir bleibt lediglich das Waldhaus und ein bisschen Land drum herum, gar nicht mal so wenig, aber das kann dir der Blumen-Weidner anhand der Pläne später ganz genau zeigen. Schlimm?»

«Gar nicht schlimm», sagte ich. Und das war die Wahrheit.

«Hab ich mir gedacht.» Elsa nahm meine Hand und drückte sie fest. «Wir müssen entscheiden, was mit Emmas Sachen geschieht.»

«Das Toastbrot kriegt die Bilder nicht!», schoss es aus mir heraus, noch bevor ich darüber nachdenken konnte.

«Dem kann ich nur zustimmen: Es sind jetzt deine!»

«Entschuldige bitte, Elsa, wenn ich das so sage, aber müssen wir nicht auch überlegen, was mit dir geschieht?»

«Das lass mal getrost meine Sorge sein.»

Sie führte meine Hand zu ihrem Mund und drückte ihre Lippen darauf, diesmal blieb keine rote Spur.

«Deine Mutter und ich, wir waren zwei entgegengesetzte Pole auf einer Landkarte, das jeweils andere Ende der Fahnenstange, das Stück zum Gegenstück, die Faust und die Kompottschale. Sie verkümmerte in ihrem Scheißdorf und versteckte ihre magischen Arbeiten hinter Töpferkursen und Weihnachtsmarktgeschäft. Ich knallte durch die Großstädte dieser Welt, nutzte mich selbst als Leinwand, entwickelte radikal zukunftsweisende Kunstwerke, denen mein Körper als Trägersubstanz diente, schockte die Bourgeoisie. Habe ich es besser gemacht? Bin ich weniger vergessen? Ach nein, ach ja, ach nein, ach ... Als ich starb, blieb ich, wie alle Knochenfrauen, im Sand liegen, bis Emma mich aufweckte und ich wieder die sein konnte, die ich bin.»

Ich hielt Elsas Hand, war schlau genug, sie nicht zu fragen, wie ich das verstehen sollte, wollte es gar nicht mehr verstehen.

«Du bist, die du bist, Baroness. Es ist gut so», sagte ich.

«Es ist sogar *sehr* gut so», sagte Elsa, während sie aufstand und zur zweiten Staffelei humpelte.

Sie blieb mit dem Rücken zu mir davor stehen. «Dada ist die beste Lilienmilchseife der Welt.»

«Bitte was?»

«Wurde so im Eröffnungsmanifest proklamiert. Ein schöner Gedanke, finde ich. Das war in Zürich im Juli 1916, dieser berühmt-berüchtigte Abend im Café Voltaire.»

«Warst du da auch bereits dabei?»

Elsa streckte beide Arme seitlich aus, als wollte sie die verhüllte Leinwand umarmen. «In der Essenz, im Schmelzkern der Sache, bin ich immer schon dabei gewesen, aber wenn wir es mal präzise ungenau-dunkelblau nehmen wollen, dann *war* ich die Essenz, *bin* es, mitsamt dem ganzen Vergessen, bis heute.» Ihre Arme streckten sich himmelwärts. «Kon-zen-trat!» Sie ließ die Arme wieder sinken, schaute mich über die linke Schulter hinweg an. «Das liegt doch auf der Hand, oder nicht?»

Die Baroness wandte sich wieder der Staffelei zu, ließ dabei ihre Schultern kreisen und die Hände zittern, was ein bisschen aussah wie eine Mischung aus Gymnastik und epileptischem Anfall.

«Die Herren haben darüber gequatscht, während ich es *gelebt* habe. Na ja, in etwa so. Hugo, den sie wacker ‹den Gründer› nennen, der es selber später aber lediglich als ‹eine Laune› bezeichnete, der Drückeberger, hat sich in seinem Kostümgebilde nicht mal bewegen können. Von wegen Ball! Mit viel gutem Willen könnte ich ihm etwas anregend Phallisches zuerkennen, wie er da so priesterlich hinter dem Notenständer lamentierte, in seinem steifen Bischofskostüm aus Kartonage und Goldpapier: Karawaaaane, blablablaaabla! Auf die Bühne getragen werden musste er – und wieder runter!, konnte sich keinen Schritt alleine bewegen, der magische Dada-Priester. Zu dieser Zeit bin ich bereits im klingenden, schwingenden Hat-man-ja-noch-nie-gesehen-Körperkostüm über den Broadway getanzt. Alleine! Wenn das kein Sinnbild ist! ‹Das Wort will ich haben, wo es aufhört und wo es anfängt›, hat der Gründer-Hugo gesagt. Alles seins, schön und gut. ‹Jede Sache hat ihr Wort, da ist das Wort selber zur Sache geworden›, das ist ebenfalls ein tragfähiger Gedanke, das muss man ihm lassen. ‹Meine Herren›, hat er gesagt. Natüüüüüürlich war das an die Herren gerichtet! Mir und meiner Kunst war da bereits ein langer Artikel in der *New York Times* gewidmet worden, aber der Bälleball sprach lediglich die Penisträger an, herrje! Was sagt denn deine femi-mini-nistische Professorin dazu?»

«Die findet das falsch und dumm, ist doch klar.»

«Und du?»

«Das ist eine rhetorische Frage, richtig?»

Elsa lachte laut und zog mit einer ruckartigen Bewegung das Tuch von der mittleren Leinwand. Alle Facetten von Grün, dazu Rot, Gelb, Schwarz, aber nichts musste sich im Auge der Betrachterin erst zusammenfügen, das Sujet war völlig klar und dermaßen gegenständlich, dass es einem, dass es mir den Atem raubte. Dort also haben sie gelegen, dachte ich, zwischen Voliere und Atelierstall, ziemlich genau da, wo jetzt die Hecke wuchs. Meine tote Großmutter, Emma eins, gefallene Kriegerin, verstummte Trösterin, Geschichtenverschweigerin, war mit wallenden langen grünen Locken gemalt worden, die nach allen Seiten wuchsen, über die abgebildeten Gebäude, in die Erde, über fast die gesamte Leinwand. Eng an die Leiche geschmiegt, zum Teil ebenfalls von den wurzelartigen Haarsträhnen bewuchert, lag eine weitere Gestalt, die Augen geschlossen, den überdimensionierten Mund zu einem schwarzen Loch aufgerissen, und es war unmöglich, nicht an einen sich auftuenden Höllenschlund zu denken. Am oberen Rand, dort, wo das Wurzelhaar nicht hinwuchs, befand sich, perspektivisch nach hinten versetzt, eine dritte Person, eine kräftige Frau mit sehr kurz geschnittenem, schwarz gefärbtem Haar, den Oberkörper hoch aufgerichtet, die Arme vor der Brust verschränkt, die Beine untergeschlagen, die Augen starr und anklagend auf die Betrachter gerichtet.

Mir wurde ein bisschen übel. «Das bin ja ich.»

«Ja klar, wer sonst?»

«Woher wusste meine Mutter, wie ich inzwischen aussehe?»

Die Baroness hob das Tuch vom Boden auf, zerknautschte den Stoff in ihren Händen. «Du hast wirklich ein Talent, das Offensichtliche außer Acht zu lassen, meine Liebe.» Sie warf das Tuch wieder über die Leinwand. «Aber mach dir nichts draus. Der Galerist will das Bild haben, das würdest du also ruck, zuck, fuck wieder loswerden, wenn es dir nicht gefällt.»

«Um gefallen geht es doch gar nicht!»

«Worum zur Hölle aber dann? Worum geht es bei dieser Sache, Toni? Sag mir das!»

«Weil ich eben genau das nicht weiß, sitze ich jetzt hier in diesem blöden Korbsessel, schwitze mir den letzten Rest Verstand aus dem Leib und versuche, aus all dem absurd Unsäglichen, das du mir präsentierst, die richtigen Schlüsse zu ziehen.»

«Und das wären?»

«Gar keine, verdammt noch mal!»

Die Baroness hob in einer albern anmutenden Geste beide Daumen.

«*Perfect*! Ich war mir von Anfang an sicher, dass aus dir eine stabile Dadaistin werden würde, *ma chère* Toni.»

«Bei allem Respekt, *ma chère* Elsa, aber das möchte ich dann doch stark bezweifeln.»

«Ha! *Quod erat demonstrandum.*»

Sie hatte die letzten beiden Worte noch nicht ausgesprochen, als sie bereits nach der Ecke des Lakens griff, das die dritte Staffelei verhüllte. Diese Leinwand hatte ein deutlich kleineres Format, war unvollendet und zeigte eine Ansicht auf das Waldhaus vom hinteren Ende des inneren Gartens aus. Ich schaute lange hin, das Bild war ansprechend, auch hier hervorragende Maltechnik, satte Farben, aber mehr nicht.

«Ist da etwas, das ich nicht erkennen kann?», fragte ich, nachdem ich vergeblich Ausschau gehalten hatte nach etwas, das auch nur im Ansatz eine ähnliche Dramatik aufwies wie die beiden anderen Bilder.

«Wir erkennen selten das, was wir sehen, aber ungefähr dort ...», Elsa deutete auf eine Stelle im mittleren rechten Drittel des Bildes, wo nichts als Gräser und Erdkrumen zu erkennen waren, «ist meine Totenmaske vergraben.»

Ich stand auf, trat näher an das Bild heran, studierte die Linien und Farbverläufe, trat wieder zurück und wieder vor. Nichts. Kein Hinweis, keine Andeutung, keine wie auch immer verschlüsselte tiefere Ebene brach auf.

Ratlos wandte ich mich der Baroness zu. «Ich sehe nichts.»

«Aber ich sehe dich, und das ist gar nicht mal so selbstverständlich, hab ich recht?»

«Glaub mir, Baroness, selbstverständlich ist rein gar nichts, seit ich hier angekommen bin.»

«Gut so! Trotzdem darf das Offensichtliche mitunter einfach nur das Offensichtliche sein, wenn wir es so entscheiden. Wir müssen nicht immer hinter die Fassaden dringen. Und dennoch ...», sie nahm das Bild von der Staffelei und hielt es wie einen Schutzschild vor ihre Brust, «wirst du nie wieder auf dieses Stück Landschaftsmalerei schauen, ohne dabei an mich und meinen Tod zu denken.»

Elsa stellte das Bild wieder zurück und humpelte rasch, als habe sie es plötzlich sehr eilig, auf die Schiebetür zu.

«Und jetzt raus hier, bevor du Weichapfel mir noch zu Mus verkochst.»

Sie sagt: Die, die ich bin, war zeit ihres Lebens voller Verlangen.
Eine gierige, geile, unersättliche, Welt gestalten wollende Frau!
Oh, oh, oh! Sie haben sich so gefürchtet vor jeder Ausdrucksform meiner Gier!
Ruckediguuu, Blut ist im Schuh!
Aber Vereeeeeehrteste, wo kommen wir denn hin, wenn jetzt auch noch die Damen sich nehmen, was … – da verstummte es errötend, das Anstandsgebilde – Mannsbild zumeist, Weibsbild nicht selten ebenfalls.
War mir egal.
Nackt war ich am schönsten,
trug Titten und Titel mit Würde und Stolz:
Schlampe, Dada, Nervensäge, Provokateurin, Hure, Baroness.
Heutzutage darf man, sagst du?
Heutzutage darf Frau, sagst du?
Die Grenzüberschreitung als Mittel zu – – –
[nachdenkliche Kunstpause]
Was sagst du?
Schneid mir das Fleisch von der Ferse,
aber die, die ich bin,
wird sich weiterdrehen.

9

TALK OF THE TOWN

Wir waren aus dem Atelierhaus wieder in den Garten gegangen, wo ich den Rest Orangensaft direkt aus der Glaskaraffe getrunken hatte, die auf dem verwaisten Frühstückstisch stand. Danach hatte Elsa, statt auf mein Angebot einzugehen, für sie abzudecken, die Hunde gerufen, hatte sich bei mir untergehakt und «bei deiner Oma in der Küche ist es von den Temperaturen her jetzt am angenehmsten» gesagt.

Da saßen wir, die nackten Füße auf dem Tisch, und rauchten, während das Schweigen aus dem Geschirrschrank mit jedem Zug lauter wurde.

«Lass uns über Paris reden», sagte die Baroness.

«Mit dem größten Vergnügen!», antwortete ich.

Dass Elsa die Gesprächsthemen bestimmte, egal wie scheinbar willkürlich sie sie auswählte, hatte ich inzwischen zu akzeptieren gelernt. Darüber hinaus kam es mir gerade sehr gelegen, über etwas zu sprechen, das sich möglichst weit entfernt zugetragen hatte, was auch immer es war, solange es mir eine Verschnaufpause von der Auseinandersetzung mit der Lindbacher Gegenwart verschaffte.

Elsa warf mir einen undefinierbaren Seitenblick zu und sagte: «Na, dann vielleicht doch lieber erst noch einmal über New York.»

«Warum das jetzt?»

«Wir sind bereits in einer ambivalenten Stimmung, wir müssen nicht auch noch ins Morbide kippen.»

Ich zuckte mit den Schultern, nickte dann aber doch, weil mir klar wurde, dass sie vollkommen recht hatte, auch wenn ich nicht hätte ausdrücken können, womit genau.

«Erzähl bitte unbedingt von New York, Baroness! Ich war noch nie in den Staaten.»

«*Holy Moly*! Dann wird's aber Zeit!»

Elsa nahm die Füße vom Tisch, setzte sich aufrecht hin.

«Gut, also Amerika, also New York, bitte schön! Ich gewähre uns mal lieber eine bescheidene Ouvertüre zu diesem Teil meiner unbescheidenen Geschichte, jajaja. Welche große Dame sehen wir als erste vor unserem inneren Auge?»

Sie deutete mit zwei Fingern erst auf ihr Gesicht, dann auf meins, dann wieder auf ihres. «Na?»

Ich nahm einen tiefen Zug an meiner Zigarette, ließ derweil in meinem Gedächtnis einige Bücher Revue passieren, die ich in letzter Zeit gelesen hatte. «Eleanor Roosevelt vielleicht?»

Die Baroness tippte sich mit dem Zeigefinger an die Stirn. «Niemand, *absolutely no one in the world,* sieht beim Stichwort Amerika als Erste Eleanor Roosevelt vor sich aufleuchten. Leider, leider, leider! So gesehen also: exzellente Wahl! Oder ein mehr als durchsichtiger Versuch, sich bei mir einzuschmeicheln, auch nicht schlecht. Wusstest du, dass Mrs Roosevelt, Ur-New

Yorkerin *by birth and by death*, im gleichen Jahr geboren wurde wie die, die ich bin? Nein? Ich bin trotzdem stolz auf dich, Toni, du alte Angeberin! Zweiter Versuch: Weeeeeer begrüßt seit 1886 von einer kleinen Insel im Hafen aus all die gebeutelten Menschen, die ihr Glück machen oder einfach nur ihr Leben retten wollten? Na?»

Sie ließ mir keine Zeit für eine Antwort.

«Meine Güte! Die Ikone schlechthin: *Lady fucking Liberty*. Ups!» Die Baroness hielt sich, kokett mit den Augen klimpernd, die Hand vor den Mund. «Jetzt hab ich glatt die Wächterin des American Dream beleidigt. Böse Baroness!» Sie schlug sich selbst rechts und links gegen die Wangen, dass es klatschte, streichelte sich anschließend liebevoll über das Gesicht und fuhr fort: «Von Haus aus ist sie Französin, *she's french*, wusstest du das?»

«Ja.»

Ich fragte mich, worauf sie eigentlich hinauswollte, war aber klug genug, diese Frage nicht zu stellen.

«Und dass der Bildhauer Bartholdi ihr Antlitz angeblich nach dem seiner Mutter modelliert hat, wusstest du das etwa auch schon, Frau Schlaumeier?»

Unwillig schüttelte ich den Kopf, weil ich mich einer weiteren Neuauflage des Mutterthemas noch nicht wieder gewachsen fühlte.

Wie kurz zuvor sah Elsa mich einen Moment lang auf die gleiche, nicht einzuordnende Weise von der Seite an, dann fuhr sie fort: «Entspann dich, Toni! *Madame la Liberté* reckt ganz unmütterlich die Fackel der Freiheit gen Himmel, eine fast hundert Meter hohe

Geste kühner Behauptung in überdimensioniert amerikanischer Manier, Verheißungen proklamierend, die noch nie wirklich eingelöst worden sind. Du musst schon ein Mann und ein Weißling sein, um in den vollen Genuss der fabelhaften *American Liberty* zu kommen, befrag dazu mal die wackere Eleonore, die kann dir, obwohl selbst in apfelblütenweiße *upper class* gewindelt, einiges zu diesem Thema erzählen. Oh, nein, fragen wir lieber die vielen, die nie gefragt worden sind, deren Kinder und Kindeskinder gefressen und vergessen wurden im Land der unbegrenzten Unmöglichkeiten. Ach, ach! Der Freiheitsstatue können wir die Unwucht der Weltgeschichte kaum anlasten, die steht tapfer durchhaltend auf ihrem symbol-verlogenen Posten und findet noch immer niemanden, der sie vom Sockel reißt, um sie auf all die Missionare sexualfeindlich-misogyner Prüderie und auf die Legionen von rassistisch-gekukluxclanten Bestien zu werfen, für deren Auslöschung es nun wirklich mal allerhöchste Zeit wäre. *Goddamn!* Ich sehe dich die Stirn runzeln, *ma fille*, aber dies musste in aller Härte vorausgeschickt werden, damit das, was ich sonst noch von Amerika zu erzählen habe, nicht in der falschen Tonart abgespielt wird. Tut mir sehr leid!»

Dass ihr das kein bisschen leidtat, war unschwer an ihrem Grinsen zu erkennen.

«*Très bien, alors*. Wir können uns jetzt wieder zurück in meine Geschichte begeben. New York war immer noch besser als das meiste vom ganzen vereinigt-staatlich-verkorksten Rest, den ich teilweise auch kennenlernen durfte. Zu mir war diese Stadt, man mag es kaum glauben, weitaus freundlicher, als es Berlin gewesen ist, ja, sogar netter als, ach!, das arme, geliebte, hundsgemeine Paris. Meine Freundin Djuna hat einmal über New York gesagt, dass dies die einzige Stadt in den Staaten sei, in der sich kaum ein typischer Amerikaner finden lasse. Das kann ich bestätigen. Dort gab es Raum für Neues, für nie Dagewesenes, und sogar für eine wie mich wartete da ein feines Stück vom *Liberty*-Kuchen, das ich natürlich restlos verschlang.»

Elsa lächelte, ihr bleiches Gesicht schien sich dabei zu glätten, und sie bekam ein wenig Farbe, sah beinahe wie eine junge Frau aus, als sie weitersprach. «Im New York dieser Zeit, wir reden von den Jahren zwischen etwa 1913 und 1921, waren nämlich gar nicht mal so wenige Menschen unterwegs, die in dem, was ich zu sagen und zu gestalten vermochte, eine bahnbrechende, aus der grauen Masse leuchtend herausragende Dimension zu erkennen bereit waren.»

Ich hätte beinahe gelacht, weil mir der Gedanke gekommen war, dass sie sich, bei aller Originalität, gelegentlich dann doch wieder anhörte wie ein Lexikon aus den Fünfzigerjahren.

«Was erheitert dich, *ma chère amie*?»

«Nichts, Baroness. Ich freue mich bloß mit dir und für dich.»

Elsa zog skeptisch eine Braue hoch, blies dabei Rauchkringel in die Luft. «Hast du dir gemerkt, wie es mich in die Stadt der vermeintlichen Freiheit verschlagen hat?»

Ich schickte ihrem perfekt gebauten Kringel eine schlichte Wolke hinterher und sagte: «Jawohl. Dein Mann hat dich dort hängen lassen.»

«*Very true* und *pas du tout*! Das reimt sich sogar, wenn das mal nicht doppelsinnig ist! Was du sagst, ist richtig und falsch, wie alles im Leben. Aber lass es mich mal so formulieren: Der mich in New York zurücklassende Mann hat den notwendigen Samen ausgeworfen. Nicht seinen *in mich*, zum Glück, sondern mich als solchen in diese Stadt. Verdienst kann ihm dafür allerdings absolut keines angerechnet werden! Vergiss auch das nicht, Toni! Dem Kerl war es nämlich ungefähr so schnuppe wie der grünen Sockelstatue die allumfängliche *libertas*, ob ich ohne ihn und mein Erspartes untergehen würde oder nicht. Aber hat mich das gelähmt, zerstört oder auch nur gejuckt?» Sie legte ihre Handflächen wie zum Gebet aufeinander, berührte damit dreimal ihre Stirn und beantwortete im Anschluss ihre Frage selbst: «*Nope, my lady*, hat es nicht! Jedenfalls nicht sehr. Ich, Elsa Neubaroness, traf nämlich in der fruchtbaren Erde asphaltierter Stadtschluchten auf den Mutterboden, den ich zum Weiterwachsen brauchte, gedüngt und vorangetrieben von der Tatsache, an keinen Mann mehr gebunden zu sein.»

Es wunderte mich, dass an dieser Stelle kein Kommentar aus dem Geschirrschrank tönte, «da hörst du's, mein Mädchen», «so kann's gehen, nämlich manchmal besser ohne», oder so ähnlich. Emma eins wäre dieses Jahr siebenundachtzig Jahre alt geworden, und ich fragte mich, wie sie sich wohl mit Xavier verstanden hätte. Gut, würde ich wetten. Er jedenfalls hätte sie unter Garantie gemocht, diese in selbst geschneiderte Kittelschürzen gekleidete Alte mit dem langen weißen Haar, die aus Sperrmüllbrettern eine perfekte Gartenlaube zusammennageln konnte und schmackhafte Eintöpfe aus Wildkräutern und Kartoffeln zauberte.

«Ach, Leo, mein Leo, was für ein Lappen!» Elsa raufte sich, die Zigarette zwischen ihre Lippen geklemmt, theatralisch die Haare. «Der hübsche Baron war bereits mein dritter. Ehemann, nicht Lappen. Lappen hatte ich zuvor bereits unzählige gehabt und sollte noch viele weitere zwischen die Finger, nicht wenige auch zwischen die Beine bekommen, sie konnten nicht alle geehelicht werden, das versteht sich von selbst. Ehemann Nummer eins habe ich, nachdem ich in Rom eine kleine Erbschaft in Form meines ersten eigenen Ateliers durchgebracht hatte, auf der notgedrungenen Suche nach neuen Wirkungskreisen in München kennengelernt. Mit ihm bin ich wieder zurück nach Berlin, wo wir geheiratet haben. Du bist sicher schon mal an den bunten Fassaden des ersten der Hackeschen Höfe vorbeispaziert, die sind von ihm entworfen. Endell war ein kluger kreativer Kopf, in sexueller Hinsicht jedoch leider eine hohle Nuss, weshalb wir uns bereits 1904, nach nur drei Ehejahren, trennen und scheiden lassen mussten. Man darf sich zwischen all diesen knapp gehaltenen Informationen, auch denen, die gleich noch folgen werden, allerlei Eskapaden meinerseits vorstellen, ebenso promiskuitiv wie produktiv, da brauchst du deiner Imaginationsfähigkeit keine Grenzen zu setzen, ich werde deine Fantasien in jedem Fall übertroffen haben. Hast du jetzt Bilder im Kopf?» Elsa sah mich fragend an. Ich nickte sehr langsam, mühsam darauf achtend, dass mir das Gesicht nicht zu einem anzüglichen Grinsen entglitt, woraufhin sie fortfuhr. «Bitte sehr, gern geschehen! Mit Ehemann Nummer zwei, einem Übersetzer und Schriftsteller, bin ich über einige innereuropäische und außereheliche Umwege in die finsterste Provinz von Kentucky gelangt, wo er im Herbst 1911 endgültig genug davon hatte, mich, trotz des gravierten Rings und des amtlich beglaubigten Dokuments, nicht zu einem samtweichen Weibchen formen zu können. Tja. Weg war er, der Felix, der Glückliche. Pech für ihn! Gattenlos schaffte ich es als reibeisenraues Nichtfrauchen dennoch bis in die Stadt, von der wir sprechen wollen. Mein Verdienst, auch das! Wahrscheinlich würde ich den hübschen Baron, der dort auf mich wartete, noch heute lieben, wäre er nicht er selbst gewesen. Im Bett eine Granate, außerhalb ein Rohrkrepierer, aber mir war es so lieber als andersrum. Verzeih die etwas pietätlosen Wortwitze, schließlich würde in Europa bald ein bestialischer Krieg ausbrechen, aber der Baron als in Ungnade geschasster Offizier wusste mit einem Granatenvergleich durchaus etwas anzufangen, ihm gefiel so was. Mein von Spielschulden gebeuteltes, sexbegabtes, schwarzschaf-altadeliges Drittgattchen war notorisch pleite, ließ sich, wenn sein Salär als Sohn, Kellner oder Bierkutscher mal wieder – also immer – ausgegeben war, gerne von Frauen, ja, auch von mir, aushalten, und warum auch nicht? Er bezahlte in befriedigender Währung, das kann ich dir sagen. Ich ihn ebenfalls, da kam auch er auf seine Kosten, nicht, dass du denkst! Leopold und ich hatten wenig mehr als eine Handvoll ekstatischer Monate, na ja, nicht ausschließlich, wenn ich ehrlich bin, aber *tant pis, never mind,* was soll's. Im November 1913 hab ich ihn geheiratet, wir hatten Flitterwochen im Ritz, später Fenster mit Blick auf den Hudson River. Ab und zu trudelte anfangs noch ein schwiegerväterlich-freiherrlich weißer Scheck mit Reichsbanksiegel ein, und trotzdem waren wir immer am Limit, alle beide, in so vieler Hinsicht. Schön war es dennoch. Oder gerade deswegen? Im Sommer vierzehn hatte sich der Gatte schon wieder verflüchtigt, ich habe die Umstände bereits angedeutet, lassen wir den ehrversessenen deutschen Soldatendepp also ein für alle Mal in Frieden oder Unfrieden ruhen. Er ging, ich blieb. Und wie ich blieb! Es gab damals keinen besseren Ort für eine wie mich, um hängen gelassen zu werden. Ich baumelte am kunstseidenen Faden, nahm rechtzeitig Schwung auf, bevor er riss, und entschied mich, auch darin einmal mehr zeit- und geschlechtsuntypisch, für den nächsten Absprung in die noch größere Freiheit statt für den unfreien Fall in den Niedergang. Den schnieken Titel, der praktischerweise an mir haften blieb, wusste ich als schmückendes, türöffnendes Beiwerk einzusetzen und mich selbst als schönes Messer im prüden amerikanischen Fleisch.» Sie schlug sich feixend auf die Schenkel. «Da schauten sie hin, da glotzten und staunten sie, *the great Americans*, wenn eine wie ich freimütig tat, was sie tun musste, mehr als einmal von den sogenannten Ordnungshütern wegen ‹sittenwidrigem Verhalten› von der Straße gesammelt wurde und obendrein noch mit Fug und Recht verlangen durfte, dabei als ‹Baroness› angesprochen zu werden. Menschen sind blöd, Toni, die adeln sich gern mit Adeligem und vergessen, dass wir allesamt unter der dünnen Oberfläche aus Hemd und Hose auf dieselbe Art blank sind.»

Ich musste lachen. «Unbekleidet warst du ja des Öfteren.»

«Ebendrum! Aber frag mal Hemd und Hose nach Égalité, die husten dir nämlich was. Alle Menschen sind gleich? Pah! Die Herren Frack-und-Zylinderträger, in deren Köpfen die Inschriften entstehen, bleiben nämlich feist, gesund und sauber, während die Arbeitshosenträger, die die noblen Worte in die Sockel schlagen, Steinstaub fressen und frühvergreist blutigen Schleim spucken. *Lady Liberty, my ass!*»

«Hast du nicht eben noch gesagt, der Statue kann man die Ungerechtigkeit nicht anlasten?»

Elsa riss böse fauchend beide Arme in die Höhe und wandte ihren Blick der Zimmerdecke zu. Aus einem mir unbegreiflichen Grund war ich plötzlich froh, dass ich zumindest die verklebten Fliegenleichen von der Lampe genommen hatte, so musste sie lediglich auf Spinnweben und Staubfäden schauen, während sie sich aufregte.

«Ich verachte all diese Monumente, die uns mit verlogenen Parolen traktieren! Das tun ja nicht nur die

Amerikaner. Die Marianne zum Beispiel darf seit 1830 mit blanken Titten der Grande Nation die Freiheitsfahne vorneweg tragen, *Liberté, Égalité, Fraternité!*, und da wurde nicht einmal pro forma für die Schwestern ein Platz im triumphalen Wörtertrio freigehalten. *Où est la sœur?*, frage ich dich! *Die Freiheit führt das Volk*, aber wählen dürfen die Maries und Annes in Frankreich erst seit 1944. Eins-neun-vier-vier! Siebzehn Jahre nachdem die, die ich bin, in Paris, dem Geburtsort von *Madame la Liberté*, den Charonspfennig gezahlt hat, ist das zu fassen?»

«In Deutschland hat es ja zum Glück nicht ganz so lange gedauert, das dürftest du ja noch erlebt haben.»

Elsas stahlblaue Augen blitzten mich wütend an. In der Hoffnung, dass es sie etwas beruhigen würde, versicherte ich ihr umgehend, dass das selbstverständlich dennoch ein schockierendes Unding und ein bodenloses Unrecht gewesen sei und dass von Gleichheit unter den Menschen und Geschlechtern, nackt oder angezogen, bis heute keine Rede sein könne, da gäbe es noch jede Menge zu tun. Erstaunlicherweise schienen sie meine etwas planlos drauflosgeplapperten Worte zu beruhigen. Die Baroness beugte sich nach vorne, legte ihre Stirn für etwa eine halbe Minute auf der alten Plastiktischdecke ab. Dann hob sie Rücken und Schultern und wandte sich mir erneut zu: «Was du gesagt hast, ist durchaus korrekt, Toni, aber du hast dich schon wieder dazu hinreißen lassen, vom Thema abzuweichen. Wo waren wir stehen geblieben? Na?»

Weil ich keine Ahnung hatte, welche Antwort die

richtige sein würde, aber ihre persönliche Geschichte beziehungsweise, das, was sie als ihre Geschichte reklamierte, unbedingt weiterhören wollte, sagte ich: «Du, soeben frisch verlassen, aber das immerhin im weltoffenen New York und zudem als gestandene, freie und ungebundene Baroness.»

Zu meiner Erleichterung nickte Elsa zufrieden. «*Right*! Genau da. Ungeachtet meiner revolutionär-egalitären Grundhaltung half mir das Adelsgetue dabei, Aufmerksamkeit zu erheischen, also nutzte ich es. Aufmerksamkeit war, ist es bekanntlich bis heute, Treibstoff aus Gold. *Be the talk of the town, sister!* Für eine wie dich mag diese Maxime vielleicht nicht relevant erscheinen, du versteckst dich ja angeblich gerne hinter den Werken anderer, aber für eine wie die, die ich bin, ist es das verdammte Gesetz: Sehen und gesehen werden, glühen und erblühen, mein großes Maul aufreißen und die Welt gestalten! *Think big, sister!* Klein gemacht wirst du dann schon von selbst. Wie auch immer: Ich und New York, New York und ich, das war kein schlechtes Gespann, jedenfalls für eine gute Weile. Ich wurde dort zur Galionsfigur neuer Kunst- und Ausdrucksformen, einer brillanten Provokateurin, zur Königin der Selbstinszenierung, einer stadtbekannten Erscheinung. So leicht, wie es jetzt klingen mag, war das allerdings nicht. *I had to work hard!* Vielen Malern und zu wenigen Malerinnen stand ich tagsüber Modell, zeitweise verdiente ich mir auch in der Zigarettenfabrik etwas dazu, elende Schufterei! Abends und nachts arbeitete ich wie besessen an meinem eigenen Werk, kreierte Arrangements und Körperkostüme, spielte die Hauptrollen in meinen Aktionen, *war* selbst das Happening, ließ mich auch von hinter Gittern verbrachten Tagen und Nächten nicht aufhalten, *on the contrary*! Verstoß gegen die guten Sitten? *Here I am!* Darüber hinaus malte ich, schrieb Gedichte auf Deutsch und Englisch und in den Lauten der purpurnen Höllenhimmelswesen, die meine Musen waren. Hahaha, wie du gerade die Nase gerümpft hast, *ma fille*, genau wie deine Mutter es an dieser Stelle getan hat!»

Elsa zögerte, kratzte sich über einen Leberfleck an ihrem Kinn, schaute sinnend auf die blassgrünen alten Kacheln über der Spüle. Ich malte mir aus, wie die beiden beieinandergesessen haben mochten, drüben im Atelier oder jede auf einer Lehne des alten blauen Sessels, wie die Baroness meiner nüchternen Mutter gestenreich ihre wilden Geschichten dargeboten hatte, wie Emma zwei, statt im Gegenzug etwas von sich zu berichten, schweigend an die Staffelei getreten war.

Der Druck von Elsas Hand auf meinem linken Arm ließ dieses Bild wieder verschwinden. «Bist du noch bei der Sache, Toni?»

«Ja, sicher, du sprachst von deinen New Yorker Musen aus der Hölle, oder war's der Himmel?»

Sie zischte tadelnd mit der Zunge, krallte ihre Finger in meine Haut, so fest, dass ich meinen Arm wegzog. «Gequirlter Unsinn, den du da von dir gibst! Emma wusste es, und dir sage ich es jetzt auch: Ich brauchte gar nichts Über- oder Unterirdisches zu bemühen, denn meine Sprache, meine Objektkunst, mein gesamtes Schaffen, nährte sich aus profanen Quellen, aus den Reklametafeln und Schlagzeilen, den Dingen des Alltags, dem Lärm der Straße, dem Klangbild einer ganz in meinem Sinne bestückten Metropole am Rande des Wahnsinns. Damit kannte ich mich aus, damit konnte ich arbeiten, auf diesem Boden erschuf ich alles neu. New York war eine unerschöpfliche Fundgrube! Man konnte im Manhattan dieser Tage die Kunst buchstäblich aus der Gosse ziehen oder in den Regalen der Warenhäuser finden oder in den stinkenden und verbeulten Blechtonnen der Hinterhöfe entdecken oder aus den Auslagen der Gemüsehändler fischen. Wenn man nur über das Talent verfügte, mit offenen Augen durch diese Stadt zu gehen. Und *meine* Augen, das lass dir gesagt sein, waren ebenso ozeanweit wie wolkenkratzerhoch offen. Sie entwickelten sich unter den herrschenden Bedingungen zu den Augen eines Falken, eines Weißkopfseeadlers, einer Adel-Adlerin ...» Die Baroness hielt inne, schien einem Gedanken nachzugehen, den sie, was mich überraschte, erst sorgfältig abwog, bevor sie ihn aussprach. Jeglicher Triumph war aus ihren Augen und ihrer Stimme gewichen, als sie fragte: «Meinst du, sie hätten mich auch ohne das Baronettentum bemerkt?»

«Auf jeden Fall hätten sie das!», sagte ich, denn daran konnte in der Tat keinerlei Zweifel bestehen.

Der triumphale Glanz kehrte umgehend zurück. «Worauf du verdammt noch mal einen lassen kannst, meine kluge Toni!»

Elsa strich mir mit dem Zeigefinger über die Wange. «So viele von uns zog es vom kriegszerbröselnden Europa nach New York. Das alte Europa war gekommen, das junge Amerika zu bereichern. So stellten sich das einige von uns vor. Ich stellte mir gar nichts vor, ich machte einfach. Wir waren alle hungrig nach allem, aber *mein* Appetit, das kann ich wohl behaupten, war der gewaltigste in dieser an gierigen Hungerkünstlern nicht gerade armen Stadt. Ich hatte etwas zu sagen, was die Welt hören musste, und brauchte dafür ein Publikum. Ich war bereit, dem Bravbürgertum nonchalant vor die Füße zu kotzen, damit die Menschen dieser Stadt ihre Sinne auf meine Kunst richten. Womöglich habe ich das sogar einmal in realiter gemacht, wer könnte das ausschließen?»

Kam da ein Schnauben aus dem Küchenschrank? Auch die Baroness hielt inne und schaute in diese Richtung.

«Hat jemand etwas gesagt?»

Elsa stand auf, ging zum Küchenschrank, rief: «Verschwinden und Schweigen stellen keine konstruktiven Beiträge dar!», schloss dabei die schon wieder spaltbreit aufstehenden Türen, drehte den Schlüssel herum und zog ihn heraus.

«Du solltest dieses Möbel behalten, Toni. Das ist ein interessantes Stück!»

Ich nickte. «Mal sehen, was sich machen lässt.»

Elsa blieb mit dem Rücken gegen den Schrank gelehnt stehen, die rechte Hand vor ihrer Brust zur Faust um den Schlüssel geschlossen.

«Am Lincoln Square hatte ich genau so einen Geschirrschrank stehen, wo der wohl abgeblieben ist? Vielleicht hat mein Freund Marcel ihn an sich genommen. Wir wohnten damals im selben Haus, Marcel und ich. Ich habe ihn sehr treffend als Federschmuck in einem Weinglas porträtiert. Kennst ihn?»

«Nie von ihm gehört.»

Elsa brummte ungehalten. «Aber sicher doch! Die Rede ist von Monsieur epochal-zukunftsweisender Kunstpionier, Mister *greatest* Objektkünstler, Herrn Sargträger der gegenständlichen Malerei, Signore Chefdadaist. Späterhin hat er dann nur noch Schach gespielt und geschwiegen, aber heutzutage immer noch wichtig, wichtig, wichtig, dieser Visionär, bla, bla, bla! Renommierte Kunstpreise tragen seinen Namen – was ja an sich pure Ironie darstellt, wenn man bedenkt, wofür er stand. Großartiger Künstler! Deine Mutter fand ihn übrigens grauenhaft überbewertet.»

«Ich tappe noch immer im Dunkeln, Baroness.»

Elsa zog mich sanft am Ohrläppchen und gab ein zufriedenes Keckern von sich. «Du hast eine lobenswerte Rudimentärkenntnis von der, die ich bin, dir fällt spontan Lady Roosevelt ein, aber den großen Marcel Duchamp willst du nicht kennen? Allein für diese Lüge muss man dich lieben, *ma fille*!»

Elsa stieß sich vom Schrank ab, kam zurückgehumpelt und sank mit einem kehligen Ächzen wieder neben mich auf die Küchenbank.

«Ich war *terribly in love with* Marcel, und er *with me*, wenn auch nicht ganz so *terribly*, weil der pseudogenialische Waschlappen sich vor meiner Kraft und meiner Lust fürchtete, wie so viele andere vor und nach ihm. Der gläserne Marcel, so habe ich ihn oft genannt, war blass und leise und wäre an meiner Seite sicher noch durchsichtiger geworden, zuletzt vermutlich ganz verschwunden. Schlachten Sie mich, Kunstgeschichtler dieser Erde! Und wenn schon! Wie viele Frauen sind unsichtbar geworden, weil Männer sich vor ihrer verschlingenden Macht fürchteten? Uhuhuuu, das böse, böse Weib! Marcel und ich redeten ganze Nächte lang, das war großartig, das wäre fast, fast, fast schon genug gewesen. Ich war seine platonische Mitternachtsprinzessin, durfte ihn nicht küssen, nicht berühren, und doch ernährte er sich von mir. Denn ich, ja ich!, hatte damit begonnen, die Dinge des Alltags zu Kunstwerken zu erheben, allein dadurch, dass ich sie fand, sie ansah, neu benannte und aus der Umklammerung des vordergründig Faktischen befreite. Alles kann etwas anderes sein. Marcel verinnerlichte diese Idee, sie beflügelte ihn. *Ich* gab ihm Flügel, aber vögeln wollte er mich trotzdem nicht, der feige Dieb. Ich musste auch Monsieur Du-shit gehen lassen, von ihm fallen gelassen werden, das schreckliche alte, immer gleiche Spiel mit mir spielen lassen. Und: Ja! Da ist viel zu viel *lassen* in einen Satz gepackt, aber so geht meine Geschichte, ich war, ich bin eine Frau, da lernt man, sich zu lösen, oder geht zugrunde. Frag mal deine Mutter, ach nein, frag sie lieber nicht! Dass ich an den amerikanischen Männern scheitern musste, lag in der Natur der Sache, aber einem Franzosen hätte ich doch ein wenig mehr zugetraut. Sein Verlust! Leider meiner auch, aber was blieb mir übrig? Richtig: Eine Aktion durchführen, aus der die Damen und Herren Connaisseure Verweigerung konventioneller Schönheitsideale herauslesen durften.»

Elsas Miene verdüsterte sich. «*Hélas*! Wir kommen in diesem Zusammenhang wohl nicht darum herum, in aller Schnelle doch noch das berühmte Pissoir zu erwähnen, das dem gläsernen Marcel zum Durchbruch verholfen hat. Da war er nicht mehr blass, der Schisser! Ein Urinal wird umgedreht, signiert, präsentiert und betitelt: *Fontaine*. Hurra! Die Madonna des Badezimmers wird kreiert, die konzeptionelle Kunst wird geboren! Fanfaaaare! Was für ein Revolutionär, dieser Duchamp! Dass das Ding ursprünglich auf meinem Mist gewachsen ist, inklusive der Signatur, darüber sind sich heutzutage die *ladies and gentlemen* auf den kunsthistorischen Lehrstühlen mehrheitlich einig, sechzig-vierzig würde ich schätzen, es werden hoffentlich mehr. Manches wird eben im Lauf der Zeit doch ein bisschen ausgebügelt. Aber hat die, die ich bin, es heutzutage besser? Repliken des Pinkelbeckens werden in den großen Museen dieser Welt ausgestellt, London, San Francisco, Paris, Stockholm, Philadelphia. In meinem Namen, denkst du? Falsch gedacht! Marcel ist der große Duchamp – Elsa ist die vergessene Baroness, die allenfalls in seinem Schatten steht. Dabei hätte ich die Sonne sein sollen! *The sun should have been me!*»

Elsa lachte bitter. «*Et puis merde*, nach all den langen Jahren kann mir das jetzt auch schon egal sein, wolltest du das einwenden, Toni, oder warum schaust du mich so weidwund an?»

Ich nahm einen Zug an meiner Zigarette und blies ihr direkt ins Gesicht. «Bei mir bist du nicht vergessen, Baroness, wirst es niemals mehr sein.»

Sie musste nicht einmal husten, hielt meinem Blick lange stand, hob schließlich die Brauen und begann, so laut zu lachen, dass ich die Teller im Schrank scheppern zu hören glaubte.

«Liebe, Liebe, Pferdediebe! *Merci, mon amour,* wäre ich hundert Jahre jünger, wäre jetzt der passende Moment für einen Heiratsantrag.»

Ich verneigte mich. «Das ehrt mich sehr, Madame!»

Elsa ließ ihre Faust auf den Tisch krachen. «Du passt nicht auf, *imbécile*! Jetzt hatte ich glatt selbst schon damit angefangen, das Leben einer Frau, das Leben der Frau, die ich bin, über die Männer, mit denen sie verkehrte, zu erzählen! Warum lässt du das zu? Ich löse unsere Verlobung! *Ça suffit!* Es reicht mir!»

«O nein! *Quel dommage!*», sagte ich und griff mir ans Herz, aber Elsa war nicht nach Scherzen zumute.

«Es sollte stattdessen endlich einmal der Einfluss meiner radikal erotisch-künstlerischen Energie auf die europäische Moderne untersucht werden! Bist du nicht dieser Meinung?»

«*A tout prix!*», beeilte ich mich zu bestätigen. «Unbedingt!»

Die Baroness stöhnte auf, als leide sie unter Schmerzen.

«Zu viele von uns wurden ausgelöscht, Toni!»

«Das ist leider sehr wahr, Baroness.»

«Was für eine Erscheinung ich war! Den Kopf kahl und zinnoberrot lackiert, die Lippen schwarz oder smaragdgrün, blaue und gelbe Papageienfedern an die Augen geklebt, die Hosen bunt bemalt, die Brüste, ach diese auch in meinen Enddreißigern noch frischen straffen Brüste!, an den verheißungsvollen Stellen mit einem Büstenhalter aus grüner Kordel und Blechdöschen verdeckt, die glanzvollste Karriere, die Tomatenmark je machen durfte. Meine Hunde, es waren damals immer mindestens fünf, sie waren wild, edel, scheu und schön, führte ich an goldenen Seilen mit mir als meine treu ergebene Entourage. Wen hätte solch ein wandelndes Bild süffig-sinnlicher autonomer Weiblichkeit kaltlassen sollen? Wen, Toni?»

«Niemanden, Elsa, absolut niemanden.»

«Sollte man denken.»

Elsa hob warnend eine Hand, sodass ich mit einer erneuten Tirade rechnete, aber dann ließ sie die Hand sinken. «Fest steht: Die, die ich bin, konnte in New York etwas reißen. Den gesamten großen Krieg habe ich dort verbracht, und auf der Welle der anschließenden Aufbruchsstimmung habe ich noch ein Weilchen mitsegeln können. Auf meine Art. Spektakulär, diese Baroness!, skandierte die Journaille. Man liebte mich selten, aber immer *war* ich jemand! Ich agierte, agitierte, reüssierte, pillepallelierte, hatte eine Stimme, wurde gedruckt! Immer mal wieder, fast eine Dekade lang. Bis die Zeitläufte, die so bereit für eine wie mich gewesen wären, dann doch zu faulen und zu verwesen begannen.»

Sie senkte den Kopf, murmelte: «Wenn wir nur gewusst hätten! Wenn ich geahnt hätte!»

Mit einer linkisch anmutenden Bewegung versuchte sie sich vergeblich eine ihrer derangierten Haarsträhnen hinter das Ohr zu streichen, seufzte und fluchte in einem Atemzug. «*Maudit soit le temps, damn rotten time*, verflucht sei die Zeit der Vernichtung!»

Was hätte ich dem entgegnen sollen?

Sie steckte sich zwei Zigaretten zwischen die Lippen, zündete beide gleichzeitig an und reichte mir eine davon.

«Sonst noch Fragen zu dieser meiner Blütezeit, in der ich es leichtfertigerweise versäumte, ein Imperium an mich zu reißen? Ha! Als ob die mich gelassen hätten!»

Ich zog an der Zigarette, dachte nach, wollte nichts Falsches sagen, weil Elsa schon wieder so bleich und zerbrechlich aussah. Schließlich tat ich das denkbar Dümmste.

«Was hat dich eigentlich bewogen, New York wieder zu verlassen? Ein weiterer Mann?»

«*Das* ist deine Frage? *Bullshit!* Geh, putz deine verdreckte Küche und mach dich zur Abwechslung mal nützlich!»

Statt mein Bedauern auszudrücken, was das einzig Angebrachte gewesen wäre, wurde ich zu allem Übel auch noch patzig.

«Das ist nicht meine Küche, Elsa, schon sehr, sehr lange nicht mehr.»

Elsa stand auf. «*You wish, ma fille!* Leck mich am Allerwertesten!»

Sie warf die brennende Zigarette auf den Boden, trat sie aus und humpelte aus dem Raum. Kurz darauf knallte die Haustür ins Schloss.

«Scheiße!»

Kein «Ach, mein Mädchen», nicht mal ein gedämpftes, tönte aus dem Küchenschrank.

«Ich bin so unfassbar bescheuert!», sagte ich laut.

Niemand widersprach.

Da bemerkte ich, dass ich den kleinen Schlüssel vom Küchenschrank in meiner rechten Hand hielt, und wusste nicht, wie er dahin gekommen war. Achselzuckend steckte ich ihn in die Tasche meiner Jeans, zu den Visitenkarten mit den Adressen für Container-Firma und Notar, und stand auf, um ebenfalls die Küche zu verlassen.

«Loup! *Viens là!* Wir drehen noch eine Runde.»

Der Hund, den ich auf den kühlen Steinfliesen im Flur liegend vermutet hatte, ließ sich nicht blicken.

«Loup!»

Ich schaute in den Flur, kein Loup. Ich ging bis zu meinem alten Zimmer, da war er auch nicht. Wahrscheinlich ist er der Baroness nach draußen gefolgt, dachte ich und gab es auf, nach ihm zu suchen.

«Ihr könnt mich alle mal!»

Ich ging alleine in den Wald.

Als ich nach etwa einer Stunde zurückkehrte, saß Loup freudig winselnd auf der Eingangsstufe vor dem Waldhaus, mit einem Stück Wäscheleine an die Klinke gebunden. Neben ihm stand eine hellblaue Keramikschüssel mit Wasser und ein Weidenkorb, der mit Hainbuchenzweigen, farbverklebten Acrylpinseln und weißen Rosenknospen dekoriert war. Bei näherem Hinsehen stellte ich fest, dass der Korb auch noch die Reste vom Frühstück enthielt. Wie um alles in der Welt hatte Elsa den verfressenen alten Wolfshund dazu gebracht, nicht über die Brötchen, den Käse, die Wurst und den Schinken herzufallen? Zwischen den Pinseln steckte eine Postkarte, eine alte Schwarz-Weiß-Aufnahme der Lindbacher Dorfkirche. Auf der Rückseite war eine Karikatur der Freiheitsstatue gezeichnet, die ihre Brüste entblößte und statt der Fackel ihren Mittelfinger reckte. Daneben hatte die Baroness eine Nachricht in sorgfältig ausgeführten Großbuchstaben hinterlassen, die Worte abwechselnd mit roter und schwarzer Tusche gemalt:

TAXI UM SIEBEN!
WIR HABEN HUNGER –
WIR HABEN FRAGEN –
WIR HABEN
DINGE ZU ERLEDIGEN.
DENK MAL EIN BISSCHEN NACH –
ABER NICHT ZU SEHR.
TOUJOURS LA TIENNE,
E. v. F. L.

Ich band Loup los, zeigte auf den Korb. «*Bouffe!*»

Augenblicklich steckte er seine große, graue Schnauze zwischen Zweige, Pinsel und Knospen, brachte Elsas

Arrangement durcheinander und begann, den Aufschnitt zu verschlingen.

Ich ließ die Haustür weit offen stehen und ging hinein. «Putz deine Küche!», hatte sie gesagt. Warum nicht sofort damit anfangen?, dachte ich. Irgendetwas musste ich ja schließlich tun, bis sieben waren noch zweieinhalb Stunden Zeit. Ich holte Besen, Kehrschaufel und zwei Staubtücher aus der Putzkammer und machte mich daran, die Küche von Spinnweben und vergammelten Trockenblumen zu befreien. Dabei riss ich die Fenster auf, ließ einen leichten sommerlichen Durchzug gegen die abgestandene Luft antreten, schippte die Reste dessen, was einmal meiner Großmutters liebstes Vergnügen gewesen war, einfach in die Büsche.

«*Finally* wird hier mal klar Schiff gemacht!», hörte ich Oma sagen.

«Klar Schiff» war keine Redewendung, die ich meine Großmutter jemals hatte benutzen hören, und das Wort *finally* war in ihrem Wortschatz erst recht nicht vorgekommen.

«Seit wann redest du so?»

«Seit wann fragst du so?»

Sie hörte sich mehr und mehr wie die Baroness an, und ich konnte mich auch nach längerem Nachdenken nicht entscheiden, ob mir das gefiel oder nicht. Eher nicht. Oder doch?

«Ich glaube, ich werde allmählich bekloppt, Oma, so verrückt wie die Baroness werde ich.»

«*It could be worse*. Es gibt Schlimmeres.»

Die Stimmen mischen sich nicht nur, sie fangen auch noch an, sich zu wiederholen. Wenn ich halbwegs heil aus dieser Sache herauskommen will, werde ich sehr bald wieder fortgehen müssen.

Ungeachtet dessen wollte ich mich diesmal nicht vor der Verantwortung drücken. Elsa hatte recht: Es gab noch einiges zu erledigen. Erst einmal wollte ich weiter Ordnung schaffen, denn darin war ich gut, das war die leichtere Übung, auf diesem Weg würde ich mich zum Entscheidenden vorarbeiten können. Wie das dann am Ende konkret aussehen sollte, war mir noch schleierhaft, aber fürs Erste klang es nach einem Plan. Ein Plan war Struktur, Struktur schützte vor Chaos, Struktur beruhigte ungemein. Jedenfalls mich.

In der Putzkammer fand sich eine halbe Rolle Gartenabfallsäcke, «zertifiziert reißfest». Ich schlug den ersten von ihnen auf und machte mich daran, das Stückwerk fortzusetzen, das ich vor zwanzig Jahren unterbrochen hatte. Ich wollte endlich all den Kram entsorgen, den niemals wieder jemand brauchen würde, die letzten alten Geister zum Auszug bewegen, damit auch ich weiterziehen konnte. Alles, was mir in die Finger kam, wanderte in den Sack: die Handschuhe und Gartenscheren, die alten Flaschen mit vergammelten Ölen, die verstaubten Gläser mit Nudeln, Linsen, Mehlklumpen, die Zeitschriftenstapel von der Eckbank, der gesamte Inhalt der Eckbank, Nähzeug, Stricknadeln, von Motten zerfressene Wollreste, Samentütchen, Schreibzeug, Einkaufslisten, Pflanz- und Erntepläne, stapelweise Kinderbilder und an die zwanzig Bastelarbeiten in unterschiedlichen Auflösungszuständen, «für Oma zum Muttertag», «für Oma zu Weihnachten», «für Oma zum Geburtstag», «für Oma zum Erntedank». Alles musste weg. Ich riss sogar die Sitzpolster von den Stühlen, die Plastikdecke vom Tisch, zog das alte Telefon aus der Buchse, warf es dem Portemonnaie meiner Oma hinterher. Es war nicht nur verblüffend leicht, diese Dinge in einen Haufen Abfall zu verwandeln, es tat gut, linderte und beschwichtigte. Ruhe in Frieden, Emma eins, und alle Spuren mit dir, dachte ich, du wirst sowieso immer da sein, wo ich bin, und dein kleiner Karton wartet zu Hause ja auch noch auf mich, der bekommt eine stilvolle Seebestattung. Dabei veranstaltete ich extraviel Krach, sodass gar nicht die Möglichkeit bestand, die potenziellen Kommentare meiner Großmutter zu hören. Vielleicht schwieg sie auch einfach und ließ mich gewähren. Vielleicht, so dachte ich, würde sie von jetzt an für immer schweigen. Elsa würde gleich hier auftauchen und mit meiner Arbeit zufrieden oder unzufrieden sein, das war egal, solange sie nur wieder mit mir sprach, und dass sie das tun würde, früher oder später, eher früher, dessen war ich mir sicher. Immer die deine, *toujours la tienne*.

Planvolles Vorgehen sah anders aus, aber ich war eine ganze Weile beschäftigt, ohne traurig zu sein, und das war schon viel. Ich schaffte sechs prall gefüllte Riesensäcke nach draußen und stellte sie jeweils hinter dem Jägerzaun ab, genau an der Stelle, an der ich damals die Kleiderspenden hinterlassen hatte, bevor ich gegangen war. Wer hatte eigentlich für deren Abtransport gesorgt? Meine Mutter? Was sie sich wohl gedacht hatte, als sie in das verwaiste Haus zurückgekehrt war? Und was sagte es über mich, dass mir erst mit dem heutigen Tag diese Frage in den Sinn kam?

«Nichts Gutes», murmelte ich vor mich hin. «Aber auch für diese Absolution bin ich einige Wochen zu spät gekommen.»

Der letzte der Säcke kippte zur Seite, als ich ihn abwarf, mit einem Fußtritt brachte ich ihn wieder in die Senkrechte, dabei landete der Kalender vom Landfrauenverein im Gras. Ich hob ihn auf, blätterte die Monate Januar bis November durch, von Chicorée über Grünkohl, Bärlauchbutter und Spargelrezept bis zur Kürbisumarmung. Den Dezember schaute ich nicht an, sondern klappte die Seiten wieder zu und nahm den Kalender mit ins Haus. Nachdem ich ihn zu dem Bilderrahmen in das hintere Fach meines Rucksacks gestopft hatte, ging ich noch einmal hinaus, durchwühlte den ersten der Säcke nach dem Portemonnaie meiner Oma und packte auch das in meinen Rucksack.

«Drei Dinge sind der Anfang einer Sammlung», hatte Pfarrer Martinek immer gesagt, wenn ihm der dritte Schnaps angeboten wurde.

«Wenn ich so weitermache», sagte ich meiner Großmutter oder Elsa oder mir selbst, «dann werde ich mir für die Rückreise Koffer vom Speicher holen oder gar einen Kleintransporter organisieren müssen.»

Niemand sagte: «Wenn's der Wahrheitsfindung dient», aber irgendwo im Haus klapperte ein Fenster im Rhythmus dieser Worte.

Sie machten sich allesamt über mich lustig.

«Gut so!», würde Elsa jetzt sagen, und wie recht sie auch damit hätte!

Das mit dem Kleintransporter war im Übrigen gar keine schlechte Idee. Da waren diese drei Bilder im Atelierhaus, die ich dem Blumen-Weidner nicht überlassen wollte. Gut möglich, dass ich darüber hinaus noch weitere Stücke finden würde, die es zu retten galt. Ich konnte mir schlecht mehrere Leinwände und eine Handvoll Keramiken über den Rucksack schnallen und damit einen Zug besteigen. Tatsächlich und peinlicherweise fiel mir erst jetzt im Zusammenhang mit dem Transporter Xavier wieder ein, der momentan mit genau so einem Fahrzeug, wie ich es brauchen würde, in der Normandie unterwegs war und auf Nachricht von mir wartete.

Der Geschirrschrank allerdings würde nicht in unser Auto passen.

Ich ließ den Blick durch mein altes Zimmer wandern. Als ich nach dem Studium nach Frankfurt gezogen war, hatte ich meine persönlichen Sachen bereits mitgenommen und nur das Nötigste für die Wochenenden oder den Urlaub dagelassen, drei Paar alte Hosen für die Gartenarbeit, ein halbes Dutzend Hemden, etwas Wäsche, es hatte nicht einmal einen Abfallsack gefüllt und stand jetzt neben dem anderen wahllos zusammengerafften Kram am Zaun. In dem schmalen Regal, das meine Oma und ich aus alten Dachlatten zusammengezimmert hatten, fanden sich noch ein paar Bücher, Anna Wimschneiders *Herbstmilch*, Toni

Morrisons *Jazz*, Marlen Haushofers *Die Wand*, Christa Wolfs *Kassandra*, ein dicker Band *Propyläen Kunstgeschichte des 20. Jahrhunderts*. Ich nahm das Lexikon aus dem Regal, blätterte im Namenregister, einundzwanzig Erwähnungen von Marcel Duchamp waren verzeichnet, keine einzige von Freytag-Loringhoven. Die vier Romane steckte ich in meinen Rucksack, das Lexikon ließ ich stehen. Noch einmal prüfte ich den Bestand des Zimmerchens, in dem ich meine erste heimliche Zigarette geraucht, zum ersten Mal mit einem Jungen rumgemacht, den ersten kleinen Rausch ausgeschlafen hatte. Ich fand nichts mehr, das es zu bewahren galt aus dieser meiner früheren Rückzugshöhle, der ehemaligen Rettungsinsel, die mir Oma stets freizuhalten versprochen hatte, damals, als ich in den von Pfarrer Martinek geliehenen Pfarrgemeindebus gestiegen war, um meine Sachen in die Frankfurter Wohngemeinschaft zu schaffen. Ich weiß, dass meine Mutter dieses Zimmer kurz nach meinem Auszug zum Lagerraum für sich umgestalten wollte, als im alten Atelierstall nach einem Herbstgewitter das Dach undicht geworden war. Meine Großmutter hatte das kategorisch abgelehnt und frischen Lavendel über die Fensterbänke gestreut, um deutlich zu machen, dass ich jederzeit im Waldhaus auftauchen konnte und dann alles für mich bereit sein müsste.

Jetzt war die Fensterbank leer gefegt, ich hatte auch hier das zerfallende Grünzeug entsorgt. Die Spuren waren beseitigt, mochten die Skorpione kommen, es gab für sie nichts mehr zu holen.

«Ich bin jetzt fertig mit dem Waldhaus, Oma.»

Keine Stimme konterte, dass das ein gewaltiger Irrtum war, das musste ich mir schon selbst sagen. Fertig war rein gar nichts, und von hergestellter Ordnung konnte auch keine Rede sein. Ich war noch nicht einmal in allen Räumen gewesen.

«*Merde!*»

Es war nicht zu schaffen, das musste ich mir endlich eingestehen. Egal, wie viele Gartenabfallsäcke sich noch auftreiben ließen, ich würde das Haus im Alleingang nicht leer bekommen, vom Keller ganz zu schweigen. Es auch nur versucht zu haben, war vollkommen hirnrissig gewesen.

Nein, war es nicht, dachte ich, ein bisschen enttäuscht, dass meine Oma diesen Part nicht übernahm. Es war richtig gewesen, alleine anzufangen, die Initiative ergriffen zu haben, auch wenn das zunächst nicht besonders effektiv gewesen war. Jetzt waren die Dinge in Bewegung gekommen, und ich konnte mir helfen lassen. Konnte ich?

Ich fand mein Telefon auf der Küchenbank neben der Kehrschaufel liegen. Auf dem Display erschien nichts als das Foto der Felsen von Plouézec bei Sturmflut. Keine Hinweise auf Anrufe in Abwesenheit, keine Textnachrichten legten sich über die ebenso malerisch wie bedrohlich hochschießenden Wassermassen. Wollte ich meine Ehe nicht nachhaltig beschädigen, sollte ich sehr bald meinen Mann anrufen.

Ich entsperrte das Telefon, aber statt den einzigen Kontakt zu wählen, der unter «Favoriten» abgespeichert war, zog ich eine der Visitenkarten aus der Hosentasche.

Susanne Ziegler –
Umzüge, Haushaltsauflösungen,
Entrümpelungen aller Art

Dem Anrufbeantworter stellte ich mich als Freundin von Herbert vor und bat um schnellstmöglichen Rückruf.

«Bei Xavier melde ich mich später», sagte ich zu Loup, den ich im Flur schnarchen hörte.

In knapp zwanzig Minuten würde das Taxi hupen, und vorher musste ich duschen.

«Feigling!»

«Ich dachte, du schweigst jetzt für immer?»

«*You wish!*»

Ich legte das Telefon wieder neben die Kehrschaufel, ging in mein altes Zimmer und nahm das letzte saubere T-Shirt mit ins Bad.

Sie sagt: Die, die ich bin, bewegte sich hocherhobenen Hauptes in dem ihr zugeschriebenen Wahn.
Die, die ich bin, wählte diesen Bewusstseinszustand selbst,
er gebar meine Kunst.
Absicht?, fragst du.
Absicht!, sage ich!
Es ist schon immer leicht gewesen, eine wie die, die ich bin,
nicht ernst zu nehmen.
Mach das Weib lächerlich, dann hast du es entschärft!
Wo ein Wille ist,
ist auch ein –
– Er, der ihn zu brechen bereit ist.
Wir könnten es ihnen ein wenig schwerer machen,
wollen wir?
Sollen wir?
Man darf etwas erwarten von dieser Welt,
man muss etwas wollen!
Merk dir das, Toni!
Nimm mich mit und
MERK
MICH
DIR!

10

WASSERDICHTE TRAUMVERMESSUNGEN

Der Blumen-Weidner hatte bereits Pläne, Karten und einen Stapel amtlich aussehender Papiere auf dem langen Tisch ausgebreitet, sich selbst strategisch am schmalen Ende so positioniert, dass an seinem Führungsanspruch kein Zweifel bestehen konnte. Hinter ihm grüßte mich der Hafen von Paimpol in Form des Gemäldes meiner Mutter, und mich befiel der Gedanke, dass ich es der Lindbachkrugwirtin vielleicht doch etwas voreilig überlassen hatte.

«Guten Abend, ihr Lieben! Ich darf Sie doch in diese vertrauliche Anrede miteinbeziehen, Baroness?»

Das Toastbrot hatte die grüne Latzhose gegen ein schickes hellblaues Hemd mit Stehkragen getauscht und blickte uns, die Arme vor der Brust verschränkt, voll kühner Entschlossenheit entgegen.

Elsa, die mit einer ihr viel zu großen grauen Anzughose, einer roséfarbenen Bluse und einer locker um den Hals geknoteten silbernen Krawatte für ihre Verhältnisse eher zurückhaltend gekleidet war, ignorierte die Begrüßung des Blumen-Weidners und blieb, die Hände in die Seiten gestemmt, in der Mitte des kleinen Festsaals stehen.

Gerti war ebenfalls da. Sie hatte sich fein gemacht,

trug eine farblich perfekt auf ihren Rock abgestimmte mintgrüne Rüschenbluse und sah damit ein bisschen wie ein fusseliges Minzbonbon aus, aber auf eine altmodische Weise doch ziemlich hübsch mit ihrem blassen Teint und den sorgfältig um das schmale Gesicht herum arrangierten goldblonden Wellen.

«Liebste Baroness!» Gerti kam mit ausgestreckten Armen auf Elsa zugeflogen, stoppte aber mitten in der Bewegung, als sie Loup erblickte, der hinter Herbert hereingetrottet kam.

«Wo kommt dieses ... gewaltige ... Biest her?» Gertis Stimme bebte.

«Es hat uns mit seinem Taxi mitgenommen», sagte Elsa.

Herbert kicherte.

«Nein!» Gerti deutete, die Augen panisch aufgerissen, auf meinen Hund. «Das!»

Loup, den es verunsicherte, wenn Menschen so offensichtlich ihre Angst vor ihm zeigten, kam in geduckter Haltung, den großen Kopf nach vorne gestreckt, ganz langsam auf Gerti zugeschlichen und sah jetzt tatsächlich ziemlich furchterregend aus.

Gerti stand stocksteif da, die Arme an ihren Körper gepresst, und wimmerte: «Torsten!»

Toastbrot Weidners Feldherrenattitüde zerfiel augenblicklich zu Staub. Er sprang von seinem Stuhl auf, rannte um den Tisch herum und scheuchte mit einem bescheuerten «Huschhusch!» den ohnehin bereits vor ihm zurückweichenden Hund bis in die Ecke neben der Tür. Während Elsa, Herbert und ich konsterniertamüsierte Blicke wechselten, führte der Blumen-Weidner die schlotternde Gerti, den Arm schützend um sie gelegt, zurück an den Tisch. Er wies ihr einen Sitzplatz linksseitig an der Wand zu, sodass die stattliche Breite des alten Eichentischs ihr den größtmöglichen Sicherheitsabstand zum Verursacher ihrer Panik gewährte.

Es rührte mich zu sehen, wie fürsorglich das Toastbrot sich um seine Frau kümmerte. Und es begann mich zu nerven, dass sie so ein Gewese machte.

Verfolgt von Gertis angstvollen Blicken, stellte ich sicher, dass ich weit genug weg von ihr blieb, rief dann Loup an meine Seite und befahl ihm, sich hinzulegen, was er umgehend befolgte.

«Siehst du, Schatz», sagte Toastbrot. «Das ist ein ganz Braver. Toni hat ihn hervorragend im Griff.»

Er sprach mit seiner Frau wie mit einer Vierjährigen.

«Damit er dich besser fressen kann!», kreischte Elsa schrill, woraufhin Loup aufsprang und ein veritables Wolfsgeheul anstimmte.

Pinky, der bis dahin wie ein modisches Accessoire in Elsas rechter Armbeuge gehangen hatte, sprang auf den Boden und fing wie wild an zu kläffen, was immerhin das Geheul meines Hundes zum Verstummen brachte.

Gerti hielt sich die Ohren zu, über ihre rechte Wange rollte eine Träne.

Die Baroness lachte ziemlich böse und ließ ihre silberne Krawatte wie ein Minilasso vor ihrer Brust kreisen.

Gerti schluchzte.

Man konnte es dem Blumen-Weidner kaum verdenken, dass er sich jetzt massiv empörte, auch wenn es ziemlich witzig aussah, wie er sich aufplusterte und wie ein Fisch auf dem Trockenen den Mund auf und wieder zumachte, mindestens vier Mal, bis es endlich aus ihm herausbrach: «Dass ihr die Gerti derart mies und rücksichtslos behandelt, ist an Unverschämtheit nicht zu überbieten! Nach allem, was wir für Emma getan haben, angesichts der Großzügigkeit, die wir auch Ihnen gegenüber gezeigt haben, Baroness, sowie dir, Toni, ist das das Allerletzte! Ich bin jetzt bereits zum zweiten Mal auf Befehl angetanzt, habe mich hierhin und dorthin zitieren lassen, mehr als meinen guten Willen gezeigt, aber wisst ihr, was? Ich kann euch mit aller Berechtigung noch heute aus meinem Haus entfernen lassen!»

«Ey!», sagte ich.

«Mach doch, du Torfnase!», sagte Elsa.

«Leute!», sagte Herbert. «Das bringt doch nichts!»

«Und ob ich das mache!», brüllte Toastbrot, dessen Gesicht eine Farbe angenommen hatte, die ernsthafte Befürchtungen hinsichtlich seines Blutdrucks aufkommen ließ. «Ich lass mich hier nicht beleidigen! Ich zeige euch als Hausbesetzer an!»

«Viel Spaß dabei! Wäre nicht das erste Mal, dass ich verhaftet werde, ich hab damit kein Problem. Los, hol die Bullen, *dumbass*!», brüllte Elsa zurück.

Der Blumen-Weidner junior kramte sein Handy aus den Taschen seiner Bundfaltenhose, dabei entglitt ihm das Gerät. Er versuchte, danach zu greifen, versetzte dabei dem Ding einen Stoß, sodass es seitlich über die Tischecke flog und übers Parkett schlitterte.

Elsa applaudierte und skandierte: «Po-li-zei, Po-li-zei!»

«Hört sofort auf, ich ertrage das nicht!», heulte Gerti, und ich erwischte mich bei dem Wunsch, ihr beizuspringen.

«Hat jemand die Bullen gerufen?», sagte Andi Arnold.

Niemand hatte ihn zur Tür hereinkommen sehen. Er trug ein schwarzes T-Shirt über einer hell ausgewaschenen Jeans, was ihm deutlich besser stand als die Uniform, und sah überdurchschnittlich zufrieden mit sich und der Welt aus. Seine linke Hand steckte in der rechten einer brünetten Mittvierzigerin, die, inklusive des Verwaschungsgrades ihrer Hose, exakt so gekleidet war wie Andi und ihn um mindestens eine Kopflänge überragte.

Andis Begleiterin lachte. «Heiliger Strohsack! Hier ist ja was los!»

Sie hatte die Sorte warme Altstimme, der ich stundenlang hätte zuhören können.

«Darf ich vorstellen?» Andi wandte sich mir zu. «Polizeihauptmeisterin Bettina Arnold, meine Chefin.»

Die Polizeihauptmeisterin zog ihre Hand aus Andis Hand und streckte sie mir entgegen. «Du musst dann wohl Toni sein. Ich bin Betti, Andreas' Frau. Freut mich sehr, dich endlich kennenzulernen, ich habe schon viel von dir gehört!»

«Oje!», sagte ich. «Bist du bewaffnet?»

«Immer!», sagte Betti. «Ich kann mit dem kleinen Finger töten.»

Ihr Händedruck war warm, weich und ein bisschen feucht. Ein vieldeutiges Lächeln umspielte ihre Lippen, und ich war voller Verständnis dafür, dass Andi sein Leben mit dieser Frau verbrachte. Sie war herrlich, sie war riesig, sie war, wie meine Oma gesagt hätte, «eine Wucht in jeder Hinsicht».

«*Oh, là, là*, die Ordnungshüter sind da! Jetzt werden sie endlich alle drei in den Brunnen geworfen, die Großmutter, das Rotkäppchen und der böse Wolf!», rief Elsa vergnügt.

Sie begrüßte Betti mit einem Kuss auf jede Wange. «*Bisou, bisou, ma belle!* Was für eine Freude!»

«Ganz und gar meinerseits, verehrte Baroness», sagte Andis Frau und erwiderte die Küsse.

Es war nicht zu übersehen, dass die beiden sich mochten und dies auch bereitwillig demonstrierten.

«Alter Schwede, was für ein Prachtstück!» Betti ging vor Loup in die Knie und hielt ihm ihre Hand hin. «Kein Wunder, dass Andi ihn für einen Killerwolf gehalten hat. Darf ich den bitte beschlagnahmen?»

«Lieber nicht», sagte ich. «Ich muss ihn spätestens in ein paar Tagen wieder mit nach Hause nehmen.»

Herbert und Torsten hoben gleichzeitig den Kopf.

Loup ließ sich, nachdem er Bettis Hand beschnüffelt hatte, von ihr unter der Schnauze kraulen.

Gerti zuckte zusammen und fauchte etwas Unverständliches. Toastbrot, der sich unter Aufgabe seines Vorsitzes dicht neben sie gesetzt hatte, begann, leise auf sie einzumurmeln, während er mit dem rechten Fuß sein Telefon zurückzuangeln versuchte.

«Soll ich den Problemwolf raus ins Taxi bringen?», fragte Herbert.

«Och nö», sagte Betti.

«Ja, bitte!», sagte Gerti.

«Von mir aus», sagte ich.

Der Weidner kroch unter den Tisch.

«Auf keinen Fall!», sagte Elsa.

Ich widerstand dem Impuls, sie darauf hinzuweisen, dass es sich bei Loup um *meinen* Hund handelte, über dessen Verbleib sie nicht zu bestimmen hatte, beschränkte mich stattdessen aber auf den Hinweis, dass der alte Kerl sowieso am liebsten seine Ruhe hatte und man die Fenster vom Taxi auflassen könne, das sei dann schon in Ordnung für ihn.

«Hab's!», rief der Blumen-Weidner und hielt sein Handy in die Höhe.

Die spinnen, die Lindbacher, dachte ich.

«Na, dann komm mal mit, mein Großer!», sagte Herbert.

Loup sprang auf, trabte los, aber Elsa schnitt ihm mit einem verblüffend dynamischen Sprung den Weg ab und packte ihn am Halsband.

«Bist du taub, Taximann? Der Wolf bleibt hier!»

In diesem Moment flog die Tür des Festsaals auf, und die kräftige Stimme der Lindbachkrugwirtin rief: «Was veranstaltet ihr denn für einen Lärm hier drinnen? Mir ballert drüben schon genug die Hütte, und der Saal wird samstagabends eigentlich gar nicht bespielt. Seid also dankbar und benehmt euch!»

Janine hatte ein Küchenhandtuch um den Kopf geschlungen, trug ein riesiges weißes T-Shirt mit undefinierbaren gelben Flecken über einer karierten Stoffhose und winkte mit dem Bestellblöckchen.

«Meine Köchin hat sich krankgemeldet. Vegetarischer Zwiebelkuchen oder kalte Gurkensuppe, was anderes gibt's heute nicht! Also: Wer will was?»

«Ich brauche erst mal nichts, danke!», sagte Elsa.

Herbert, Torsten, Betti und ich bestellten Zwiebelkuchen, Gerti die Suppe, Andi beides. Währenddessen suchten wir uns Plätze am Tisch, als wäre nichts weiter vorgefallen.

Toastbrot rief: «Und bring bitte Apfelschorle für alle! In memoriam Emma!»

Er schien seinen Ärger beiseitelassen zu wollen, was mich dann doch freute.

«Vom guten Selbstgepressten, ohne Eis und mit mehr Saft als Wasser», sagte Janine.

«So wie sie es am liebsten mochte», stimmte Torsten ihr zu.

Betti bat noch um ein großes Pils zu ihrer Apfelschorle.

«Oder stört es dich, wenn wir Alkohol trinken, Torsten?»

«Solange ich nicht mittrinken muss, ist alles o. k.», sagte Toastbrot.

Die Baroness brachte Betti mit einem Schnipsen dazu, den Stuhl neben mir zu räumen, und nahm selbst dort Platz.

«Warum warst du so gemein zur Gerti?», raunte ich Elsa zu, während die anderen damit beschäftigt waren, weitere Getränke zu bestellen, Herbert Janine vergeblich eine Wurstbeilage zu seinem Zwiebelkuchen abzuschwatzen versuchte und Betti erst den Stuhl rechts neben Torsten herauszog, sich dann aber doch lieber eins weiter neben ihren Mann setzte.

Die Baroness rümpfte verstimmt die Nase. «Angstversklavte Menschen wecken leider meine schlechtesten Eigenschaften. Außerdem wollte ich den Blumen-Weidner von seinem hohen Ross runterholen, das geht nun mal am besten, wenn man seiner geliebten Gerti zusetzt. *C'est mignon, hein?*»

Ich schüttelte den Kopf. «Süß vom Toastbrot, aber nicht von dir.»

«Oh, là, là, mich belehren, erziehen, maßregeln zu wollen, dürfte etwas sein, an dem du dir die Zähne ausbeißen wirst, *ma fille!*»

«Nichts läge mir ferner, ich hänge sehr an meinen Zähnen», antwortete ich.

Elsa kniff mir in die Wange. «Von mir aus kannst du deine Beißerchen behalten, aber», sie hob ihre Stimme an, wurde mit jeder Silbe lauter, «was - machen - wir - mit - dem Waldhaus?»

Schweigen legte sich über den Tisch. Selbst Janine ließ ihren Stift auf dem Bestellblock innehalten.

«Äh ...», sagte ich.

«Was das angeht ...», sagte der Blumen-Weidner.

Gerti setzte ebenfalls an, etwas zu sagen, aber Elsa kam ihr zuvor. «Wir sind, auch wenn wir bereits eine Menge Spaß miteinander hatten, schließlich nicht zu unserem Vergnügen hier, stimmt's?»

Betti sagte: «Warum sind Andi und ich noch mal hier?»

«Zur Aufheiterung und Entspannung», antwortete die Baroness.

«Na, das hat ja funktioniert», sagte Andi.

«Das Waldhaus ist Ihre Priorität, Baroness?», fragte der Blumen-Weidner.

«Eigentlich ja eher meine», sagte ich.

Die Baroness ignorierte sowohl Toastbrots Frage als auch meinen Einwand und hob ihren rechten Daumen in Andis Richtung. «Und wie das funktioniert hat, mein lieber Herr Wachtmeister, ohne euch hätte es Tote und Verletzte gegeben.»

Gerti murmelte ihrem Mann etwas zu, aus dem nur das Wort «unmöglich» zu mir durchdrang.

Wahrscheinlich befinde ich mich gerade inmitten einer dadaistischen Performance, dachte ich, wir werden auf diese Weise jedenfalls niemals zu brauchbaren Ergebnissen kommen.

Betti war anzumerken, dass sie die Situation in vollen Zügen genoss.

«Jetzt ist aber Schluss mit lustig», rief Elsa. «Blumenmann! *Allez hopp*, nimm wieder den Bürgermeisterthron ein und zeig deine Hausaufgaben vor!»

«Kommt Alfi nicht mehr?», fragte ich.

«Vielleicht später», sagten Andi und Betti. Andi fügte hinzu: «Der holt noch seinen Sohn und seine wahrscheinlich zukünftige Ex-Gattin vom Bahnhof ab. Ist gerade ein bisschen kompliziert bei ihm.»

Die Arnoldjungs hatten jetzt also Frauen, Kinder

und Ex-Gattinnen, von denen ich nichts wusste. Selbst schuld, dachte ich und vermied es, Elsa dabei anzuschauen, damit sie nicht wieder sah, was ich dachte.

Der Blumen-Weidner strich seiner Gerti noch einmal über die fein frisierten Locken, stand dann auf und setzte sich, wie von der Baroness angeordnet, wieder auf den Platz am Tischende. Mit betont sachlicher Miene schob er die Papiere zu mir herüber. Man konnte ihn schon ein wenig dafür bewundern, wie schnell er sich wieder gefasst hatte.

«Bevor wir über das Waldhaus im Speziellen sprechen, sollten wir uns kurz Zeit zur Klarstellung der Gegebenheiten nehmen. Schau mal, Toni, ich habe, damit du dir ein Bild der Lage machen kannst, zunächst einmal die alte Flurkarte von 1953 mitgebracht, da kannst du sehen, wie es ursprünglich ...»

«Uns interessiert gar nicht, wie es früher war», sagte Elsa. «Vorbei ist vorbei!»

«Hört, hört!», sagte ich und bekam von der Baroness dafür eine Kopfnuss verpasst.

Toastbrot machte den Eindruck, als müsste er sich einen ärgerlichen Kommentar verkneifen, legte aber umgehend ein weiteres Blatt über die alte Karte. «Gut, von mir aus. Hier sind die aktuellen Flurgrenzen eingezeichnet. Die verschiedenen Ziffern brauchen euch nicht zu irritieren, die kann ich, wenn gewünscht, später erklären. Es hat beim Verkauf eine amtliche Vermessung gegeben, das ist also alles wasserdicht.»

«Dir hat es trotzdem ins Hirn geregnet», sagte Elsa.

Erstaunlicherweise ließ sich der Blumen-Weidner

nicht weiter von ihr provozieren. Er lächelte jetzt sogar, wenn auch etwas verkniffen.

«Ich bin Gärtner, Baroness, für mich ist Regen meistens was Gutes.»

«Ha! Witz kann er auch!» Elsa warf ihm einen Handkuss zu. «Ich wusste, du würdest eines Tages zur Vernunft kommen, Gartenmann!»

«Einer muss ja», sagte Toastbrot und fing daraufhin tatsächlich an zu lachen. Das irritierte mich so sehr, dass ich sowohl den Blumen-Weidner als auch die Baroness ungläubig anstarrte. Betti und Andi lachten ebenfalls. Herbert, der mir die Hinfahrt über seltsam bedrückt vorgekommen war, wirkte auf einmal entspannter, und sogar Gertis Stimmung hob sich.

Die Baroness zog die Papiere näher zu uns heran. «Guck dir den amtlichen Kram an, Toni! Wir haben nicht ewig Zeit.»

Folgsam beugte ich mich über die Liegenschaftskarte, obwohl es kaum etwas gab, was mir so gleichgültig war, wie Flurgrenzen. Torsten nahm mein geheucheltes Interesse als Aufforderung, Erklärungen abzugeben. Er legte sich mit dem Oberkörper halb über die Tischplatte und begann, mit dem Finger um eine mit unterschiedlich gruppierten Punkten versehene Fläche zu fahren.

«Dieses ganze Stück hat mein Vater 1988 noch der ersten Emma abgekauft. Das ist das alte Garten- und Ackerland nach Norden raus, wo wir jetzt die Felder für die Frischblumen und dahinter die Baumschule haben. Das müsste dir deine Großmutter doch noch erzählt haben, oder nicht?»

Deshalb also hat sie mich während des Studiums so großzügig unterstützen können, dachte ich und log: «Ja, klar.»

Neben mir zischte die Baroness durch die Vorderzähne.

«Eure Grenzbarrikaden allerdings hätte Oma grauenhaft gefunden. Am Nachmittag bin ich extra einen anderen Weg gegangen, damit ich nicht noch einmal vor einen Zaun laufe, der früher nicht da war.»

Toastbrot zuckte mit den Achseln, sagte: «Wir müssen das Land vor Wildfraß schützen», und widmete sich wieder der vor uns liegenden Karte. «Diesen Bereich hier haben wir dann später, kurz nach Emma seniors Tod, von deiner Mutter dazuerworben. Das wurde zwar noch alles von meinem Vater eingefädelt, aber ich war bereits als designierter Juniorchef involviert.» Die Punkte auf der Fläche, um die sein Finger jetzt kreiste, waren teilweise von kleinen Zeichen durchsetzt, die wie die kugelförmigen Lollipops aussahen, die die Arnoldjungs früher beim Spar geklaut hatten. «Die Parzelle verläuft vom Waldrand im Nordosten über die Obstwiesen bis zum alten Lavendelhügel hier, siehst du?»

Ich sah nicht, nickte aber. «Ich verstehe schon: alles deins, Juniorchef.»

«Unseres», sagte Gerti. «Ich sitze da schon auch mit im Boot.»

«Ja, natürlich, entschuldige», sagte ich. «Eures.»

Torsten Weidner runzelte die Stirn. «Wir haben uns nichts aneignen, sondern in erster Linie helfen wollen.

Emma war ja mit allem überfordert, als sie aus dem Krankenhaus kam. Man muss ihr beistehen, hat mein Vater damals gesagt, und das haben wir dann mit vereinten Kräften getan. Du warst schließlich weg.»

Bei diesen Worten fixierte Gerti mich mit anklagend gehobenen Brauen.

Ich schluckte, fühlte mich schäbig, was auch nichts an der Tatsache änderte, dass sich die Zeit nicht mehr zurückholen ließ, ob ich mir das nun wünschte oder nicht. Eher nicht, dachte ich, trotz allem eher nicht. Unter dem Tisch legte sich eine knorrige Hand auf mein Knie. Gleichzeitig schimpfte Elsa lauthals los: «Tu mal nicht so wohltätig, Gartenmann! Ihr Weidners habt sehr gutes Land in euren Besitz gebracht, das auch noch stetig an Wert zunimmt!»

«Das ist richtig.» Toastbrot schien seine neu erstarkte Gelassenheit um jeden Preis bewahren zu wollen. «Aber es ist auch jedes Mal sehr gutes Geld in die Taschen beziehungsweise auf die Konten der Emmas geflossen. Sie wissen, dass das die Wahrheit ist, Baroness. Emma zwei war auch dieser Meinung. Sie war dankbar. Ich habe sämtliche Verträge dabei, ich kann alles belegen. Außerdem haben wir Weidners uns auch nach dem Verkauf weiter um Emmas Angelegenheiten gekümmert. Wir waren für sie da. Jahrelang. Das schulden wir dem Andenken von Emma eins, hat mein Vater noch kurz vor seinem Tod zu mir gesagt. Und was ich persönlich der zweiten Emma schulde und verdanke, das dürfte für einige hier am Tisch ja kein Geheimnis sein.»

«Für mich schon», wollte ich einwenden, aber meine Stimme versagte, und eine andere Stimme wisperte: «*Le passé est le passé, ma fille. Aujourd'hui, c'est aujourd'hui.*» Vorbei ist vorbei. Heute ist heute.

Betti reichte mir ein Taschentuch.

Die anderen schauten betreten sonst wohin, nur weder mir noch dem Blumen-Weidner in die Augen.

«Ich hab dir keinen Vorwurf machen wollen, Toni», sagte Toastbrot.

«Doch, hast du!», sagte Gerti mit beeindruckender Härte in der Stimme.

Ihr Mann widersprach: «Nein, ehrlich nicht! Ich hatte für Tonis Wegbleiben immer Verständnis.»

«Ist schon in Ordnung», sagte ich. «Mach mal mit deinen Grenzerklärungen weiter.»

Toastbrot begann wieder, mit seinem Finger über die Karte zu wischen, und fuhr dankenswerterweise in förmlichem Ton fort. «Dieses schräg schraffierte Rechteck, das wir hier sehen, ist das Waldhaus, die kleinen Quadrate mit der geraden Schraffur dort drüben sind sonstige Gebäudeflächen und da», er tippte auf eine Linie, die von kleinen Halbkreisen eingefasst war, «befindet sich die Grenzhecke. Bis dahin ist es zurzeit noch dein Besitz, und ab hier drüben», er wischte über das Papier, «ist es schon unseres.» Sein Finger stoppte auf einer schräg schraffierten L-förmigen Gebäudekennzeichnung. «Hier befindet sich das sogenannte Ateliergebäude, du kennst es, wir haben heute Morgen noch davorgesessen. Offiziell ist es Teil des Gärtnereibetriebs, und genau darüber müssen wir jetzt sprechen.»

«Ich dachte, wir reden über das Waldhaus», sagte ich.

«Auch», sagte Toastbrot.

«Ihr dürft da nämlich eigentlich gar nicht wohnen», sagte Gerti.

«Seit wann das denn?», fragte ich.

«Im Atelierhaus, meine ich», sagte Gerti.

«Uhhhh!» Elsa überkreuzte ihre Handgelenke und streckte sie Betti über den Tisch entgegen. «Verhaften Sie mich endlich, Frau Wachtmeisterin, ich bin illegal, ich bekenne mich schuldig.»

Betti winkte ab.

Toastbrot sprach unbeirrt weiter: «Was meine Frau sagen möchte, ist, dass die Wohnlage außerhalb der Ortschaft eine Sondergenehmigung seitens der Behörden erfordert.»

«Männer, die mir sagen, was ihre Frauen meinen!», schimpfte Elsa.

«Das geht echt nicht klar, Torsten», pflichtete Andi ihr bei.

«Was für eine Sondergenehmigung?», fragte ich. «Meine Mutter hat, solange ich denken kann, in diesem alten Pferdestall gehaust.»

«Kann ja sein, aber ein Stall darf nicht so ohne Weiteres in Wohnraum umgewandelt werden. Es gibt Bestimmungen. Ich als landwirtschaftlicher Nutzer hab da andere Rechte, also ich darf offiziell schon eher», sagte Toastbrot.

«Stimmt das, Andi?»

Andi zuckte mit den Schultern. «Wenn er das sagt.

Ich hab von so was keinen Plan.» Er wandte sich Betti zu. «Du, Chef?»

Betti schüttelte den Kopf. «Null.»

Torsten Weidner öffnete den obersten Knopf seines Hemds. «Außerdem – anwesende Ordnungshüter, haltet euch mal die Ohren zu! – brauchte die Dame mit dem entsprechenden Stempel auf dem Bauamt dringend jemanden, der ihr einen Garten um ihren Bungalow anlegt, da hab ich ihr das Genehmigen des recht großzügig ausgefallenen Stallausbaus leichter machen können und auch eine Wohnungsnehmerduldung erhalten. Auf den Namen Weidner, versteht sich, anders war das nicht zu machen.»

«Den da müsst ihr verhaften!», rief die Baroness und zeigte auf den Blumen-Weidner. «Wegen Korruption!»

«Ja, ja, ein anderes Mal», murmelte Betti.

Andi sagte: «Das kannst du uns jetzt wirklich nicht einfach so vor den Latz knallen, Torsten!»

Herbert sagte: «Das Wort ‹Wohnungsnehmerduldung› hast du doch erfunden, Weidner!»

«Okay, ich nehme alles zurück, tut mir leid. Ich will nichts Falsches gesagt haben.» Der Blumen-Weidner legte sich den Zeigefinger auf die Lippen, sah dabei aber mich an. «Wir haben das genehmigen lassen, damit von Amts wegen niemand auf dumme Gedanken kommt. Der Ausbau war legal, den Rest haben wir unter uns ausgemacht. Es konnte doch keiner ahnen, dass Emma so früh sterben würde. Von mir aus hätte sie in ihrem Atelier hundert Jahre alt werden können, das wäre schön und richtig so gewesen, aber jetzt, wo sie tot ist, würden wir doch gerne so bald wie möglich in unser Haus einziehen, das musst du bitte verstehen, Toni.»

«Was habe ich mit eurem Haus zu tun?», sagte ich. «Ich wohne da gar nicht.»

Elsa gab ein mürrisches Grunzen von sich.

Ich wartete, ob sie dem noch etwas hinzufügen wollte, aber sie spielte mit ihrer Krawatte und schien das Reden ausnahmsweise den anderen überlassen zu wollen.

«Mir geht das hier alles ein bisschen zu schnell und zu durcheinander, Torsten. Heute Morgen hast du noch versuchst, mir für deine Frau das Waldhaus abzuschwatzen. Hat sich das inzwischen erledigt?»

Der Blumen-Weidner sagte: «Erst mal wollten wir klären ...»

Gerti ließ ihn nicht ausreden. «Nicht für mich will er das Waldhaus haben, sondern für die Kinder.»

«Was für Kinder?», fragte Herbert.

«Die Kinder von Lindbach!» Gerti hatte einen feierlichen Ton angeschlagen. «Wir haben bereits Fördermittel von der Gemeinde zugesagt bekommen, eine Stiftung befindet sich ebenfalls in Gründung. Sobald der Vertrag rechtskräftig ist, können wir die Bagger vorfahren lassen und mit der Grundsteinlegung für einen Waldkindergarten beginnen.»

Sie sprach das Wort «Waldkindergarten» aus, als habe sie vor, Eldorado zu errichten, die Stadt aus purem Gold.

«Ach du Scheiße», sagte Herbert.

«Ihr kriegt aber auch den Hals nicht voll», murmelte Betti.

«Das alte Haus soll abgerissen werden?», fragte ich.

«Für den guten Zweck», sagte Gerti.

«Die Architektin hat es als WPB eingestuft», sagte Torsten.

«Bitte was?» Ich schaute Hilfe suchend zu Elsa, aber die schürzte bloß die Lippen und blieb untypisch schweigsam.

«Worst Performing Building», sagte Gerti. «Energietechnisch vollkommen ineffizient, statisch dürfte das auch eine mittlere Katastrophe sein, Denkmalschutz ist keiner drauf. Das Bauamt hat bereits signalisiert, dass sie uns jederzeit und kurzfristig die Abrissgenehmigung erteilen werden.»

«Macht ihr da der ganzen Abteilung die Gärten?», fragte Betti.

«Nee, nee, ihr habt das völlig missverstanden!» Der Blumen-Weidner war wieder einen Rotton dunkler geworden.

«Es ist nicht zu fassen!», sagte Andi.

«Ich weiß übrigens gar nicht, was es an einem Kindergarten nicht gut zu finden gibt, Herbert», schaltete Gerti sich wieder ein.

«Ich hab doch gar nichts dagegen gesagt!»

«Und ob du was dagegen gesagt hast! Und Betti ebenfalls.»

«Bist du nicht zu krank für die Leitung eines solchen Projekts, Gerti?», sagte Herbert. «Nichts für ungut, aber deine Träume klingen genauso utopisch wie meine!»

«Vorsicht, Taxi-Mann!»

Toastbrot, Gerti, Herbert sowie Andi und Betti begannen jetzt, gleichzeitig aufeinander einzureden.

Ich gab vor, mir die Liegenschaftskarte noch einmal genauer ansehen zu wollen, und schwieg.

Elsa lehnte sich leicht an mich. «Ist nicht mehr viel vom alten Kuchen übrig, was?»

«Na ja, immer noch gut zweitausend Quadratmeter, würde ich schätzen. Da könnte man schon was mit machen.»

Elsa legte ihre Wange an meine, flüsterte: «Lass es gehen!»

Ich nickte. «Das habe ich bereits vor zwanzig Jahren getan.»

«Hast du nicht!»

Der Blumen-Weidner übertönte mit seinem Brüllbariton jetzt alle anderen: «Ich werde so viel Geld in die Hand nehmen, dass dir Hören und Sehen vergeht! Mich wird so ein armer Schlucker wie du finanziell nicht abhängen!»

Janine kam in Begleitung einer weiteren Bedienung herein, einem rotblonden, von Sommersprossen übersäten Mädchen in kurz unter dem Hintern abgeschnittenen, ausgefransten Jeans.

«Vertragt euch, oder ihr fliegt raus», sagte Janine.

Elsa begann, die Karten zusammenzufalten und auf einen Stapel zu schieben. «Ich bin's diesmal nicht gewesen!»

Das rothaarige Mädchen stellte das Tablett mit Gläsern und Flaschen ab, das sie hereingetragen hatte, und schaute verzückt auf Loup, der sich in die hinterste

Ecke unter einen an die Wand geschobenen Tisch verzogen hatte. «O Gott, wie geil ist der denn? Husky?»

«Lass ihn liegen!», riefen Gerti und ich gleichzeitig.

Und dann geschah etwas Merkwürdiges. Gerti und ich lächelten uns belustigt und fast schon freundschaftlich an. Unter anderen Umständen hätte ich sie vielleicht sogar mögen können, dachte ich, und der Verdacht drängte sich mir auf, dass Gerti gerade dasselbe von mir dachte.

«Is ja gut, ich tu eurem kostbaren Köter nichts.» Die junge Bedienung verdrehte entnervt die Augen. Es war offensichtlich, dass sie Gerti und mich für hysterische ältliche Ziegen hielt.

«Kannst gerne meinen Köter belästigen», sagte die Baroness und zeigte auf Pinky, der sich Herberts Schoß als Liegeplatz gewählt hatte. «Der Kleine ist auch geil, nicht selten sogar im altmodischen Sinn des Wortes.»

Das Mädchen lachte hell auf und reichte Elsa ein Glas Apfelschorle. «Was darf es sonst noch sein?»

«Fünf Menschen, die mir nicht auf die Nerven gehen», sagte Elsa.

«So etwas führen wir leider nicht», sagte das Mädchen augenzwinkernd, woraufhin Elsa sich die silberne Krawatte über den Kopf zog und sie der jungen Frau reichte. «Schenke ich dir!»

«Echt?»

Elsa nickte. «Echt! Wie heißt du?»

«Ramona», sagte das Mädchen.

Es gibt in diesem Nest noch Jugendliche, die «Ramona» heißen, dachte ich.

«Das ist ein seltenes Designerstück, Ramona. Du bekommst sie, weil wenigstens du mir nicht auf die Nerven gehst», sagte die Baroness.

«Na hör mal», protestierte ich.

«Stark!», sagte das Mädchen und band sich die Krawatte um.

Als die beiden Frauen den Saal wieder verlassen hatten, setzte sich in meinem Hirn nach und nach zusammen, worüber Herbert und die Weidners sich gestritten hatten.

«Habe ich das richtig verstanden, Herbert, du willst mir ebenfalls das Waldhaus abkaufen?»

Den Mund voller Zwiebelkuchen, auf dem er wütend herumkaute, benötigte Herbert eine Weile, bevor er antworten konnte: «Ja, schon, ich hab ein bisschen was gespart, aber wie soll ich denn gegen diesen Kindergartenplan anstinken?»

Toastbrot rieb Daumen und Zeigefinger aneinander. «Die Frage ist doch viel eher, ob dein Erspartes bei meinem Angebot mithalten kann.»

«Unserem Angebot!», sagte Gerti.

Abreißen wäre vielleicht nicht das Schlechteste, dachte ich. Asche zu Asche, Staub zu Staub. Ich sah die Kinder von Lindbach dort Verstecken spielen, wo meine Oma und ich Stockbrot geröstet hatten, sah sie lernen, dass man Bucheckern essen und Hagebutten zu Marmelade verarbeiten, verbotenerweise auf den Pflaumenbaum klettern und seltene Hühnerrassen in neu gebauten Volieren züchten kann. Und dann sah ich Einmachgläser mit vergammelten Mirabellen von

1993 zerbrochen im Schutt liegen, und das war kein schöner Anblick. Außerdem schien mir der Zustand der Bausubstanz des Waldhauses, je länger ich darüber nachdachte, gar nicht so hoffnungslos zu sein, wie die Weidners uns glauben machen wollten. Man müsste sich zunächst die Aufhängung der Dachbalken ansehen, Rissbildungen im Mauerwerk analysieren lassen, einen unabhängigen Gutachter bestellen. Allein das würde mich mehrere Wochen kosten.

«Herbert, *mon cher ami*, lass uns mal an den Gründen teilhaben, warum du dieses Haus haben möchtest!», sagte Elsa.

Herbert kratzte sich umständlich am Hinterkopf, rutschte mit seinem Stuhl ein Stück vom Tisch weg. «Ich finde alles daran wunderschön, die Lage, das Fachwerk, die alten Bäume, den Garten ... Seit ich denken kann, träume ich davon, eines Tages in diesem Haus zu wohnen.»

Vielleicht lag es daran, dass Herbert so leise sprach, jedenfalls hörten ihm jetzt alle aufmerksam zu.

«Vom Hochsitz aus habe ich mich schon als Junge zu euch in dieses Haus gewünscht, habe euch beobachtet, wie ihr auf der Bank hinterm Haus in der Morgensonne gesessen habt, deine Oma und du, wie sie mit dir auf dem Gelände herumgewandert ist, wie ihr gemeinsam Äpfel gepflückt und gesungen habt. Und jedes Mal, wenn ich neidisch auf euch geworden bin, und das war verdammt oft, habe ich mir gesagt: Eines Tages wird dieses Haus meines sein, dann wohne *ich* dort, dann streiche ich den Zaun und die Klappläden in

Griechischblau, richte mir im Keller eine Dunkelkammer und auf dem Dachboden ein Studio ein, bin der weltberühmte Filmemacher, der unerkannt am Waldrand haust. Als Erwachsener habe ich dann die Filmemacherträumereien aufgegeben, bin vernünftig und Taxifahrer geworden, war zufrieden damit, aber der Wunsch nach diesem Haus ist an mir kleben geblieben. Mein letzter Traumrest, sozusagen. Im vergangenen Jahr habe ich Emma sogar mal ernsthaft gefragt, was es kosten würde, aber Emma wollte mir das Haus partout nicht verkaufen.»

«Sie war in diesem Punkt einfach stur», sagte Toastbrot. «Ich hab sie alle halbe Jahr aufs Neue bedrängt, habe Angebot über Angebot vorgelegt, aber nein, unter keinen Umständen wollte sie es abgeben.»

«Warum eigentlich?», fragte Betti.

Herbert und der Blumen-Weidner schüttelten gleichzeitig den Kopf und sahen dabei achselzuckend mich an.

«Weil sie nicht der Ansicht war, dass sie darüber zu verfügen hatte», sagte ich und spürte wieder die Hand auf meinem Bein.

«Wer sollte denn, wenn nicht sie?», fragte Gerti.

«Tja», sagte die Baroness.

Loup sprang auf, und Pinky fing wieder an zu kläffen, die Saaltür öffnete sich. Alfi Arnold trug noch immer Jogginghose und Friesenhemd. Mit ihm betraten sein jugendlicher Doppelgänger und meine ehemalige Klassenkameradin Melanie den Saal. Melanie, die zu Schulzeiten mindestens so angewidert von einer wie mir gewesen war wie damals das Toastbrot. Jetzt, als reife Frau, sah sie traurig und auch ein bisschen durchgenudelt aus, trotz des eleganten Hosenanzugs und des teuer aussehenden kleinen Lederrucksacks über der Schulter, an dem ein mit Strasssteinen beklebtes Krokodil baumelte. Mein verrückter Freund Alfi und Melanie, die Streberin, das kann doch jetzt nicht wahr sein, dachte ich.

«Was hätten sie machen sollen», raunte die Baroness mir zu, «extra für dich die Zeit im gesamten Dorf anhalten?»

Nein, dachte ich, ich hätte mich einfach mal blicken lassen sollen.

Die jugendliche Arnoldjungs-Dublette lief direkt zu Betti und fiel ihr um den Hals. «Meine Lieblingstante!»

«Habt ihr schon gegessen?», fragte Alfi.

Melanie kam auf mich zu und reichte mir seltsam verkrampft die Hand. «Mein Beileid, Toni.»

Ich war etwas überrumpelt von dieser Begrüßung, konnte bloß «Ja, danke, Mel!» stammeln und nebenbei ungläubig ihren Sohn anstarren. Nachdem der etwa achtzehn- bis neunzehnjährige Junge nicht halb so enthusiastisch auch seinem Onkel Andi Hallo gesagt hatte, kam er auf mich zu und begrüßte mich ebenfalls per Handschlag. «Ich bin Theo.»

«Toni.»

«Ich weiß. Daddys alte Liebe.»

«Reiß dich zusammen, Sohn!»

«Ich mach doch gar nichts!»

«Er macht doch gar nichts», bestätigte ich.

Arnold junior war reizend. Mindestens so einnehmend, wie es sein Vater und sein Onkel in diesem Alter gewesen waren. Das musste jetzt also auch noch sein, dachte ich, dass so ein Spiegel in Menschengestalt daherkommt, der mir mit nichts als seinem Dasein vorhält, wie sehr meine eigene Jugend vorbei ist. Ich hätte Theo gerne näher kennengelernt, ihn tantenhaft gefragt, was er so macht, aber es herrschte irgendeine Missstimmung zwischen ihm und Alfi, die ich nicht einordnen konnte, dann war da noch Melanie, die sich so merkwürdig benahm, und Andi, der seine Schwägerin nicht einmal mehr begrüßte. Ich verspürte nicht die geringste Lust, weiter in die arnoldschen Familienstrukturen vorzudringen, sie gingen mich schlichtweg nichts an. Vorbei ist vorbei, *ma fille*, auch die alten Freundschaften können nie mehr das sein, was sie waren, zu viel Wasser ist den Lindbach hinuntergeflossen, zu viel ist in Scherben gegangen, egal wie hollywoodreif wir uns am Morgen noch in die Arme gefallen sein mochten.

«Meine Damen und Herren!» Elsa schob ihr noch volles Glas in die Tischmitte. «Ich glaube, wir sind für heute hier fertig.»

Gerti sprang so hektisch auf, dass ihr Stuhl nach hinten umkippte und zu Boden ging. «Nein, nein, nein! Bei allem Respekt vor Ihrem Stand und Ihrem Alter, Baroness, aber ich möchte das jetzt geklärt haben! Ich habe keine Kraft für weitere Verzögerungen.»

Ich erwischte mich dabei, Gerti dankbar für ihr Drängen zu sein. Auch ich wollte mit all dem fertig werden, juristisch, praktisch und auch sonst - wollte den finalen Strich unter diese Geschichte ziehen dürfen, der meine Mutter und ich viel zu lange ein Ende verweigert hatten.

Elsa seufzte. «*Fair enough*. Nun denn: Emmas Haus steht ab morgen Abend euch Weidners zur Verfügung. Herbert wird mir beim Packen helfen, wir schaffen mein Zeug erst mal zu Toni rüber. Und was Emmas Bilder angeht, die wandern ebenfalls ins Waldhaus.»

«Aha. Okay.» Gerti klang nur mäßig überzeugt.

«Emma hat sie testamentarisch mir hinterlassen, das ist mindestens so wasserdicht wie deine amtliche Vermessung, Torsten. Abgesehen davon gehe ich mal davon aus, dass es in unser aller Sinne ist, wenn ich mich dafür einsetzen werde, Emmas Arbeiten einer größeren Öffentlichkeit zu präsentieren», sagte ich und erschrak gleichzeitig vor meinen eigenen Worten. Wollte ich mich nicht gerade noch aus all dem hier verabschieden?

«Wie willst du das anstellen?», fragte Gerti.

«Sie wird Mittel und Wege finden», antwortete die Baroness an meiner statt. «Toni ist klug, und sie versteht etwas von der Materie. Die Bilder sind genial, und die Menschheit, zumindest ein Teil von ihr, fängt vielleicht endlich-unendlich an, zu lernen oder zu sehen oder einfach nicht mehr so saublöd und blind zu sein. *Never say never*, hat einer meiner verflossenen Liebhaber mal zu mir gesagt, bevor ich ihn von der Bettkante geschubst habe. Ah! Mieser Vergleich, anderes Thema, *pardon*!»

Melanie trat nervös von einem Fuß auf den anderen. «Wir müssten dann auch gleich wieder los.»

«Und wer bekommt das Waldhaus?», fragte Gerti.

Es wurde vollkommen still im kleinen Festsaal, nicht einmal die Hunde machten mehr irgendwelche Geräusche. Gerti stand noch immer hinter der Tischkante, bleich und mintgrün und fordernd. Ich stellte sie mir im Atelierhaus vor, da passte sie hervorragend hinein, da würde sie glücklich sein mit ihrem Torsten, ich gönnte es ihr, ich gönnte es beiden. Dann sah ich die Abbruchbagger auf das Waldhaus zurollen und ihre Greifarme ausfahren ...

«Toni?»

Ich hörte das Brechen von Gebälk und Steinen ...

«Darüber wollte ich noch nachdenken, Gerti, aber wenn du es unbedingt wissen willst: Ich tendiere dazu, das Haus lieber erhalten zu wollen.»

Herbert wurde blass.

Ich sah ihn die Klappläden streichen. Griechischblau war die perfekte Farbe dafür.

«Könnt ihr einen anderen Ort für euren Kindergarten finden?»

Gertis Unterlippe zitterte, und ich hatte schon Sorge, dass sie noch einmal weinen würde, aber sie hielt sich wider Erwarten tapfer. «Müssen wir ja dann wohl.»

«Komm lieber erst mal wieder zu Kräften, Gerti», sagte Andi.

Der Blumen-Weidner machte sich daran, die Papiere und Pläne in einem nagelneu aussehenden ledernen Aktenkoffer zu verstauen. «Ich möchte keinen weiteren Kommentar zu dieser Sache abgeben.»

«Komm schon, Blumenprofessor!», sagte Elsa. «Ihr

kriegt das schöne neue Wohnhaus mit Töpferwerkstatt und Wintergarten und müsst euch nicht mal mit Malerarbeiten belasten, da ist alles frisch wie der junge Morgen. Du weißt selbst, dass das die beste Lösung ist.»

«Toni hat sich mein Angebot nicht einmal angesehen!»

«Du weißt es!», wiederholte die Baroness.

Torsten Weidner nickte langsam und sah dabei plötzlich so niedergeschlagen aus, dass er mir leidtat.

«Sei mir nicht böse, Torsten», sagte ich.

«Böse ist das falsche Wort», sagte der Blumen-Weidner.

«Darf ich dich trotzdem noch etwas fragen?»

Toastbrot ließ den Aktenkoffer zuschnappen und knöpfte sein Hemd bis auf die Brust auf. «Was denn jetzt noch?»

«Könntest du mir sagen, was du meiner Mutter verdankst? Ich wüsste es gerne.»

Der Blumen-Weidner blies die Wangen auf und ließ die Luft entweichen. Neben mir hörte ich Elsa das Gleiche tun.

«Ich muss jetzt wirklich gehen.» Melanie drehte sich um und lief Richtung Ausgang, Alfi hinterher. Theo sagte: «Man kann die beiden momentan nicht alleine lassen, tschüss, hat mich gefreut.»

«Familie!», sagte Andi, sobald sich die Saaltür hinter den Alfi-Arnolds geschlossen hatte.

«Es ist ein Trauerspiel!», fügte Betti hinzu.

«Anonyme Alkoholiker», sagte der Blumen-Weidner. «Sind dir ein Begriff, Toni?»

Ich nickte. «Klar.»

«Torsten, du brauchst nicht ...», sagte Gerti.

«Doch!» Toastbrot legte seine beiden Hände flach auf den Aktenkoffer. «Toni soll das wissen, sie hat ein Recht auf diese Information. Emma war meine Sponsorin bei AA.»

Es war faszinierend zu beobachten, wie mit diesem kurzen Satz sämtliche Niedergeschlagenheit von ihm abzufallen schien und freundlicher Melancholie Platz machte.

«Wir haben uns zufällig beim ersten Meeting getroffen, zu dem ich gegangen bin. Das war in Gießen in der Ludwigstraße, und Emma saß in der Runde. Ich war am Arsch, Toni, komplett am Ende, und dieses Treffen war der Anfang meiner Wiedergeburt, mein erster Schritt auf einem langen Weg. Emma hat mich dabei begleitet. Ohne die Unterstützung deiner Mutter hätte ich es wahrscheinlich nicht gepackt. So gesehen verdanke ich ihr nichts weniger als mein Leben.»

Er griff in seine linke Hosentasche und zog etwas heraus, das wie ein kupferfarbener Pokerchip aussah. «Die Medaille hat sie mir zum Einjährigen überreicht. Das war vor sechs Jahren, hier im Lindbachkrug. Seitdem feiere ich jedes Jahr meinen zweiten Geburtstag mit ihr, immer am zwölften August. Wir legen dann diese Münze auf Janines Tresen, trinken den ganzen Abend zwischen den Schnapsbrüdern Apfelschorle vom Feinsten und danken dem Herrgott, dass wir nicht mehr saufen müssen. Dieses Jahr wollten wir meinen siebten...» Seine Stimme brach.

Gerti umarmte und küsste ihn.

Andi flüsterte Betti etwas ins Ohr, woraufhin die beiden ihre Stühle vom Tisch abrückten und aufstanden.

Durfte ich einen trockenen Alkoholiker nach Informationen bezüglich des Ausnüchterungsprozesses seiner Mentorin fragen? Vermutlich gehörte sich das nicht. Davon abgesehen: Aus welchem Grund sollte ich dem Werdegang meiner Mutter nachforschen, an dem sie mir, sowohl im nassen als auch im trockenen Zustand, so dezidiert keinen Anteil hatte gewähren wollen? Weil ich es einfach gerne gewusst hätte.

«Soooo, liebe Trauergemeinde, und jetzt ist wirklich und wahrhaftig Schluss für heute», sagte die Baroness. «Ruft die Hunde zur Nacht, sammelt die Bruchstücke eurer Contenance aus den Scherben eurer Selbst zusammen, richtet eure Krönchen, vertragt euch und erhebt die Häupter zu neuen Ufern! Alles wird *somehow anything*, vielleicht sogar gut. Ein Elefant ist kein Porzellanladen, ich liebe euch alle, und man lernt nie aus den Socken. Hab ich das nicht schön gesagt?»

«Müsste man drucken», sagte Betti.

«Oder drauf spucken», sagte Elsa.

«Ist das auch dieses Dada, von dem Sie beim Beerdigungskaffee gesprochen haben, Baroness?» Toastbrot hatte seine Fassung wiedergefunden, rang sich jetzt sogar ein Lächeln ab. «Ich habe einen langen Artikel dazu gelesen und muss gestehen, es hat mich gefesselt, dieses Fließende, Offene, Undefinierbare, die Rebellion gegen das vermeintlich Unumstößliche, ich kann es nicht gut in Worte fassen, aber je länger ich darüber nachdenke, desto mehr glaube ich, das könnte mir gefallen. Ich würde gerne mehr dazu erfahren.»

Ich konnte nicht fassen, was ich da hörte!

Elsa stand auf, schnappte sich Pinky von Herberts Schoß und legte die Hand wie zum militärischen Gruß an die Schläfe.

«Salut, mein bester Blumendadaist! Lernen, popernen, gute Sache, das! Du gehst mit nur einem Haus, aber mit siebenundvierzig neuen Erkenntnissen aus diesem Treffen. Gratulation! Das ist der Reichtum, den du brauchst! Denk unbedingt länger nach, mein Freund, ich bin sicher, da warten ganz viele schöne Frage-und-Antwort-Varianten auf dich, mit ein bisschen Glück auch ein Kanarienvogelkäfig als Kopfschmuck und ein langes trocken-fröhliches Leben. Wir sollten ein Happening im Gartencenter ins Auge fassen, mit mir als wandelndem Hochzeitsstrauß mit einem vergoldeten Kartoffelarrangement als Krone. Nennen wir es *The Baroness ist not dead, but Dadaism possibly is*. Würde dir das gefallen?»

Der Blumen-Weidner sah tatsächlich nicht abgeneigt aus.

«Für heute aber, *my very dear friends,* lasse ich den Vorhang fallen. *Le spectacle est fini*. Alles Weitere dann morgen. Herbert, meinen Wagen, bitte!»

Sie sagt: Die, die ich bin, wanderte, wandert, wird wandern.
Hier. Da.
Was, wenn ich hätte weiter dichten, verdichten, leben dürfen?
Lasst mich doch!
Es geht nicht um gewinnen oder verlieren, sagen die Sieger.
Es geht um
Lavendelblüte,
aufgebrochene Verliese,
Liebe,
Tod,
Erdbeereis.
Sag du nicht: die kleinen Dinge.
Sag: groß!
Wahrheit oder Pflicht?
Das Rätsel ist des Wunders Lösung.
Das Wunder bin
ich –
du –
er –
sie –
WIR

11

DIE REISE NACH JERUSALEM

Am Sonntagmorgen lag Elsa in einem rot-weiß karierten Pyjama auf der Bank unter dem Pflaumenbaum und schnarchte. Neben ihr stand der alte Überseekoffer, auf dem Pinky saß und mich mit schiefgelegtem Köpfchen ansah, als hätte er nur gewartet, dass ich endlich auftauchte.

«Willst du mitkommen, kleiner Mann?»

Er wollte.

Da Elsa sich nicht regte, nahm ich beide Hunde mit auf einen Spaziergang. Das Wetter war herrlich, die Amseln veranstalteten mehrere Symphoniekonzerte auf einmal, die Hunde verfolgten sich gegenseitig durchs Unterholz, es duftete nach frisch gemähtem Gras, und der Wald zeigte sich von seiner schönsten Seite. Ich hielt es etwa eine Viertelstunde lang aus, dann konnte ich die Woge aus sentimentalen Anwandlungen nur noch mithilfe von maßlosem Zigarettenkonsum ertragen. Rauchen im Wald war das Allerletzte! Dafür hätte meine Oma mir eine wütende Standpauke gehalten. Fuchsteufelswild wäre sie geworden! Nicht genug, dass man sich selbst damit zugrunde richtet, man zerstört potenziell die unschuldige Natur, hätte sie geschimpft. Aber sie schimpfte nicht mehr. Ausgeschimpft, dachte ich und steckte mir eine neue Zigarette an der alten an. Ich sollte diese Spaziergänge sein lassen, dachte ich, sie tun mir nicht gut.

Als ich wieder zurück am Haus war, hatten sowohl die Baroness als auch ihr gewaltiger Koffer den Platz unter dem Pflaumenbaum verlassen.

Ich fand Elsa, noch immer im Pyjama, in der Küche an den Geschirrschrank gelehnt, eine der geblümten Tassen in den Händen.

«Guten Morgen, Toni! Hast du gut geschlafen?»

Sie reichte mir die Tasse.

Der Kaffee war stark und bitter, genauso wie ich ihn mochte und genauso wie meine Großmutter ihn immer für mich zubereitet hatte: in der Kanne aufgebrüht, in die Tasse gesiebt. Während ich am Kaffee nippte und auf den schweigenden Geschirrschrank schielte, ließ die Baroness ihren Blick im Raum umherschweifen.

«Du hast ja schon ganz schön gewütet.»

Schubladen standen offen, Hängeschränke und Küchenregale waren teils geleert, teils noch halb voll, am Telefontisch hing ein Kabel herunter, unter dem hinteren Fenster lagen zwei zerfledderte Ausgaben des Lindbacher Kirchenblättchens.

«Hatte gestern so eine Art Anfall», sagte ich. «Idiotisch, oder?»

«Hat's denn geholfen?»

«In gewisser Hinsicht ja», antwortete ich. «Ich bin jetzt jedenfalls fertig mit dem Haus, auch wenn es vielleicht nicht danach aussieht.»

«Doch, doch.» Die Baroness stieß sich vom Schrank

ab und schob im Vorbeigehen mit der Hüfte eine der Schubladen neben der Spüle zu. «Man müsste schon blind sein, um das nicht zu sehen.»

Ich leerte die Tasse und betrachtete die schwarzen Pulverreste, die sich auf dem Boden abgesetzt hatten. «Das Übrige kann ich Herbert überlassen, der hat zu allem Ja und Amen gesagt, als ich ihm meine bescheidene Preisvorstellung für das Haus genannt habe.»

Bevor ich irgendetwas im Kaffeesatz erkennen konnte, hatte Elsa bereits die Kanne vom Herd geholt und mir nachgeschenkt. «Gutes Mädchen!»

«Wer? Herbert?»

«Der auch. Mir hat er erzählt, dass er die Gerti jetzt umsonst zur Dialyse bringen wird. Dreimal pro Woche, so lange, bis die neue Niere da ist. Nachbarschaftspflege nennt er das.»

«Mir hat er angeboten, mich kostenlos bis in die Bretagne zu fahren, wenn ich das wünsche.»

Elsa schlug die Hände über dem Kopf zusammen. «*Le cher imbécile!*»

«Der ist schlauer als wir alle zusammen, wenn du mich fragst. Bekommt, was er will, und niemand kriegt es fertig, ihm ernsthaft böse zu sein, nicht einmal Gerti und Toastbrot. Herbert wird sich hier nach und nach ein Paradies aufbauen. Wo ist er eigentlich?»

Elsa kratzte sich hinter dem rechten Ohr. «Er musste irgendeinen Kunden zum Golfplatz chauffieren, mit dem er dann auch gleich noch was Organisatorisches klären wollte, hat was mit dem anvisierten Hauskauf zu tun, blabliblubs, was weiß ich. Danach kommt er wieder her, hat er gesagt, eventuell mit einer gewissen Susanne im Schlepptau, die Transportkisten für die Bilder dabeihaben könnte. Du wüsstest Bescheid, hat er behauptet.»

«In gewisser Weise schon», sagte ich. «Aber so kurzfristig hätte ich das nun auch nicht gebraucht.»

«Aber ich.» Die Baroness ließ sich mit einem lauten Ächzen auf die Eckbank fallen. «*Time's up*, Toni! Worauf sollen wir denn noch warten? Herbert hat sich in aller Frühe bereits um meine Sachen gekümmert, die Malmaterialien sind ebenfalls aus dem Atelier geschafft, auch die Bilder wurden schon vermessen und in Decken eingeschlagen, gleich geht's weiter mit der Beseitigung aller Zauberkünstlerinnen-Indikatoren, hurtig, hurtig, wir wollen die sinistren Hinweise verwischen, bevor die Gerti mit der antiseptischen Putzkolonne anrückt. Zum Glück ist er ein gewaaaaaaltiger Heinzelmann, unser aller Lieblingsfahrer, du wackelst mit dem Finger, und er hüpft für mich, für dich, für sich, wer könnte da nicht sein Herz verlieren? Telefoniert hat er in der Frühe auch schon fleißig, hierhin und dorthin, wie so ein Cheflogistiker. Vielleicht müssen wir ihn demnächst vor sich selber retten, aber fürs Erste schwirrt er emsig durch die Instanzen, und das wird auch für uns beiden Hübschen nicht von Nachteil sein.»

Ich setzte mich der Baroness gegenüber an den Tisch und zündete mir eine weitere Zigarette an. «Klingt für mich eher so, als wollte er mich so bald wie möglich loswerden.»

Elsa nahm mir die Zigarette ab und steckte sie sich

selbst zwischen die Lippen. «Der Taxi-Herbert traut seinem Glück nicht und verfällt deswegen in Aktionismus. Kennt man ja. Das schlechte Gewissen wegen der geplatzten Kindergartenpläne lässt ihn ebenfalls zu Hochform auflaufen, er hat noch die halbe Nacht bei den Weidners gesessen und gut Wetter gemacht, nachdem er uns zurückchauffiert hatte. Heute Abend soll jedenfalls bereits die Übergabe des Atelierhauses vollzogen werden, der Termin steht, die Weidners organisieren alkoholfreien Sekt und Schnittchen, ein Krieg konnte abgewendet und eine Baroness zum Auszug bewegt werden, Friede, Freude, Pfirsichkuchen, wir gehen gegen acht gemeinsam rüber, *ma fille.*»

Einen Tag ohne Zusammenkünfte und komplexe soziale Interaktionen hätte ich auch genommen, dachte ich, nur vierundzwanzig Stunden Ruhe, um mich mit der Sachlage abzufinden und nachzudenken, aber dann bemerkte ich Elsas auf mich gerichteten Blick, und mir wurde bewusst, dass eine Verschnaufpause nur wieder Ratlosigkeit und Kummer Auftrieb geben würde.

Die Baroness strich mir liebevoll über die Wange und sagte: «Vertrau dich mal getrost meinem Tempo an, Schatz», als hätte sie mich laut denken hören. «Ein kurzer heftiger Schmerz ist besser auszuhalten als ein sich unnötig dahinziehender. Jede, die sich mal ein Heftpflaster von einem aufgeschürften Knie hat ziehen lassen müssen, weiß, was ich meine.»

«Na dann», sagte ich und war mir nicht ganz sicher, von welchem Schmerz sie sprach. Meinem oder ihrem.

«Dass Emmas Bilder noch vor der Weidner'schen

Inbesitznahme hier herübergeschafft werden, darauf habe ich bestanden. *Safety first*, falls du verstehst, was ich meine. Auch das macht Herbert, entweder alleine oder mit seiner Transport-und-Entrümpelungs-Freundin. Alles Weitere übernimmst du, Toni Bachmann. Betreff des Verbleibs der Bilder, meine ich. Die Immobilien und deren Besitzverhältnisse sind mir so einerlei wie Pinkys gelegentliche Flatulenz.» Sie hielt sich mit zwei Fingern die Nase zu.

Mich überfiel leichte Panik. «Verstehe ich das richtig? Es wird gleich das Gesamtwerk meiner Mutter bei mir abgeladen?»

Elsa nickte, die Zigarette lässig in den Mundwinkel geklemmt, als wäre das die Antwort auf die Frage, ob wir Brötchen statt Haferflocken zum Frühstück haben würden und nicht die Bestätigung dafür, dass ich mit dem Handschlag zum Verkauf des Waldhauses keineswegs den Löwenanteil des alten Ballasts losgeworden war.

«Gibt es da nicht einen Galeristen in Frankfurt?», fragte ich nach einer Weile, in der mir die verschiedensten Szenarien vor dem inneren Auge erschienen waren.

Elsa ließ beide Fäuste auf die nunmehr blanke Tischplatte donnern. «Herrje, Toni! Das war doch alles geklärt! Hattest du nicht gestern mehrfach die Hand zum Tochterschwur gehoben? *In some way?*»

Ich wollte mich entschieden gegen sämtliche Zuschreibungen wie auch immer gearteter Schwüre verwahren, kam aber nicht dazu.

«Fakt ist: Du bist die letzte Bachmann, und es ist dein Job! Der Galerist ist ein eitler, geldgeiler Fatzke, den kannst du immer noch kontaktieren, wenn du dich satt und angstfrei gesehen hast. Was nicht so bald der Fall sein wird, *trust me*. Du musst erst mal den Dialog mit Emma fortsetzen, dafür brauchst du diese Bilder bei dir und mit dir, wo auch immer das ist. Versemmel diese Chance nicht, Toni! Selbst wenn du dabei rein gar nichts zurechtsortiert bekommst, wenn du immer noch heimat- und mutterlos aus der Chose herausklettern solltest, dann wird es trotzdem das Richtige gewesen sein. Für dich! Kapiert?»

«Na ja, weißt du …» Ich brach den Satz ab, weil ich plötzlich nicht mehr wusste, was genau ich hatte sagen wollen. Mir war, während ich noch über die passende Erwiderung zur Abwehr ihrer pseudotherapeutischen Übergriffigkeit nachdachte, schlagartig klar geworden, dass die Baroness auch in dieser Sache richtiglag. Wenn ich die Gemälde voreilig aus der Hand gab, würde ich es bereuen, sie waren das Material, das mir eine Ahnung davon vermitteln könnte, wer diese für mich nie greifbare Person gewesen war. Ob mir das Ergebnis gefallen würde, sofern ich denn zu einem gelangte, stand auf einem anderen Blatt, aber die Bilder waren alles, was mir blieb von dieser zur Mutterschaft ganz und gar unbegabten Frau. Ich hatte die vergangenen Jahre damit zugebracht, die Toten schweigen zu lassen, auch diese eine, die noch gelebt hatte, damit würde jetzt, wo sie tatsächlich tot war, Schluss sein. Vielleicht würde sie jetzt reden. Vielleicht würde ich mir mithilfe der Bilder meine eigene Geschichte neu oder besser oder einfach anders erzählen können. Und nicht nur mir.

Elsa schnipste dreimal vor meinem Gesicht. «Außerdem wird es in der Folge auch viel wirkungsvoller sein, wenn die Tochter der verstorbenen Künstlerin als Hüterin des Erbes und Interpretin des Werkes auf den Vernissagen auftritt, mit Tränen in den Augenwinkeln und Betroffenheit im Hinterteil, und die Geschichte von einer herausragenden Malerin erzählen kann, deren genialischer Nachlass in einem oberhessischen Waldstück dem Vergessen anheimgefallen wäre, wenn sie nicht ...»

«Ich würde niemals so eine Scharade aufführen ... !»

«Uuuund trallala ... Hab ich dich! *Quel destin magnifique!* Betroffenheit kreiert die Imagination von Schicksal, und Schicksal weckt Begehrlichkeiten, *ma fille*! Menschen wollen Schicksal kaufen. Scheißegal, auf welche Weise wir das ins Bewusstsein der Leute injizieren, jedes Mittel ist legitim, wenn nur Emma Bachmanns Kunst nicht auch noch den Tod des Vergessens sterben muss, wie die so vieler anderer von uns! Wir werden das nicht dulden! *Du* wirst das nicht zulassen! Ist das klar?!»

«Okay, ja, ich hab's kapiert.»

Elsa tippte mir auf die Stirn. «*Qui l'aurait cru?* Wer hätte gedacht, dass ihr noch mal, zum ersten Mal, miteinander auf die Reise gehen werdet, deine Mutter und du? Wer, wer, wer denn wohl? *Moi! Me!* Ich! Ich hab's gewusst und war verwegen genug, es Emma auf dem Sterbebett zu versprechen. *Et voilà*, jetzt kümmerst du dich verdammt noch mal um dieses Werk, Tochter, ich kann nicht immer überall gleichzeitig sein, das ist nicht einmal meinem Seinszustand angemessen!»

«Von welcher Menge an Gemälden reden wir denn eigentlich?»

Die Baroness gab mir einen Klaps auf den Hinterkopf. «Guck nicht wie König Haralds Lieblingsmätresse vor der Schlacht von Hastings, *chérie*. Es sind ganze elf Stücke aufgespannte Leinwand übrig, alles mittlere bis kleine Formate. Damit wirst du fertig.»

«Was ist mit den restlichen Arbeiten passiert? Es müssten doch eigentlich viel mehr sein.»

«Zerrissen, verbrannt, beseitigt!» Elsa verzog schmerzvoll das Gesicht. «Warum haben so viele Frauen den verkorksten Drang, autoaggressiv-vorauseilend die eigene Auslöschung auch noch zu befördern? Kannst du mir das sagen, *ma fille*?»

Ich schwieg, weil ich mich dafür schämte, in erster Linie erleichtert zu sein. Ich hatte mich einen Kunsttransport größeren Ausmaßes organisieren und konservatorisch weiter betreuen sehen. Elf Gemälde klang dagegen in der Tat machbar – ein Volumen, das jederzeit in den Kellermagazinen unter den Geschäftsräumen von Xaviers Eltern zwischengelagert werden konnte. Dafür die Verantwortung zu übernehmen, würde mich nicht überfordern.

«Denk nicht, das ist ein kleiner Fisch, Toni! Das ist mindestens ein stattlicher Blauwal, er könnte sich zum Ungeheuer auswachsen, dem vier neue Köpfe sprießen für jeden einzelnen, der ihm abgeschlagen wird!» Die

Baroness ließ ihre Hände direkt vor meinem Gesicht auf und zu schnappen.

Ich lachte verhalten. «Kann ich mir die Bilder, die ich noch nicht kenne, wenigstens kurz ansehen, bevor sie eingekistet werden?»

Die Fäuste der Baroness krachten ein weiteres Mal auf die Resopaltischplatte. «Nix da! Katze im Sack! Hast du noch immer deinen Verstand nicht aus dem Winterschlaf geholt? Kurz ansehen kannst du vergessen! Das wird deine Aufgabe für die kommenden Tage oder Wochen oder Monate sein, *my lady* Spurensucherin. Geduldiges Hinschauen ist dein Beruf, wenn ich's richtig verstanden habe. Bring die Bilder erst mal an einen für dich sicheren Ort und tu dann das, was du gelernt hast: Spuren suchen. Gib dem Ganzen die Zeit, die es braucht, dann wirst du über das weitere Vorgehen entscheiden können. *Fais-moi confiance!*»

«Ist ein Porträt von dir unter den Gemälden, Elsa?»

«Möglich, unmöglich, wer weiß ...» Die Baroness legte sich den rechten Zeigefinger an die Lippen.

«Was ist mit den Keramiken? Hat meine Mutter da auch das meiste vernichtet?»

Elsa klappte den Kragen ihres Pyjamaoberteils hoch. Sie schien mir über Nacht noch kleiner geworden, ihr Gesicht stärker eingefallen zu sein, aber vielleicht kam mir das auch nur so vor, weil sie ungeschminkt war.

«Die Tonsachen kannst du getrost vergessen, Toni. Für Emma hatten sie über eine nette Einnahmequelle bei Weihnachtsmärkten oder Kunsthandwerksmessen hinaus keine Bedeutung. Gerti und Toastbrot werden sich liebend gerne darum kümmern, die mögen so was, stellen Papageientulpen rein oder Kunstfarn und erfreuen sich einer Ästhetik, die keine Fragen aufwirft.»

Auch hier verzichtete ich auf Widerspruch, in diesem Fall allerdings ungern. Ich beschloss, mir einige von den Keramiken zu sichern. Das konnte Herbert diskret für mich erledigen.

Elsa reichte mir den Stummel der Zigarette für einen letzten Zug, und wir sahen uns auf undefinierbare Art lange schweigend in die Augen. Es war wie bei diesem Spiel, das meine Oma und ich früher manchmal gespielt hatten: Wer zuerst wegsieht oder lacht, hat verloren und muss den Abwasch machen. Elsa ließ mich gewinnen, indem sie den Hinterkopf an die vergilbte Küchenwand lehnte.

Ich bot ihr eine weitere Zigarette an, aber sie lehnte ab und erhob sich.

«Ich würde mich jetzt gerne im ehemaligen Zimmer deiner Oma umziehen, das du so vorausschauend sauber gemacht hast, vorher noch ein Bad nehmen, falls deinerseits nichts dagegen spricht.»

Ich fragte nicht, wie lange sie vorhatte zu bleiben, ich fragte nicht, wie es kam, dass sie sich so gut im Waldhaus auskannte, ich sagte: «Ganz im Gegenteil! Brauchst du Hilfe?»

«Beim Baden?»

«Beim Auspacken.»

Die Baroness zwinkerte mir amüsiert zu. «Nein danke, meine Liebe, nicht nötig! Ähnlich der, die du bist, stellt die, die ich bin, stets die Behauptung auf, am liebsten alleine zurechtzukommen. Gelegentlich stimmt das sogar.»

Beim Verlassen der Küche drehte sie sich noch einmal zu mir um. «Wir könnten einander so extraordinär superbe Mitbewohnerinnen sein, du und ich, *mon amie restauratrice*!»

Die Eckbank knarzte, als ich ebenfalls aufstand. «Ich werde so bald wie möglich wieder abreisen, *ma chère baronne*. Ich muss zurück, wo ich hingehöre, und das ist nicht hier.»

Elsa legte sich die rechte Hand aufs Herz und verneigte sich leicht. «Dies ist dem Hause und mir wohlbekannt.»

«Selbstverständlich kannst du trotzdem so lange hier wohnen, wie du möchtest. Ich kläre das mit Herbert. Er wird sich darüber freuen, da bin ich mir sicher.»

Die Baroness ließ ihren Zeigefinger vor ihrer Nase kreisen. «*Très amusant!*»

«Oder willst du vielleicht mit mir in die Bretagne kommen?», fragte ich und konnte kaum glauben, dass ich das tatsächlich laut ausgesprochen hatte.

Sie humpelte noch einmal zu mir zurück und gab mir einen Kuss auf den Mund, ihre Lippen waren trotz des warmen Julimorgens eiskalt. «*On verra*. Wir werden sehen. *We will see.*»

Ihre nackten Füße klatschten über den Steinboden in Küche und Flur, kurz darauf schloss sich die Badezimmertür hinter ihr. Ich hörte Wasser rauschen und ihre knarzige Stimme «*Tous les garçons et les filles de mon âge se promènent dans la rue deux par deux*» singen und dachte, dass wir wahrscheinlich sogar wirklich eine vergnügliche Wohngemeinschaft abgeben würden, sie, unsere launigen Tiere, der Geschirrschrank und ich. Und Xavier natürlich, beeilte ich mich, meinem Gedankengang hinzuzufügen.

Im Bad wurde ein neues Lied angestimmt. «Ich küüüüüsse deine feigen Augen, will mich verlieren gaaaaanz in deinem dunklen Muuund.»

Ich kippte Futter für die Hunde auf den Küchenboden, nahm mir Brotscheiben und Käse aus dem Kühlschrank, ging damit hinaus, setzte mich unter den Pflaumenbaum und legte mein Telefon neben mich. Während ich die Brote aß, formulierte ich in Gedanken tausendundeinen Satz, den ich Xavier zur Einleitung unseres längst überfälligen Gesprächs sagen könnte, und fand keinen einzigen, der passte.

Nach etwa einer Stunde gesellte sich die Baroness zu mir. Sie trug den mit Vogelmotiven bestickten Kaftan, den ich im Atelier hatte herumliegen sehen, ihre Augen waren mit blauem Kajal umrandet, auf ihren Wangen prangte eine Überdosis Rouge, und um den Hals hatte sie sich die olivgrüne Kordel gewickelt, mit der die Vorhänge in Omas altem Zimmer zusammengehalten worden waren.

Sie nahm mein Telefon von der Bank und schaute auf das schwarze Display. «Hast du mit deinem Mann gesprochen?»

Ich schüttelte den Kopf. «Noch nicht.»

Elsa ließ das Telefon in ihrem Dekolleté verschwinden.

«Und jetzt?», fragte ich.

«Jetzt sind wir so weit, dass ich dir von Paris erzählen muss.»

Mir war es recht, wenn sie mir, entgegen ihrer Pflaster-Abriss-Theorie, nun doch einen Aufschub gewährte, und sei es nur bezüglich dieses überfälligen Telefonats.

«Okay.» Ich lehnte mich zurück, wartete darauf, dass sie zu erzählen begann.

Elsa zog die Füße hoch auf die Bank, legte das Kinn auf ihre angewinkelten Knie und schaute versonnen auf Loup, der wenige Meter von uns der Länge nach hingestreckt im Gras lag.

«Ich brauche deine volle Aufmerksamkeit, Toni.»

«Die hast du, Baroness, verlass dich drauf.»

Sie atmete ein paarmal tief ein und aus, sagte leise «nun gut», und es war ihr anzumerken, dass es sie Überwindung kostete weiterzusprechen. «Zuerst sollten wir noch einmal kurz in die Staaten und ein bisschen länger auch nach Deutschland zurückkehren, damit du verstehst, wie nicht länger golden sein durfte, was auf ewig hätte golden sein müssen.» Sie hob das Kinn, ließ ihre Beine von der Bank gleiten und setzte sich kerzengerade hin. «Ich habe bereits angedeutet, dass New York sich letzten Endes doch als zu schwach erwies für eine, wie ich sie war. Schade, schade, sie ertrugen die Zumutung nicht mehr und wurden meiner überdrüssig, *the free-fried americans*. Und ich ihrer, das kann ich dir sagen! Die Texte, die nicht mehr erscheinen durften, die Nacktheit, die weder in Bild noch *in the flesh* präsentiert werden durfte, der Rausch, der nicht mehr genossen werden durfte, die Zensur, die den freien Ausdruck knebelte und ausbluten ließ … es war erbärmlich und unwürdig! Die meisten meiner Freundinnen und Freunde verließen bereits ab 1921 das sinkende Schiff, spazierten munter in die Büros der Reedereien und erwarben Passagen für die Überfahrt, am liebsten *first class,* versteht sich. Im Herkunftsland von *Lady Liberty* wollten die freien Geister neue Freiheit finden. Nach Paris zog es sie, denn dort konnte noch weitgehend gelebt, geschrieben, genossen und geliebt werden, wie, was und wen man wollte. Zumindest so lange, bis die Drecksfaschisten auch dem ein Ende bereiteten, aber das ist eine andere Geschichte. Die Karawane zog also weiter, über den Ozean auf die Boulevards, von den Boulevards in die Cafés und Ateliers der damals freiesten Stadt auf dem guten alten europäischen Kontinent. Und die, die ich bin, hätte legitimsterweise gleich bei der allerersten Fuhre mit von der Partie sein müssen, *for the sake of goddess!* Selbst Joyce, der alte Stinkstiefel, dessen Texte Seite an Seite mit meinen erschienen waren, bevor man uns das Maul stopfte, fand in Paris eine Verlegerin, die sich für seine in ganz Amerika als ‹pornografisch› gebannten Schriften einsetzte, ihm obendrein das Alltagsleben finanzierte, damit er unbehindert schreiben konnte. Sylvia Beach, der Name muss genannt werden! War ich denn weniger richtungsweisend als der augenkranke Ire? Waren meine Gedanken weniger obszön? Ich würde in aller Bescheidenheit noch heute für mich geltend machen: keineswegs! Wo also musste ich dringend hin? Richtig!

In die Stadt, wo man mich und meine Arbeit schätzen würde. Worüber aber verfügte ich nicht? Auch richtig: die nötigen finanziellen Mittel, mir für die Überfahrt auch nur eine Pritsche im Maschinenraum zu buchen. *The shameless Queen of New York Dada was broke*. Wer mochte denn schon dafür zahlen, dass eine wie ich freimütig ihr sogenanntes vaginales Dreieck entblößte oder dass sie auf Zelluloid bannen ließ, wie sie sich das Schamhaar rasierte? Die Herren mich benutzenden Mitkünstler jedenfalls nicht, obwohl ich deren Arbeit mit allem, was mir zur Verfügung stand, unterstützte: Seele uuuuuund Leib, *if you know what I mean.*» Elsa strich sich mit den Händen über Brüste, Bauch und Hüfte. «Und nein, hier wurde kein schmuddeliger Voyeurismus bedient, das muss noch erwähnt werden, hier wurde vom weiblichen Körper erzählt, wie es noch nie zuvor getan worden war, meine Nacktheit war rein in ihrer unverstellten Schönheit, hier wollte die Kunst die Scham von der Schande befreien, hier sollte Revolte gezeugt werden! Was war ihnen das wert? *Nothing at all, my very dear listener*, kaum noch ein welkes Salatblatt. Auf den Straßen, die ich einst mit meiner illustren Anwesenheit bereichert und geschmückt hatte, war ich auf einmal nur noch die ihre versauten Gedichte rezitierende Deutsche, die ihre Miete nicht bezahlen konnte und in den Warenhäusern Dosenbohnen klaute. Während die Karawane ohne ihre rechtmäßige Königin abzog, musste ich noch volle zwei Jahre betteln, hungern, stehlen, bis auch ich eine Kabine auf einem Dampfer nehmen konnte, bedauerlicherweise nicht mit der von mir gewünschten Destination. Pinky und ich bestiegen am 18. April 1923 die *SS York* in Richtung Bremen, *back to good old fucking Germany*, Reisedokumente und die von betuchten Freundinnen gesponserten Tickets ließen nichts anderes zu. Von Bremen aus ging es dann mit der Reichsbahn nach Berlin, wo ich bedauerlicherweise, statt schöne neue Skandale zu kuratieren, wie sich das gehört hätte, den nächsten Tiefpunkt erreichen sollte. Zum Auftakt wurde ich um mein altadeliges Witwenrecht gebracht, wenig später auch noch um den letzten Rest des Maurermeistererbes. *Lady Da-liberty-Da* mutierte zu einem verrückten alten Weib. Nicht meine Worte! Drei miese Jahre verbrachte ich damit, pleite in Berlin dahinzuvegetieren und auf dem Generalkonsulat wegen des Visums für Paris zu antichambrieren. Wäre die Welt auch nur einen Hauch gerechter gestrickt für Frauen von dem Kaliber, wie ich eine bin, hätte es in der sich zwischen zwei katastrophalen Niedergängen noch einmal aufbäumenden deutschen Hauptstadt für mich wieder pläsierlich werden müssen, ich hätte ein feistes Stück von der Torte abbekommen sollen, denn man tanzte nackt in den Kabaretts, schwitzte sich im sinnlichen Hexenkessel den Verstand aus den lüsternen Poren. Fälschlicherweise ohne mich. *Ça ne devrait pas être*, es sollte nicht sein, *not even a tiny bit*. Warum? Weil das verdammte männergemachte Naturgesetz bestimmte, dass eine hart gegen die Knechtschaft der Prüderie arbeitende Künstlerin arm zu bleiben hatte? Weil man nicht genug Mumm aufbrachte, mir in die Untiefen zu folgen, die sich zwischen meinen Zeilen und hinter meinen Arrangements auftaten? Möglich. Fest stand: Ein Aktmodell jenseits der vierzig verdiente auch damals kaum einen Penny. Die Leute waren schon immer zu dumm und zu blind, die Grazie, Anmut und Ästhetik eines nicht mehr jungen Körpers wertzuschätzen.»

Elsa beugte sich nach vorne und steckte sich, untermalt von Würgegeräuschen, den Mittelfinger in den Hals. Beinahe wäre ich von der Bank aufgesprungen, weil ich befürchtete, sie würde sich tatsächlich übergeben, aber sie richtete sich rasch wieder auf und redete weiter.

«Tja. *Tant pis pour moi.* Untergehen war keine Lösung. Verkaufte ich also Zeitungen auf dem Kurfürstendamm, fror mir dabei den Allerwertesten ab, hörte auf, ein menstruierendes Wesen zu sein, hörte nicht auf, zu reden, zu dichten, zu schaffen, wurde mehr und mehr vergeistigtes Fleisch ... hahaha! Wer's glaubt, wird auch nicht selig. Mager wurde ich. Unterernährt. Krank. Ich brach auf der Straße zusammen, musste vom Trottoir aufgesammelt werden wie ein alter Lumpen. Tadadadaaa! Hier liegt sie im Dreck, mit der blutigen Fresse nach unten, die Schöpferin von *Objet trouvé* und orgastischer Lautmalerei! Das glaubte die saublöde Welt sich leisten zu können, *shame on her – not on me*!»

Sie stützte sich mit den Händen auf den Oberschenkeln ab, musste erst wieder zu Atem kommen, bis sie ihren Bericht fortsetzen konnte. Ich strich ihr sanft über den gebeugten Rücken, war klug genug, einfach still abzuwarten.

«Es waren ein weiteres Mal Freundinnen aus der New Yorker Zeit, die mir zu Hilfe kamen. Schwestern des Wortes und der Kunst schickten ideelle und finanzielle Unterstützung, hielten mich davon ab, dem Irrsinn komplett zu verfallen, als man mich hinter den Mauern einer Anstalt verwahren zu müssen glaubte. Landesirrenanstalt in Eberswalde. Wegen paranoider Gefühle und Wahnvorstellungen, ja, wie hätte ich die denn nicht haben sollen, frage ich dich! Entlassen wurde ich, weil ich angeblich keine Gefahr für mich und andere darstellte. Frechheit! Aber die Freiheit nahm ich gerne wieder an mich. Besagte Freundinnen spazierten eine Weile tröstend in meine von nächtlicher Angst geschüttelten Träume, schickten mir weiterhin Briefe und Moneten, Worte und Moos, halfen, so gut sie es vermochten, wenn auch einige nur temporär. Ich will noch einmal die Namen aussprechen, *ma fille*! Weil es sonst ja kaum noch jemand tut. Da war meine Freundin Berenice Abbott, halb Kerl, halb Elfe, ganz und gar begnadete Fotografin mit dem zweiten und dritten und auch noch dem vierten Gesicht. Pinky hing sehr an ihr, was sie allerdings nicht davon abhielt, uns später dann doch zu vergessen wie einen Regenschirm an einem sonnigen Frühsommertag. Vorher aber reiste sie nach Paris und las meiner liebsten, geliebten Freundin Djuna Barnes, ja, die, von der ich schon einige Male gesprochen habe, aus meinen Briefen vor. Djuna hörte sehr genau hin, sie fürchtete sich nicht vor meinen Abgründen, und sie bewahrte mich mit ihrer Liebe und ihren Zuwendungen vor dem tiefsten Absturz in die dunkelste Not. Dafür wurde Djuna allerdings auch reicht belohnt: Ich überschüttete sie mit meinen besten Gedichten, schrieb ihr lange Berichte aus meinem Leben, widmete ihr die schönsten und erotischsten Liebesbriefe! Djuna ist eine der wenigen, die die, die ich bin, niemals vergaß, auch wenn sie das mir gegebene Versprechen nicht halten konnte. Ein Buch hatten wir gemeinsam zeugen wollen! Auch das sollte nicht sein. Man kann immerhin eine Spur von mir in ihrem bedeutendsten Roman finden, mach dich auch danach auf die Suche, *ma fille,* es soll dein Schaden nicht sein! Auch diese Geliebte, die schöne, genialische, starb später, viel später, vom Rest der Welt vergessen in einer schäbigen Mietwohnung in Greenwich Village. Sag mir: Ist das zu fassen? Darf das sein?» Elsa krallte sich mit beiden Händen in meinen Unterarm.

Ich sagte: «Nein, es ist inakzeptabel und grundverkehrt!»

Sie schien sich mit meiner etwas plattitüdenhaften Antwort zufriedenzugeben, ließ meinen Arm wieder los. «Schließlich konnte ich mich doch noch auf die lang ersehnte Reise machen, das Wunder geschah, ich kam heraus aus Berlin. Ein unerwartetes kleines Tantenerbe schenkte mir finanziellen Auftrieb, und das Generalkonsulat ließ sich - endlich, endlich, eeeeendlich! - ein Visum für Paris aus dem zähen Apparatralalarat leiern. Unverzüglich machte ich mich mitsamt meines Hündchens auf den Weg, erreichte das Ziel meiner Träume im April 1926, fand Quartier in Montparnasse, war randvoll neuer Hoffnung, neuer Energie, neuer Ideen! *Hélas*, da tat sich wieder, wieder, wieder mal die leidige Geldfrage auf. Zum Glück aber war ich jenseits der fünfzig besser im Modellstehen als je zuvor, was allerdings nicht immer leicht zu vermitteln war. Ich fand Arbeit hier und da, schlug mich fürs Erste leidlich durch. Einmal verengte jemand skeptisch seine Maleraugen, als ich in der Rue de Babylone bei ihm ins Atelier hineinrauschte, und weil ich die ewig gleich beschränkte Frage satthatte, die auch auf seiner Stirn zu lesen war, ließ ich kurzerhand meinen Überwurf fallen, unter dem ich splitterfasernackt und schön wie die Abendröte war. Der restlos überzeugte Skeptiker ging sogleich die Pinsel holen und wurde ein zufriedener Stammkunde. So war das mit mir in Paris. Anfangs. Ein helles Leuchten hätte es werden können, ich verspürte wieder den Drang nach Poesie und Aktion, schrieb besessen und beseelt. Einige wackere Herausgeberinnen avantgardistischer Literaturzeitschriften dachten wieder darüber nach, Zeilen von mir zu veröffentlichen, zwei meiner nicht gerade schwiegermuttertauglichen Gedichte wurden tatsächlich in der *Transition* abgedruckt. Ein Aufwind formierte sich, der mir hätte zu voller Fahrt verhelfen sollen, sämtliche meiner Segel wären gehisst gewesen … Ach! Im Juli 1927 mietete ich ein Studio im Impasse du Rouet an, ließ Werbezettel drucken, verteilte sie am gesamten linken Seineufer: *FAMOUS MODEL FROM NEW YORK PUTS ART INTO POSING CRAFTSMANSHIP*! Was für ein blendend einfallsreicher Plan, nicht wahr? Ich hätte eine Generation von Modellen herangezogen,

Frauen *und* Männer versteht sich, die mit ihren von mir erlernten Fertigkeiten Großes hervorgebracht hätten, Musen, Göttinnen, Genies ihres Fachs!» Elsa gab ein zwischen Fauchen und Jaulen angesiedeltes Geräusch von sich, das den bis dahin tief schlafenden Loup seinen grauen Kopf in unsere Richtung heben ließ.

«Himmel, Arsch und Zwirn! Es scheiterte an der gottverdammten Bürokratie! Mein Visum untersagte es mir, in Paris einer Arbeit nachzugehen, ich machte mich strafbar, weil ich meinen Lebensunterhalt verdiente. So banal, so fehlgeleitet, so irre-verflucht-ungerecht! Mein *permis de séjour* wurde ungültig, mir drohte die Ausweisung. Aber nach Deutschland zurückkehren, wo die Mauern auf mich lauerten, würde ich unter keinen Umständen! Der Aufwind versiegte, die Fahrt konnte nicht fortgesetzt werden – und ich möchte diesen meinen Monolog mit dem Mittag des 14. Dezembers 1927 beenden, einem eiskalten, von Sturm geschüttelten Mittwoch. Schneeregen fiel vom Himmel, die Leute schlitterten auf dem Weg zur Arbeit über das Straßenpflaster. Von meinem Fenster in der Rue Barrault im 13. Arrondissement aus beobachtete ich, wie ein Aktentaschenträger seine Aktentasche fallen ließ, wie ein großer weißer Pudel an der Hausecke gegenüber das Bein hob und mit seinem Strahl die Aktentasche traf. Ich lachte sehr darüber. Ich konnte noch denken, dass ich mir nachher ein kleines Schokoladenbrötchen in der *Boulangerie* um die Ecke leisten und einen Spaziergang bis zum Quai d'Austerlitz machen würde. Die, die ich bin, konnte sich noch vornehmen, an diesem Abend früher ins Bett zu gehen, weil es ohnehin zum Ausgehen zu nass und windig sein würde. Die Welt hatte noch nicht aufgehört, sich um die, die ich bin, zu drehen, und ich hatte noch nicht versäumt, den Gashahn umzulegen. Man stritt sich später darüber, ob aus Versehen oder mit Absicht. Das Ergebnis war das gleiche. Was soll ich dir sagen, Tochter: Im Alter von dreiundfünfzig Jahren von der Bühne zu gehen, ist blöder, kummerübervoller Murks, wie deine Mutter gesagt hätte. Ich war nicht mehr jung, war noch nicht alt, hatte so viel gelebt, so viel gesagt, so viel getan und war doch noch lange, lange, lange nicht fertig. Totenzettel? *Je m'en fiche!* Zu viele Fragen blieben offen, zu wenige wurden gestellt. Deshalb bin ich noch hier.»

Loup kam angetrabt und leckte der Baroness die salzigen Tränen vom Gesicht.

«Und jetzt?», fragte ich.

«Jetzt ist es eben so, wie es ist.»

Sie sagt: Der, die ich bin, wurde ein Ende gesetzt –
traurig, zwielichtig, rätselhaft, ungerecht.
Wir belassen es nicht dabei, nein, das tun wir nicht!
Bring Steine ins Rollen, Dinge zum Klingen, Tatsachen zur Auflösung.
Ein Platz in den Geschichtsbüchern, der meiner würdig gewesen wäre?
Was ihr alles verpasst habt!
Weil ihr nicht zuhört!
Weil ihr nicht die Augen aufmacht!
Weil ihr euch einseifen lasst!
Grämt euch nicht, hört mir zu, hört mir nicht zu, aber kehrt eure Lust – an was? Sex, Macht, Revolution, Ekstase, Käsebrot?
– nicht unter den Teppich.
Denn: Was soll sie da
neben
all
den anderen –
Leichen?
Ich widerspreche hiermit meiner Sterblichkeit!
Schreib
das
auf!

12
DAS LÄCHELN DER TIGERIN

Meine erste spontane Reaktion war das dringende Bedürfnis nach sofortigem Rückzug. Ich blieb im Heckenbogen stehen. Die Baroness stoppte ebenfalls, sah mich erst fragend, dann wissend, dann amüsiert an.

«Hast du deine extrovertierten Ressourcen aufgebraucht, *ma fille*?»

Ich nickte. «Auf eine große Gartenparty habe ich heute Abend ungefähr so viel Lust wie auf stressbedingte Diarrhö.»

Elsa warf die langen Enden von dem schwarzen Baumwolltuch, das sie sich um den Kopf gebunden hatte, von einer Schulter auf die andere. «Komm schon, es wird witzig! Lass uns ein würdiges Ende dieser Ära einläuten! Dafür bist du doch angereist, *ma fille*, nicht wahr?»

Ich verzichtete auf diverse Einwände, die mir auf der Zunge lagen. Elsa hakte sich bei mir unter, zog mich resolut mit sich, murmelte dabei etwas, das klang wie «*screw it*».

Die Blumen-Weidners hatten alles aufgefahren, was ihr Sortiment an Gartenbeleuchtung hergegeben hatte. Man konnte froh sein, dass sie so wenig Zeit für die Vorbereitungen gehabt hatten, sonst hätten sie die Großeichener Kirmes blass dagegen aussehen lassen.

In den Büschen hingen unzählige rote Lampions, den Weg zum Hauseingang säumten blinkende künstliche Fackeln. Streicher- und Klavierklänge waberten durch die Dämmerung, irgendeine versoßte Instrumentalversion von *In The Air Tonight*. Dort, wo wir am Vortag beim Frühstück gesessen hatten, war neben einem Grill von der Größe eines halben Kleinwagens, auf dem Maiskolben brutzelten, ein mit Lichterketten geschmücktes Buffet aufgebaut. Platten mit Schnittchen, Schüsseln mit Kartoffel- und Nudelsalat, kleine Schalen mit Rohkost, daneben ein gutes Dutzend aufgestapelter Fladenbrote sowie mehrere Reihen Becher und kleine Kelche aus rosa, türkis und mitternachtsblau glasierter Keramik. Sämtliche Gefäße auf dem Tisch waren mutmaßlich in Emmas Töpferei entstanden. Gerti hatte keine Minute verloren, das Atelierhaus mitsamt Inventar in Besitz zu nehmen. Damit war ich ganz einverstanden. Das, was ich bewahren wollte, hatte ich herausgeholt beziehungsweise war für mich herausgeholt worden. Zwei große Aluminiumbehälter, in die die Bilder meiner Mutter eingehängt worden waren, «höchst professionell», wie Herberts Entrümpelungs-Freundin mir versichert hatte, warteten im hinteren Waldhausflur auf die Weiterreise. Eine danebenstehende Holzkiste beinhaltete laut Herbert «eine schöne kleine Auswahl von Emmas Keramiken». Susanne und er hatten sich bei diesen Worten verschwörerisch zugezwinkert, dann war Susanne wieder in ihren Pritschenwagen gesprungen und davongerauscht. Die Maschine läuft, hatte die Baroness gesagt. In Lindbach würde sie, sobald ich den Transport dieser drei Kisten organisiert und den ganzen amtlichen Kram geregelt hatte, künftig bestens ohne mich laufen.

Zunächst einmal musste ich allerdings dieses wunderliche Event überstehen, das die Weidners da inszenierten.

Herbert kam uns entgegen, er trug eine grüne Blumen-Weidner-Schürze, in deren Vordertasche eine Grillzange steckte. «Wo sind die Hunde?»

Ich schaute mich suchend um, zuckte mit den Schultern. «Wahrscheinlich streunen sie irgendwo herum.»

«Also, ich wäre euch dankbar, wenn wir heute Abend möglichst wenig Raum für Konflikte schaffen würden, ginge das?» Er sah ernsthaft beunruhigt aus.

«Die Gerti packt das schon», sagte Elsa und humpelte los, um Betti zu begrüßen, deren Kopf rechts des Hauses hinter einem Wildrosenstrauch auftauchte.

«Ich passe auf, dass Loup der Weidnerin nicht zu nahe kommt», sagte ich zu Herbert.

«Danke, Toni.»

Hinter Betti erschienen jetzt auch Andi, Alfi und Alfis Sohn Theo in Begleitung eines weiteren jungen Mannes. Herbert hob grüßend die Hand in Richtung der Arnolds und eilte in die entgegengesetzte Richtung davon, zum Grill, wie ich feststellte. Im Verbund sahen sie beide gar nicht mehr so überdimensioniert aus, der Grill und der Taxi-Herbert.

Die Arnolds begrüßten mich, als wäre es das Normalste der Welt, dass wir uns an dieser Stelle zu solch einem Ereignis trafen, wofür ich ihnen dankbar war.

Im Anschluss schlenderten sie weiter, um das Gastgeberpaar zu suchen. Elsa schloss sich ihnen an. Theo, der ein bisschen was von einem zutraulichen Welpen hatte, stellte mir seinen Freund Stefan vor, einen Medizinstudenten.

«Bist du auch Mediziner?», fragte ich den kleinen Arnold.

«Bin ich wahnsinnig, oder was?», antwortete Theo lachend. «Ich habe gerade Sozialwissenschaften nach dem ersten Semester abgebrochen und fange im Herbst eine Schreinerlehre an. Findet mein Vater so semi, kannst du dir ja vorstellen.»

Konnte ich nicht, aber es rührte mich, dass der jüngste Arnold mich wie eine Freundin der Familie behandelte.

Stefan legte den Arm um Theo und sagte mit Blick auf Alfi, der weiter hinten ins Gespräch mit Elsa vertieft war: «Lass uns heute Abend mal lieber nicht über abgebrochene Studiengänge sprechen, ja?»

«Im Gegenzug würden wir auch das Thema verpasste Beerdigungen meiden», sagte Theo und grinste auf eine Weise, die mir so vertraut vorkam, dass es wehtat.

«Deal!», sagte ich.

«Ich bin übrigens mit einem ehemaligen Schreiner verheiratet. Falls du mal in den Bereich Restauration reinschnuppern möchtest, sag Bescheid. Wir haben in der Bretagne eine Werkstatt, fußläufig zum Meer, und für Leute, die mit Holz umgehen können, gibt es immer etwas zu tun.»

Theo war begeistert: «Dein Ernst?»

War ich gerade dabei, den zweiten Lindbacher zu uns nach Paimpol einzuladen? Wenn ich so weitermachte, konnte ich gleich ein Ferienlager für Menschen aus Oberhessen organisieren.

«Darfst gerne deinen Freund mitbringen.»

«Cool!», sagte Stefan.

Als die beiden mich baten, ihnen meine Nummer zu diktieren, fiel mir ein, dass die Baroness noch immer mein Telefon hatte.

Nach und nach trudelten weitere Gäste ein, zunächst eine Gruppe von etwa zwanzig Leuten, zumeist Freunde und Angestellte der Weidners, ich kannte sie nicht, aber die Blicke sagten mir, dass alle wussten, wer ich war. Dann tauchte Janine mit Ramona auf, die Elsas silberne Krawatte jetzt als Gürtel über einem langen Glockenrock trug. Janine schien keine große Lust zu haben, mir Hallo zu sagen, und ging mit der Aussage, sie müssten sich um das Catering kümmern, gemeinsam mit Ramona zum Buffet. Ein Mann, der mir Freitagabend bereits im Biergarten des Lindbachkrugs aufgefallen war, kam winkend auf mich zu. Er hatte seinen weiten, weißen Leinenanzug jetzt um einen Panamahut ergänzt und stellte sich mir als «Doktor Koch, nenn mich gerne Waldemar» vor.

«Du bist der Notar aus Großeichen?», fragte ich.

«Der höchstselbige», antwortete Waldemar. «Ich soll mit dir einen Termin ausmachen, sagt Herbert. Morgen früh, zehn Uhr, passt das?»

«Passt», sagte ich. «Kannst du mir auch bei den Erbschaftsformalitäten helfen?»

«Na, logisch», sagte Waldemar. «Darum geht's ja.»

Die Musik verstummte, ich hörte die Baroness von irgendwoher laut «Tateratadaaaaaa!» rufen. Die Weidners traten im Schein einer Taschenlampe, die Herbert auf sie richtete, Hand in Hand aus dem Haus, als wären sie das Präsidentenpaar persönlich.

«Tateratadaaaaaa!», wiederholte die Baroness.

Einige der Anwesenden feixten hinter vorgehaltener Hand.

Das Toastbrot hatte sich staatstragend mit Anzughose und weißem Hemd gekleidet, auch Gerti sah in ihrem langen dunkelblauen Kleid aus wie die Schirmherrin eines exklusiven Charity-Dinners im Pariser Maxim's.

«Was für ein überflüssiger Aufriss!», hörte ich Betti hinter mir raunen.

Ich drehte mich um, sah Elsa neben Betti stehen und fragte mich, wie um alles in der Welt sie so schnell von hier nach da gekommen war. Elsa zog mich an meinem T-Shirt näher zu sich heran und flüsterte: «Wusstest du, dass der heilige Antonius über die Fähigkeit der Bilokation verfügte?»

«Hör bitte damit auf, in meinem Gehirn zu lesen, Baroness!»

Elsa knuffte mir freundlich in den Hintern. «Niemals, *ma cherie, never ever!*»

«Meine lieben Freundinnen und Freunde», begann Toastbrot in feierlichem Ton. «Ich danke euch, dass ihr es so kurzfristig einrichten konntet, uns anlässlich dieser bescheidenen Festivität mit eurer Anwesenheit zu beehren.»

«Hilfe!», sagte ich und erntete einen Handkantenschlag zwischen die Schulterblätter.

«Wir sind heute hier nicht nur zusammengekommen, um einen Neuanfang mit euch einzuläuten ...»

«*Nom de Dieu*», zischte es hinter mir.

«... sondern hauptsächlich, um alle gemeinsam noch einmal unsere liebe Emma zu ehren, die dieses Haus, unsere künftige Wohnstätte, zu dem gemacht hat, was es heute ist ...»

Elsa schnaubte so laut und verächtlich, dass der Blumen-Weidner eine kurze Sprechpause einlegte, bevor er sich weiter über Emma und das Atelierhaus ausließ. Er schwadronierte von Dankbarkeit, Freundschaft und «kreativem Vermächtnis», was auch immer das sein sollte. Ich hörte auf, ihm zuzuhören, wurde mir dessen bewusst, dass mein T-Shirt nach Schweiß stank, fragte mich, wie hoch die Chancen standen, dass die Waschmaschine im Waldhauskeller noch funktionierte, überlegte, wo ich wohl am besten frische Klamotten herbekäme, und sah eine Weile den künstlichen Fackeln beim Blinken zu. Endlich beendete Toastbrot seine Ansprache mit «jedes weitere Wort wäre zu viel, ich eröffne hiermit das Buffet: Lasst es euch schmecken!»

Gertis glockenhelle Stimme ergänzte: «In einer Stunde erwarten wir euch alle zum nächsten Programmpunkt vorne auf der Veranda.»

Ich drehte mich ruckartig zu Elsa um. «Weißt du davon?»

«*Bien sûr!* Ich bin natürlich die Initiatorin dieses

Programms. Lass es einfach geschehen, Toni, morgen ist alles vorbei.»

«Morgen hab ich erst mal einen Termin beim Notar, der mir mindestens siebentausend bürokratische Hindernisse aufzählen wird, die ich in den kommenden Wochen zu überwinden haben werde.»

«This is no longer part of my business.»

«Was soll das denn heißen?»

Die Baroness verneigte sich leicht und rief dann laut: «Hallo? Wir brauchen hier Kartoffelsalat!»

Am Buffet entstand eine kleine Unruhe, dann kam Janine auf uns zugeeilt, einen Teller mit einem Berg Kartoffelsalat in den Händen.

Die Baroness deutete auf mich. «Für Toni!»

«Ach ja?» Irmtrauds Enkelin machte kein Hehl daraus, was sie davon hielt, mich bedienen zu müssen.

«Danke, Frau Fischer, ich hätte es mir auch selber holen können», sagte ich.

«Stimmt», sagte Janine und drehte sich auf dem Absatz um.

«Iss einfach!», sagte Elsa, während ich konsterniert der Lindbachkrugwirtin hinterherstarrte.

«Liebe Leute, ich wollte noch mitteilen, dass wir heute Abend Emma zu Ehren alkoholfrei und mir zur Freude vegetarisch aufgestellt sind, weil ...» Daran, wie Gerti plötzlich versteifte, merkte ich, dass Loup auf der Bildfläche erschienen war. Und richtig: Der alte Wolf stand im Heckenbogen, von einer der Fackeln in blinkendes Licht getaucht. Xavier hätte aus diesem Anblick ein wunderbares Foto gemacht.

«Ruf ihn zu dir!», befahl die Baroness.

Ich tat wie geheißen.

Gerti nickte uns dankbar zu, sobald der Hund neben mir saß, und ging zurück ins Haus.

«Nehmen wir jetzt doch Rücksicht auf die Ängste der Blumen-Weidnerin?», fragte ich.

«Nein, auf deine», antwortete Elsa und kraulte Loup hinter den Ohren.

«Es geht bald weiter, *ma fille*.» Elsa nahm mein Gesicht in ihre beiden Hände, zog meinen Kopf zu sich herunter und küsste mich erst auf die Stirn, dann auf beide Wangen, dann auf die Nase, dann aufs Kinn.

«Womit hab ich das verdient?»

«Mit nichts. Ist das nicht wunderbar?»

Sie hatten Klappstühle auf der Wiese hinter dem Haus aufgestellt, die jetzt «Garten *vor* dem Haus» genannt wurde. Auf der Holzveranda hatte jemand ein Betttuch über die Terrassentür gespannt, einige Meter davor war zwischen den Stühlen ein ziemlich veraltet aussehender Filmprojektor aufgebaut worden, hinter dem Herbert stand.

«Nehmt Platz, nehmt Platz!» Gerti, ganz Dame des Hauses, erschien auf der Veranda, die von nun an ihre sein würde, und stellte sich ins Licht des Projektors. «Die Ehrenplätze sind mit Namensschildern versehen.»

Betti war auf einmal an meiner Seite und nahm mich beim Arm. «Ich soll mich neben dich setzen, und du sollst den Wolf bei dir behalten.»

«Wer sagt das?»

«Wer wohl?»

In der ersten Reihe waren nur zwei Stühle gestellt, zu denen Betti mich jetzt führte. «Antonia Bachmann» stand auf dem einen Zettel, der mit Tesafilm an die Rücklehne geklebt worden war, auf der Nachbarlehne stand «+1».

Elsa war nirgends zu sehen.

«Bist du mein Plus eins, Frau Polizeimeisterin?»

«Polizei*haupt*meisterin», sagte Betti und setzte sich neben mich.

Gerti ging von der Veranda ab, der Projektor begann zu knacken und zu surren. Toastbrot kam derweil von links über die Holzplanken geschritten, barfuß, wie ich verblüfft bemerkte, und mit einem schwarzen Samtbeutelchen auf der Brust, das an einem Stück Kordel um seinen Hals baumelte. Hat die Schlüsselübergabe also bereits hinter den Kulissen stattgefunden, dachte ich. Ohne mich, natürlich ohne mich.

Ein wackeliges Bild erschien auf dem Betttuch, tauchte auch den Blumen-Weidner junior in leuchtend verzerrtes Grün, wahrscheinlich das Laub der Mischhecke. Toastbrot schirmte mit der rechten Hand seine Augen ab, die linke hatte er um das Samtbeutelchen geschlossen.

«Herbert hat mich gebeten, auch zu dem, was folgt, einführend noch etwas zu sagen.»

«Was findet denn jetzt statt?», flüsterte ich Betti zu.

Betti seufzte: «Bringen wir es einfach hinter uns!»

«Aber ich möchte nur eines sagen», fuhr Torsten

fort. «Lasst uns schauen und uns erinnern und Herbert danken, dass er uns eine ganz eigene Möglichkeit dazu gibt. Ich werde, wir werden, Lindbach wird Emma Bachmann niemals vergessen.»

Der Blumen-Weidner ging ab, jemand begann zu applaudieren, hörte aber sofort wieder auf, als keiner mitklatschte. Betti legte ihren Arm um meine Schultern, mir war ein bisschen übel, und ich stellte Loup den Teller, den ich noch immer in den Händen hielt, vor die Nase. Untermalt vom Schmatzen des Hundes, surrte der Projektor weiter, wurde das Bild schärfer, und ich fing still an zu heulen. Auf der improvisierten Leinwand war das Gesicht einer älteren Frau mit schulterlangen grauen Haaren in Nahaufnahme erschienen. Die Frau schaute eine ganze Weile direkt in die Kamera, blinzelte nicht mal, schließlich senkte sie den Blick und drehte sich aus der Frontalen heraus. Die Kamera hielt weiter auf die Frau, die sich jetzt sehr langsam von ihr wegzubewegen begann, immer weiter und weiter, über die Wiese, durch den Heckenbogen hindurch in einer einzigen endlosen Einstellung, bis die Gestalt ganz klein geworden war. Sie trug einen knielangen Malerkittel über einer weiten Jeans, hatte in etwa meine Statur und sah von hinten meiner Oma zum Verwechseln ähnlich. Ich hatte sie erkannt und erkannte sie nicht, eine bekannte Unbekannte, die ohne mich weitergealtert war und eine Klarheit in ihren honigfarbenen Augen gehabt hatte, die ich zu Lebzeiten nie an ihr gesehen hatte. Weil ich nicht bei ihr gewesen war. Weil sie nicht bei mir gewesen war. Ich widerstand dem Impuls, aufzustehen und zu gehen, hörte weiter das Rattern hinter mir, das Schmatzen zu meinen Füßen, heulte an Bettis Schulter und schaute mir die nächste Einstellung an. Meine Mutter trug jetzt eine Haremshose aus dunkelbrauner Baumwolle und einen eng anliegenden schwarzen Rollkragenpullover. Sie schlenderte von links nach rechts durchs Bild, hinter ihr die Holzveranda, auf der eine mit einem schwarzen Tuch verhängte Staffelei stand. Die Kamera war jetzt etwa dort aufgestellt, wo ich gerade saß. Emma zwei verschwand rechts aus dem Bild, tauchte kurz darauf von links wieder auf, diesmal rückwärtsgehend, was ihr sichtbar Mühe bereitete. So ging es in etwa weiter. Die ganze Zeit. Herberts Film dauerte fast eine Dreiviertelstunde, nach dreißig Minuten hörte ich auf zu heulen, zog Loup zwischen meine Knie und strich ihm mechanisch übers Fell, während ich immer ruhiger wurde und meiner Mutter dabei zusah, wie sie durch ihren Garten ging. Das war alles. Es gab keine Tonspur, es passierte rein gar nichts, außer dass Emma zwei Bachmann in wechselnder, aber stets einfach gehaltener Kleidung durch das Bild spazierte, mal näher an der Kamera vorbei, mal weiter entfernt, mal parallel, mal diagonal, mal vorwärts, mal rückwärts, das aber mit einer nicht nachlassenden eigenwilligen Präsenz, die auch die Zuschauer konzentriert und still bleiben ließ. Auch dann, als Herberts Film zu Ende war und nur noch um ein Vielfaches vergrößerte Staubflocken auf der Leinwand tanzten.

«Bitte bleibt noch sitzen», sagte Toastbrot

Wenn jetzt irgendjemand eine weitere rührselige Ansprache von sich geben will, mache ich mich vom Acker, dachte ich, aber meine Sorge war unbegründet.

Herbert schob einen Filter vor die Linse des Projektors, tauchte die Veranda in tiefes Rot. Plötzlich wurde das Betttuch nach oben geweht, und die Baroness betrat ihre Bühne. Ein Raunen ging durch das Publikum, neben mir hörte ich Betti scharf einatmen, Loup gab ein leises Grummeln von sich. Elsa hatte sich den Schädel kahl rasiert und mit Blattgold gefasst, ihr Gesicht weiß geschminkt, um ihre Augen dicke schwarze Linien gemalt, die sich aus den Augenwinkeln bis zu den Ohren zogen. Um ihren Körper hatte sie eine Art Toga aus ursprünglich weißen, jetzt im gefilterten Lichtstrahl rubinrot funkelnden Seidentüchern gebunden, gerade so, dass ihr Tattoo verdeckt war, mit einem Knoten auf der rechten Schulter, einem zweiten auf der linken Hüfte. Ihre linke Brust war mit nichts als einem auf die Warze geklebten Quadrat Blattgold verdeckt. Sie streckte mit geschlossenen Augen beide Arme zur Seite, verharrte einige Sekunden lang in dieser Stellung, führte dann die Arme bis in die Senkrechte und riss, sobald beide oben waren, die Augen wieder auf, starrte uns an, warf den Kopf in den Nacken und lachte laut und lange, wackelte dabei mit den Händen, auch sie auf den Innenseiten vergoldet, bis sie die Arme wieder fallen ließ und ihr Publikum anbrüllte.

«Was glotzt ihr so? Bin ich nicht schön?»

Niemand rührte sich. Es herrschte Totenstille.

Sie sah unglaublich aus, wie ein aus unseren schlechtesten und besten Träumen zusammengesetztes Zauberwesen, Nymphe und Hexe zugleich, gruselig und uralt, herrlich und alterslos.

«Ich könnte euch jetzt aus meinen Gedichten rezitieren. Denn das wollt ihr doch, oder nicht? Der verrückten Alten zuhören, wie sie im Rotlicht ihre magischen Verse krakeelt! Ich sage euch was: Das werde ich nicht tun! Ich bin nicht zu eurer Unterhaltung gekommen! Begebt euch selber auf die Suche nach Poesie, nach Farben, nach Worten und Bildern, ihr Leute von Lindbach! Ihr habt eine von meinem Fleisch bei euch beherbergt und nicht gesehen, was sich hinter der Hecke verborgen hat. Aber ihr habt sie sein, habt sie leben, malen und atmen lassen, und das ist groß. Dennoch spreche ich hier niemanden von nichts frei. Das müsst ihr schon selber übernehmen. Die, die ich bin, kann nicht sein. Und doch, und doch, und doch bin ich hier. Es ist ein Mysterium, ein Geheimnis, ein Puzzle, ein Quiz. Wetten, dass ihr euch später auf die Suche macht, nach der, die ich bin? Dass ihr eure Computer aufklappen, meinen Namen eingeben und nicht glauben werdet, was ihr da lest? Richtig so: Glaubt es nicht! Tanzt lieber! Tanzt durch die Nacht und vertreibt eure Dämonen! Und morgen früh pflanzt ihr jeder einen Rosen- oder Bohnenstrauch und hört damit auf, mich und meine Schwestern *in spiritu* zu vergessen.»

Die Baroness begann, sich in den Hüften zu wiegen, machte einen wiegenden Schritt nach rechts, einen nach links, einen vor, einen zurück, dann fasste sie sich an die Schulter und riss sich mit einem schrillen

Schrei das Tuch vom Leib, stand entblößt vor uns, die Brustwarzen mit Goldquadraten beklebt, die Scham rasiert und ebenso golden wie Kopf und Handflächen.

Betti zischte neben mir: «Bisschen viel des Guten, oder?»

Ich konnte nichts antworten, ich konnte nur mit offenem Mund auf die nackte alte Frau starren, die da vor mir über die Holzveranda tanzte mit der Eleganz einer Raubkatze, aber genau die fehlte. Der Tiger war nicht mehr da, war ausgelöscht, wegradiert, verflüchtigt.

Der Projektor ging aus, das Surren verstummte, die Bühne wurde dunkel, und nur das Zirpen der Grillen war zu hören, bis die Stimme der Baroness laut durch die blaue Dämmerung tönte:

«There was a young lady of Niger,
who smiled as she rode on a tiger.
They returned from the ride
with the lady inside
and the smile on the face of the tiger!»

Während der letzten drei Zeilen schritt die Baroness als goldschimmernder Schatten rückwärts auf das Betttuch zu, hinter dem sie schließlich ganz verschwand.

«Jetzt darf getanzt werden!», rief der Blumen-Weidner.

Gerti ging mit einer Taschenlampe herum und knipste auch in diesem Teil des Gartens Fackeln, Lichterketten und Lampions an. Janine und Ramona trugen Tabletts mit Sektgläsern und Häppchen heran, Musik wurde aufgedreht. *Get lucky* von Daft Punk. Die Leute begannen jetzt tatsächlich, von ihren Stühlen aufzuspringen und zu tanzen. Und das, obwohl sie stocknüchtern waren.

Ich wollte gerade schauen, wo Elsa geblieben war, da bemerkte ich unter Loups rechter Pfote ein Leuchten im Gras und bückte mich danach. Mein Telefon. Ich hob es auf, sah, dass eine Nachricht eingegangen war. Absender unbekannt.

Das Paimpoleser Skizzenbuch deiner Mutter findest du in einer der drei Kisten, sie hat es «Protokoll des verpassten achten Schritts» genannt. Die Lösung dieses Rätsels ist nicht schwer. Lass dir Zeit damit!

Lass dir Zeit mit allem.

Die Briefe möchte ich vorerst lieber für mich behalten.

Such nicht nach mir, Antonia Bachmann, das ist eine Order!

Möge dein nächster Wolf eine Wölfin sein und meinen Namen tragen.

· *Das war ein Witz! –*

Geh telefonieren, ma fille, *jetzt!*

Ich nahm Loup am Halsband und führte ihn mit mir am Haus vorbei bis hinter die Hecke, wo die Musik nicht ganz so laut war.

Xavier war sofort dran.

«Ich muss dir so viel sagen, *mon amour*, dass es die ganze Nacht und noch viel länger dauern könnte. Es ist kompliziert, es ist verwirrend, es ist beinahe unmöglich zu erklären, und ich weiß nicht einmal, wie ich damit anfangen soll. Aber wenn es nicht zu spät dazu ist, würde ich es gerne versuchen.»

Xavier sagte: «*J'écoute.*»

Sie sagt: Die, die ich bin, windet sich durch Zeit und Raum.

Vorwärts, rückwärts, seitwärts, ran –

ein Hut, ein Stock, ein Regenschirm –

und eins

und zwei

und drei

und …

Sie sagt: Die, die ich bin, wird von nun an schweigen.

Ja.

Nein.

Vielleicht.

DANKSAGUNG

Der erste Dank geht diesmal an meine wunderbare Lektorin Ulrike Ostermeyer: *Merci mille fois!*

Dank gebührt wie immer auch meinem Erstleser, Teekoch und liebsten Kollegen vom Nachbarschreibtisch Christoph Peters sowie meiner klugen Zweitleserin und zauberhaften Tochter Charlie.

Des Weiteren möchte ich danken: Ulrike Beck für den Vertrauensvorschuss und die offene Tür. Katharina Lottner dafür, dass sie mich vor einigen Jahren auf die Baroness aufmerksam gemacht hat. Matthias Dee für mehr als nur die Beantwortung der Frage, was ein WPB ist.

Allen Freundinnen und Freunden sei gedankt, die nicht müde geworden sind, mir «Mach das!», «Kriegst du schon hin!» oder «Ach, Quatsch!» zu sagen, je nachdem was gerade vonnöten gewesen ist. Danke, Jutta, Mariana, Isabell, Sven, Katerina, Henning, Meike, Anne.

Nicht zuletzt und von Herzen möchte ich meiner Agentin Petra Eggers danken: Auf viele weitere gemeinsame Jahre!

NACHWEISE

Dies ist ein Roman, und die Geschichte, die er erzählt, sowie alle Figuren sind fiktiv. Rückgriffe auf das Leben und Wirken der 1927 verstorbenen Künstlerin Elsa von Freytag-Loringhoven sind nicht zufällig, aber auch hier nimmt sich die Autorin alle Freiheiten der Fiktion.

Denen, die sich nach der Lektüre wünschen, mehr über die Baroness als historische Persönlichkeit zu erfahren, seien hiermit ausdrücklich die folgenden Werke empfohlen, die auch diesem Roman als Quelle und Inspiration dienten:

Boesch, Ina (Hg.): *Die Dada. Wie Frauen Dada prägten.* Scheidegger & Spiess AG, Zürich 2015.

Gammel, Irene: *Die Dada Baroness. Das wilde Leben der Elsa von Freytag-Loringhoven.* Aus dem Englischen von Claudia Kotte und Irene Gammel. Edition Ebersbach, Berlin 2003.

Dies. (Hg.): *Mein Mund ist lüstern. Dada-Verse von Elsa von Freytag-Loringhoven.* Edition Ebersbach, Berlin 2005.

Gammel, Irene / Zelazo, Suzanne: *Body Sweats. The Uncensored Writings of Elsa von Freytag-Loringhoven.* First MIT paperback edition, Massachusetts, 2016.

*

Zeilen des Gedichts, aus dem Elsa im Kapitel 8 rezitiert, wurden entnommen aus: Gammel, Irene: *Die Dada Baroness.* S. o., Seite 29.

Die tätowierten Gedichtzeilen auf Elsas Knöcheln sind zitiert nach: Gammel, Irene (Hg.): *Mein Mund ist lüstern.* S. o., S. 96.

Der Limerick, den Elsa im letzten Kapitel rezitiert, wird William Cosmo Monkhouse (1840–1901) zugeschrieben.

Originalausgabe
Veröffentlicht im Rowohlt Verlag,
Hamburg, April 2024

Covergestaltung Cordula Schmidt Design, Hamburg
Coverabbildung Julie-Anne Lebon
Satz aus der Edita Book
bei Dörlemann Satz, Lemförde
Druck und Bindung CPI books GmbH, Leck
ISBN 978-3-463-00051-0

lausgabe
Rowohlt Verlag
April 2024
lt Verlag GmbH, Hamburg
chmidt Design, Hamburg
ille Anne Lebon
tz aus der Edita Book
Satz, Lemförde
Druck und Bindung: CPI books GmbH, Leck
463-00051-0
MIX
C083411